Globalisierung:
Legende und Wahrheit

Joachim Jahnke, geboren 1939, war viele Jahre lang Vizepräsident der Europäischen Bank für Wiederaufbau und Entwicklung in London und hat sich während der letzten Jahrzehnte beruflich in verantwortlichen Positionen mit internationalen Handels- und Finanzfragen beschäftigt. Von ihm stammen die 2005 und 2006 erschienen Bücher „Deutschland global?" und „Falsch globalisiert". Die Webseite www.jjahnke.net enthält weitere Informationen zum Thema und aktualisiert fortlaufend auch die meisten Schaubilder in diesem Buch.

Meinem Sohn Patrick gewidmet,
dessen Generation sich in Deutschland
und anderswo mit den Folgen einer
neoliberalen, teilweise Amok laufenden
Globalisierung rumschlagen muß

"Die fast unlösbare Aufgabe besteht darin, weder von der Macht der anderen, noch von der eigenen Ohnmacht sich dumm machen zu lassen" (Theodor W. Adorno - Minima Moralia).

Joachim Jahnke

Globalisierung:
Legende und Wahrheit

Eine Volkswirtschaftslehre
für nicht ganz Dumme

Shaker Media
Aachen 2008

Bibliografische Information der Deutschen Nationalbibliothek
Die Deutsche Nationalbibliothek verzeichnet diese
Publikation in der Deutschen Nationalbibliografie; detaillierte
bibliografische Daten sind im Internet über
http://dnb.d-nb.de abrufbar.

Printed in Germany.

ISBN 978-3-940459-56-5

Shaker Media GmbH • Postfach 101818 • 52018 Aachen
Telefon: 02407 / 95964 - 0 • Telefax: 02407 / 95964 - 9
Internet: www.shaker-media.de • E-Mail: info@shaker-media.de

Inhalt

Verzeichnis der Abbildungen

Einleitung

Die neoliberale Schule hat seit einigen Jahrzehnten um die gegenwärtige, neoliberal gestaltete Phase der Globalisierung eine enorme Legende gestrickt. Danach gewinnen wir alle am Ende. Probleme mit der Globalisierung, wie im sozialen Bereich, sind nur Anpassungsschwierigkeiten und nur kurzfristiger Art. Die Wahrheit war immer anders. Dieser Differenz zwischen Legende und Wahrheit bin ich nun seit mehreren Jahren nachgegangen. Ich habe ihr eine Webseite (http://www.jjahnke.net) gewidmet, die schon mehr als eine Million mal aufgerufen wurde. Mit den ca. 330 Unterseiten, in die fast 1.000 analytische Rundbriefe und sehr viele Schwerpunktanalysen eingegangen sind, sowie den nun schon ca. 2.300 Schaubildern ist viel kritisches Material zusammengekommen. Zwei Bücher haben einiges davon abgeschöpft: „Deutschland global?" (2005) und „Falsch globalisiert" (2006). Es ist nun an der Zeit, das ganze mit den reichhaltigen Erfahrungen des Jahres 2007 aktueller und zugleich pointierter aufzubereiten.

„Globalisierung: Legende und Wahrheit" ist auch ein breiterer Wurf, der den Bogen von den wirtschaftlichen, sozialen bis zu den ökologischen Problemen der neoliberalen Globalisierung spannt. Allerding bin ich der Technik treu geblieben, den Text mit reichhaltigem Material an hoffentlich leicht verständlichen Schaubildern zu ergänzen. Die 211 Schaubilder sind jeweils an das Ende der fünfzehn Kapitel gestellt worden, um den textlichen Zusammenhang nicht zu zerreißen.

Es gibt auf englisch diese schöne Serie von Hilfe-Büchern „for Dummies". Nach diesem Vorbild wäre es an der Zeit, eine

„Volkswirtschaft für Dummies" zu schreiben. Sind wir doch täglichen Verdummungsstrategien von denen ausgesetzt, die damit ihre eigenen Profite machen. Wir werden für „Dummies" gehalten und man versucht, uns dementsprechend zu behandeln. Doch es gibt genügend gute Argumente gegen die neoliberale Globalisierung, um nicht in der Ecke der Dummen zu landen. Um kein Plagiat zu verüben, habe ich mein Hilfe-Buch im Untertitel „Volkswirtschaftslehre für nicht ganz Dumme" genannt.

Damit das Buch möglichst wenig veraltet, habe ich für die wichtigsten statistischen Abbildungen eine besondere Webseite eingerichtet (http://www.jjahnke.net/aktuell.html), wo die aktuellsten Versionen vorgehalten werden – sicher ein Novum am deutschen Büchermarkt.

Hier noch einleitend ein schönes Beispiel für die Satire im Umgang mit der Volkswirtschaftslehre aus Bernd Niquet, Finale Senkrechte: „Märkte können immer nur dann funktionieren, wenn diejenigen, die die Dinge richtig verstehen, jemanden finden, der sie entweder falsch oder gar nicht versteht, und jeder, der sie falsch oder gar nicht versteht, jemanden findet, der sie richtig versteht, wobei beide vorher noch nicht wissen, wer wer von beiden ist. Doch da das niemand versteht und erst recht niemand versteht, warum man das verstehen muss, wird die Offene Gesellschaft wohl keine stichhaltige Darstellung, Erläuterung und Verteidigung der Wichtigkeit des Spekulantentums und der freien Märkte hervorbringen, sondern könnte eher recht bald in die Finale Senkrechte einmünden." Aufnahmeprüfung für die Volkswirtschaftslehre bestanden?

Kapitel 1: Höhere Unternehmens- und Vermögenseinkommen schädigen die Konjunktur

Nun wird uns Dummies ständig gepredigt, daß die Schlote rauchen und die Unternehmen hohe Gewinne einfahren müssen. Daß auch die Reichen noch reicher werden müssen, damit am Ende wir alle reicher werden. Gewinne sind angeblich automatisch Investitionen. Investitionen sind Arbeitsplätze. Und wenn so die Vollbeschäftigung zurückkommt, haben alle den Vorteil, auch alle Dummies.

Die das nicht glauben wollen, sind Sozial-Neider. Man würde sie Kommunisten nennen, wenn diese Gattung nicht ausgestorben wäre. Selbst der demokratische Sozialismus der SPD ist - so die Bundeskanzlerin - nicht besser als weiland in der DDR. Ihr Generalsekretär formuliert kurz und bündig und ähnlich wie schon Adolf Hitler an die Adresse der SPD in seiner Rede zum Ermächtigungsgesetz: „Sozialismus, ob demokratisch oder undemokratisch, hat in Deutschland nichts zu suchen". Alle Dummies sind nun ausreichend eingeschüchtert.

Es gibt aber eine andere Wahrheit. Sie wird von den Statistischen Ämtern versteckt, quasi ein Staatsgeheimnis, das um des sozialen Friedens willen, nicht bekannt werden darf. Wir machen es aber bekannt: Immer wenn die Unternehmens- und Vermögenseinkommen besonders stark steigen, geht die deutsche Verbraucherkonjunktur in den Talspin und umgekehrt. Unternehmensgewinne sind nicht automatisch Investitionen. Sehr viele Besserverdiener und Unternehmen bringen den Zuwachs ihrer

Superverdienste nicht in deutsche Kaufläden bzw. deutsche Fabriken, sondern spekulieren damit im Kasino der internationalen Finanzmärkte oder investieren in Billigstländern, um deutsche Arbeitsplätze dort zu ersetzen. Dabei füttern sie auch kräftig die Finanz-Heuschrecken, die sich wenig um deutsche Arbeitsplätze kümmern, sich dafür aber aufs Ausquetschen von Unternehmen verstehen.

Stolz meldet das Statistische Bundesamt am 29. Oktober 2007: „Bundesbürger legen wieder mehr Geld auf die hohe Kante. Damit ist das Niveau von Mitte der Neunzigerjahre wieder erreicht. Je nach Sparneigung und Einkommen gibt es im Einzelfall deutliche Unterschiede zwischen den Haushalten." Es werden nun schon fast 11 Prozent der verfügbaren Einkommen gespart. Doch verrät uns das Amt nicht, wie groß die Unterschiede heute sind. Dazu muß man erst computerliterarisch geschult in seiner Datenbank suchen und findet dann eine nun schon vier Jahre alte Erhebung von 2003. Unter einem durchschnittlichen Monatseinkommen von 1.745 Euro konnten die Haushalte damals überhaupt nicht sparen. Dann stieg die Sparquote von niedrigen Werten langsam an, erreichte bei damals 3.061 Euro mit 9,8 Prozent fast die durchschnittliche Sparquote aller Haushaltsgruppen und sprang dann bei 6.068 Euro mit 22,2 Prozent auf mehr als den doppelten Durchschnittswert (Abb. 04026).

Die Sparquoten der Besserverdiener sind also viel höher. Über die starke Expansion der Unternehmens- und Vermögenseinkommen in den seit 2003 vergangenen Jahren (Abb. 14045) hat sich der Unterschied in den Sparquoten noch erheblich verstärkt.

Das kann eigentlich nicht überraschen, denn die Besserverdiener haben in der Regel schon alles, was Otto Normalverbraucher erst kaufen muß oder in aller Regel nur erträumen kann.

14

Kleine Verbraucher müssen sich dagegen für ihren Einkauf verschulden, was wegen der Zinslasten ihre Kaufkraft weiter reduziert. Immer mehr gehen sogar in die Insolvenz, wie man das jetzt vornehm nennt und was früher Konkurs genannt worden wäre (Abb. 04028) - jedes Jahr die Bevölkerung eine Großstadt. Auch verstehen sich die Unternehmen und Besserverdiener auf die Spekulation an den internationalen Finanzmärkten. Mehr Unternehmens- und Vermögenseinkommen führen daher zu mehr Ersparnis, die dem Verbrauch und der deutschen Binnenkonjunktur entzogen und statt dessen spekulativ auf den internationalen Finanzmärkten und in Auslandsinvestitionen angelegt wird.

Das läßt sich auch sehr schön durch einen Vergleich der Entwicklung der gesamten Sparquote einerseits und der Unternehmens- und Vermögenseinkommen andererseits nachweisen. Seit 1997 laufen diese Entwicklungen absolut parallel. Je besser sich seit nun schon sieben Jahren die Unternehmens- und Vermögenseinkommen als Anteil am Volkseinkommen entwickeln, umso höher steigt die Sparquote (Abb. 04978).

Ebenso geht seit etwa 2000 der Zuwachs des Verbrauchs privater Haushalte zurück, während die Unternehmens- und Vermögenseinkommen immer stärker steigen (Abb. 04979).

Noch ein Wort zur Investitionsneigung deutscher Unternehmen. Sie ist eigentlich nur dort kräftig, wo man Exporte vorbereitet. Insgesamt ist sie seit Jahren recht müde geblieben. Einerseits gehören die deutschen Unternehmen im internationalen Vergleich seit etwa dem Jahr 2000 zu den bestverdienenden, in den letzten Jahren sogar in der absoluten Spitzenposition (Abb. 12531).

Eigentlich sollte bei der relativ hohen deutschen Sparquote und den sprudelnden Unternehmensgewinnen eine hohe Investitionstätigkeit zu erwarten sein. Doch die deutschen Unternehmen haben den Anteil der Netto-Investitionen am in der Volkswirtschaft verfügbaren Einkommen drastisch von etwa 5,3 Prozent im Jahre 2000 auf nur noch 1,2 Prozent abgesenkt und erst seit 2006 wieder auf 2,8 Prozent angehoben (Abb. 04583). Angesichts der hohen Sparleistung der Volkswirtschaft stieg die Differenz zwischen Sparen und Netto-Investieren bis 2007 ständig an. Die Bundesbank sprach deshalb schon von einer „Unterinvestition" in Deutschland.

Die Folgen der Abzweigung von Kapital aus der Kaufkraft in Finanzanlagen der Unternehmer und Besserdiener ist nicht zu übersehen. Deutschland befindet sich in einer seit vielen Jahren unvermindert anhaltenden Dauerkrise seiner Verbraucherkonjunktur - am absoluten Ende des internationalen Vergleichsfeldes (Abb. 12912).

Das zeigt sich besonders in der stagnierenden oder real negativen Entwicklung des Eizelhandelsumsatzes (Abb. 04943). Es ist seit dem Jahr 2000 die zweitschlechteste Entwicklung aller Alt-EU-Länder (Abb. 12922).

Die ungleiche Einkommensentwicklung, die über die oberen Einkommensschichten auch die Sparquote zum Schaden der Verbraucherkonjunktur hochtreibt, ist das Ergebnis des Zusammenspiels von mindestens fünf wichtigen Faktoren: (1) mäßige nominale Tariferhöhungen, wobei die Tarifbindung in Westdeutschland nur noch 70 Prozent und in Ostdeutschland nur noch 55 Prozent erreicht, (2) ein wuchernder Niedrigstlohnsektor, (3) das Fehlen flächendeckender Mindestlöhne, wie sie fast alle unsere Nachbarn kennen, und (4) seit Jahren eingefrorene Renten, Sozialleistungen und Bezüge im öffentlichen Dienst. Hinzu kommt (5) eine anhaltende, zuletzt in 2007 auf 3,1 Prozent hochgesprungene Inflation, wobei die von den normalen Haushalten tatsächlich gefühlte Inflation noch weit höher liegt.

Unter allen Vergleichsländern in Europa ist die Schere zwischen dem oberen Fünftel der Einkommensbezieher und dem untersten nirgendwo in den Jahren bis 2006 so aufgegangen wie in Deutschland, und seitdem hat sich diese Entwicklung jedenfalls in Deutschland noch verstärkt (Abb. 12918).

Ohne eine normale Verbraucherkonjunktur bei wieder abgesenkter Sparquote wird ein Ende der Massenarbeitslosigkeit nicht erreichbar sein, wobei Deutschland im internationalen Vergleich die meisten Langzeitarbeitslosen hat (Abb. 04022). Sollte es angesichts der dunklen Wolken am weltwirtschaftlichen Horizont und des ständig aufwertenden Euros zu einem Exporteinbruch kommen, so wird die Massenarbeitslosigkeit in Deutschland mehr als anderswo zunehmen.

Zum Schluß noch eine schöne Geschichte des Kabarettisten Urban Priol aus seinem laufenden Programm „Türe zu" zum Thema Löhne: Die Unternehmen baden in Geld, der Staat badet in Geld, Nürnberg badet in Geld. Jetzt komme ich und möchte auch baden. Da rammt mir s´Angela und andere das Schild vor die Füße in den Sand: „Für dich baden verboten!".

Fazit für Dummies:

Die starke einseitige Zunahme der Unternehmens- und Vermögenseinkommen und der Einkommen der Besserverdiener schädigt die deutsche Binnenkonjunktur und den Arbeitsmarkt. Sie wird besonders gefährlich, wenn der Export an Fahrt verliert.

04026: Sparquoten nach Netto-Monatseinkommen in 8 Einkommensklassen

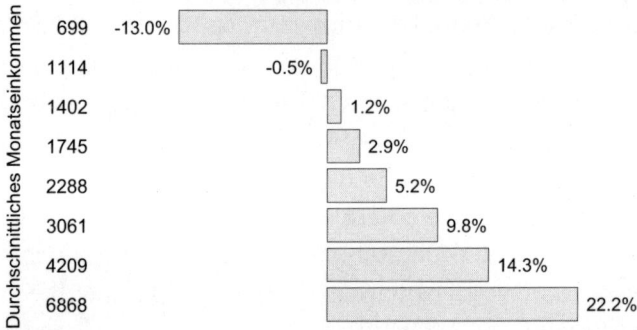

Quelle: StaBuA, Einkommens- u. Verbrauchsstichprobe - Ausgewählte Ergebnisse zu den Einkommen und Ausgaben priv. Haushalte 1. Hj 2003. © Joachim Jahnke - http://www.jjahnke.net/

14045: Arbeitnehmerentgelt sowie Unternehmens- u.Vermögenseinkommen

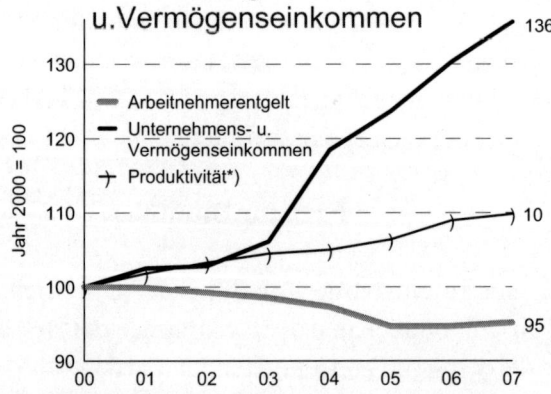

Quelle: Stat.Bundesamt, 15.01.08, Arbeitnehmerentgelt mit Verbraucherpreis-, Unternehmens- und Vermögenseinkommen mit BIP-Inflator bereinigt, *) je Erwerbstätigenstunde. © Jahnke - http://www.jjahnke.net

04028: Verbraucherinsolvenzen (Monatsdurchschnitte)

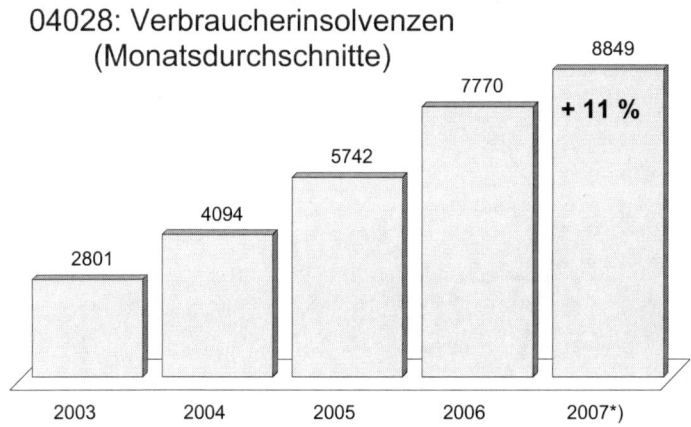

Quelle: StaBuA (Verbraucherinsolvenz-Verfahren wurde erst 1999 eingeführt, deshalb Daten der ersten Jahre ab 1999 erratisch und hier nicht berücksichtigt), *) Jan-Nov 07. © Joachim Jahnke - http://www.jjahnke.net/

04978: Entwicklung von Sparquote und Unternehmens- u.Vermögenseinkommen

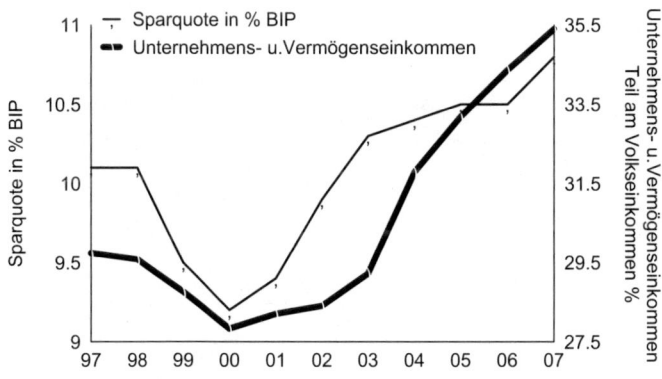

Quelle: Statistisches Bundesamt. © Jahnke - http://www.jjahnke.net

04979: Entwicklung von Unternehmens-
Vermögenseinkommen und Verbrauch priv. Haushalte

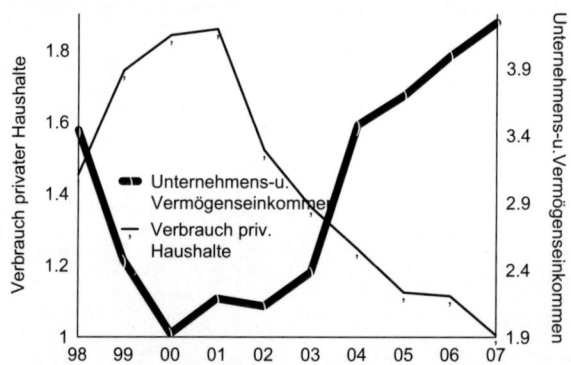

Quelle: Statisches Bundesamt, jährlich gleitende Veränderungsraten.
© Jahnke - http://www.jjahnke.net

12531: Nettounternehmensgewinne als Anteile am
Bruttoinlandsprodukt in 15 Ländern

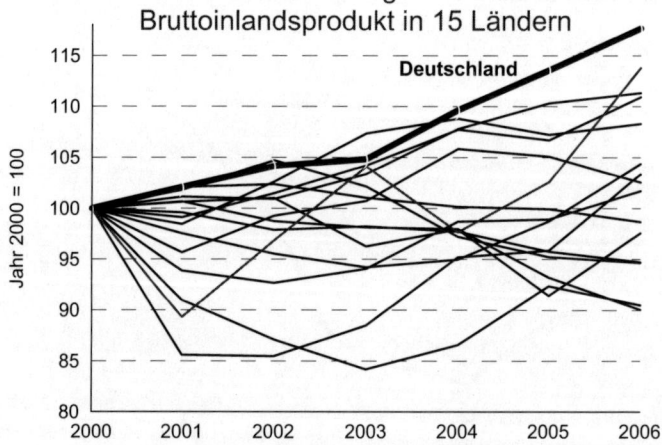

Quelle: AMECO (EU-Kommission), 7.5.07. © Jahnke - http://www.jjahnke.net

04583: Ersparnis und Investitionen in Deutschland

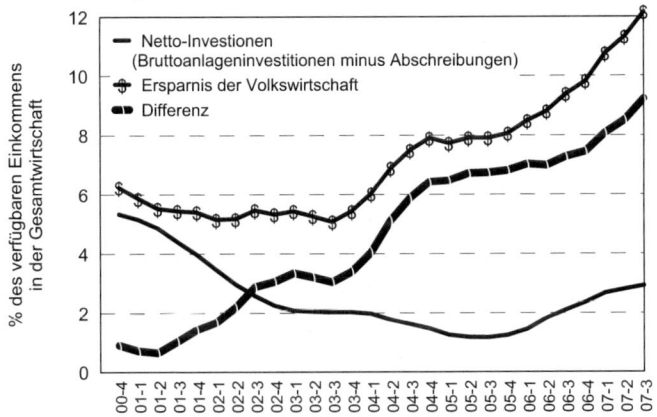

Quelle: Statistisches Bundesamt, gleitende 4-Quartalschritte.
© Jahnke - http://www.jjahnke.net/

12912: Entwicklung der Nachfrage privater Haushalte der 13 Alt-EU-Länder*)

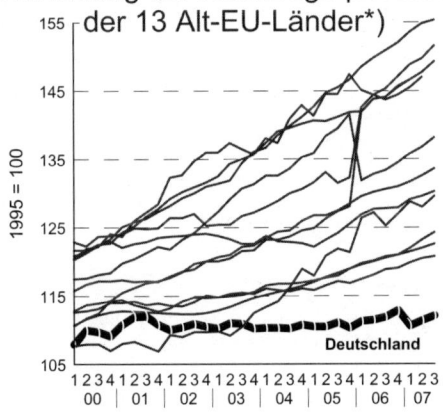

Quelle: Eurostat, *) keine Daten für Irland und Griechenland.
© Jahnke - http://www.jjahnke.net

04943: Deutscher Einzelhandelsumsatz (mit Trendlinie)

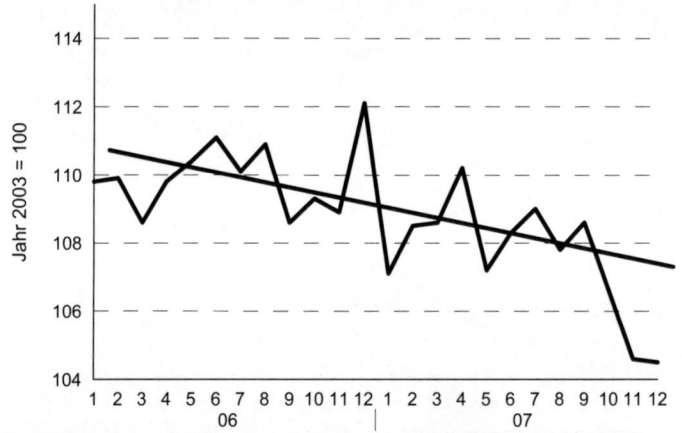

Quelle: Statistisches Bundesamt, preis- saison- und kalenderbereinigt, 31.01.08.
© Joachim Jahnke - http://www.jjahnke.net

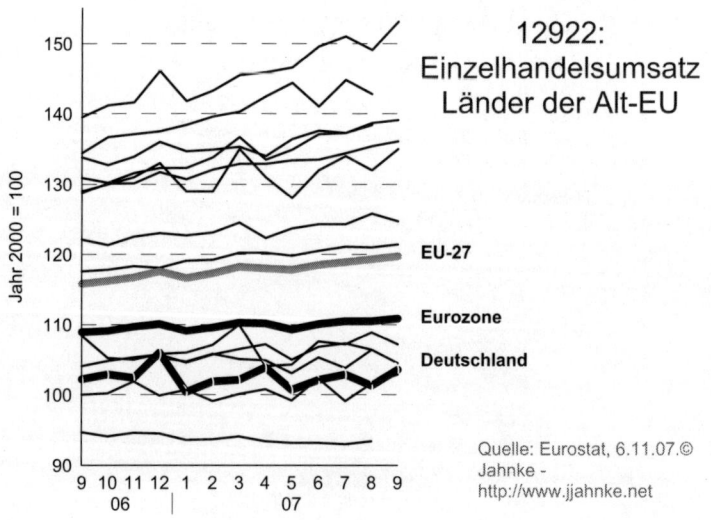

12922: Einzelhandelsumsatz Länder der Alt-EU

EU-27

Eurozone

Deutschland

Quelle: Eurostat, 6.11.07.©
Jahnke -
http://www.jjahnke.net

12918: Jahresdurchschnittl. Veränderung 2000-06 in dem Einkommensverhältnis oberstes zu unterstes Fünftel in %

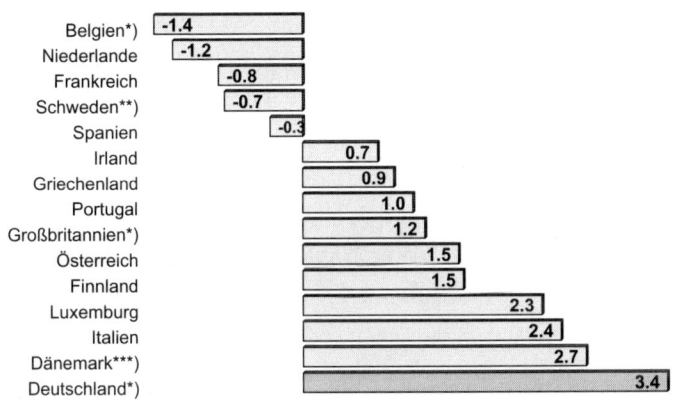

Belgien*)	-1.4
Niederlande	-1.2
Frankreich	-0.8
Schweden**)	-0.7
Spanien	-0.3
Irland	0.7
Griechenland	0.9
Portugal	1.0
Großbritannien*)	1.2
Österreich	1.5
Finnland	1.5
Luxemburg	2.3
Italien	2.4
Dänemark***)	2.7
Deutschland*)	3.4

Quelle: Eurostat, *) 2001/05,**) 2001/05, ***) 2001/06. © Jahnke - http://www.jjahnke.net

04022: Anteil Langzeitarbeitslose (über 1 Jahr) an aktiver Bevölkerung in % Q3 2007

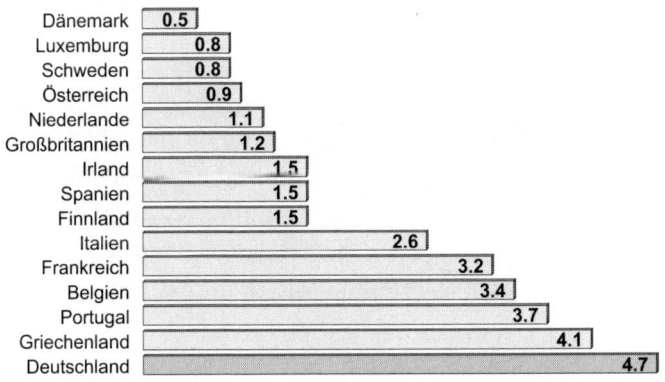

Dänemark	0.5
Luxemburg	0.8
Schweden	0.8
Österreich	0.9
Niederlande	1.1
Großbritannien	1.2
Irland	1.5
Spanien	1.5
Finnland	1.5
Italien	2.6
Frankreich	3.2
Belgien	3.4
Portugal	3.7
Griechenland	4.1
Deutschland	4.7

Quelle: Eurostat, 01.02.08. © Jahnke - http://www.jjahnke.net/

Kapitel 2: Kein Wunder am Arbeitsmarkt

Die Neoliberalen versprechen uns, mit radikalen Reformen am Arbeitsmarkt selbst in Zeiten der neoliberalen Globalisierung die Vollbeschäftigung zurückholen zu können. Doch das ist auch nur eine ihrer Legenden. Es gibt kein Wunder am Arbeitsmarkt.

Die Regierungen haben in den meisten Ländern die absolute Lufthoheit über die statistischen Daten. Das gilt vor allem für den Arbeitsmarkt, wo Zahlen monatlich erscheinen und in Zeiten von Massenarbeitslosigkeit sehr viel Beachtung der Medien und der Bürger finden. Kurt Riechenbächer berichtet eine schöne Geschichte dazu aus USA. Vor seiner Wiederwahl wollte Bill Clinton niedrigere Arbeitslosenzahlen. Zu diesem Zweck fügten sie eine zusätzliche Frage bei der Erfassung der Arbeitslosen ein. Es ist kaum bekannt, dass in den USA die Arbeitslosenzahlen dadurch erfasst werden, dass jeden Monat 50.000 Menschen gefragt werden: „Haben Sie Ihren Job verloren?", „Sind Sie arbeitslos?" und so weiter. In diesen Fragebogen wurde die Frage eingefügt: „Haben Sie aktiv nach einer neuen Arbeit gesucht?" Auf Deutsch: „Haben Sie eine Bewerbung für einen Arbeitsplatz losgeschickt, bzw. hat Ihnen eine Firma einen neuen Job angeboten?" Man glaubt es kaum, aber wer auf diese Frage mit „Ja" antwortet, wird nicht mehr als Arbeitsloser gezählt. Andererseits, wer es aufgegeben hat, nach Arbeit zu suchen, auch der wird nicht mehr als Arbeitsloser gezählt. Wenn man diese „frustrierten Arbeitslosen"in die Arbeitslosenzahlen einrechnet, dann liegt die Arbeitslosenrate in den USA bei rund 8 % bis 9 % und nicht bei den behaupteten 5 %.

Tatsächlich hat sich fast überall seit den 60er Jahren die Massenarbeitslosigkeit entwickelt. Das gilt vor allem für Deutschland (Abb. 04197). Nur noch weniger als vier von zehn Erwachsenen haben eine vollzeitige sozialversicherungspflichtige Beschäftigung (Abb. 04992).

Die EU-Länder haben sich auf eine harmonisierte Statistik geeinigt, die die Arbeitslosigkeit erheblich verharmlost, indem sie dem Konzept der Internationalen Arbeitsorganisation folgt. Das nämlich beruht nur auf einer Stichprobenbefragung der Bevölkerung und registriert Arbeitslosigkeit schon dann nicht mehr, wenn auch nur eine Wochenstunde gearbeitet wurde. Daher liegen diese Ergebnisse immer erheblich unter dem Ausweis der deutschen Bundesagentur für Arbeit. Allerdings reicht auch für diese bereits eine Beschäftigung während nur 15 Wochenstunden, um das Etikett Arbeitslosigkeit aus der Monatsstatistik verschwinden zu lassen, obwohl ein Monat 140 und mehr Wochenstunden hat. Die deutsche Beschäftigungsstatistik - im Unterschied zur Arbeitslosenstatistik - ist dagegen nur eine Stichprobenbefragung, die einen Unsicherheitsfaktor von 2,5 bis 3,0 % aufweisen soll.

Aber da fängt die Schönfärberei erst richtig an. Sie gipfelt dann in monatlichen Presseerklärungen der Bundesagentur, die in Zeiten einer Großen Koalition stets besonders optimistisch ausfallen. Bei einem Regierungswechsel bliebe nämlich wenigstens eine der Regierungsparteien erhalten, und kein Mitarbeiter der Agentur müßte befürchten, wegen eines übertriebenen Optimismus dann politisch in Ungnade zu fallen. In diesen monatlichen Pressekonferenzen werden die Arbeitslosenzahlen wie ein unangreifbares Gottesgericht verkündet. Dabei bestehen sie aus viel statistischer Luft mit etwas Käse drum herum. Doch kaum ein Journalist oder kritischer Abgeordneter macht sich die Mühe, die Statistik auf ihre Konsistenz und die Presseerklärungen auf ihre Übereinstimmung mit der Statistik zu überprüfen.

Die Zahl der Arbeitslosengeldempfänger lag im Dezember 2007 bei 6.0 Millionen. Doch davon wurden mit 3,4 Millionen nur etwas mehr als die Hälfte als Arbeitslose ausgewiesen (Abb. 04980). Die Differenz geht auf verschiedenen Sonderkonten, wo die Menschen nicht mehr als Arbeitslose gelten, besonders die geringfügig Entlohnten, bei den „1-Euro-Glücklichen" angefangen. Vieles wurde an der Statistik in den letzten Jahren gebastelt, vielleicht auch um die ausgewiesene Zahl an Arbeitslosen herunterzudrücken. Statistische Zeitvergleiche hinken daher regelmäßig. Vielleicht ist das auch beabsichtigt.

Oder nehmen wir die immer wieder beschworene Zahl der sozialversicherungspflichtig Beschäftigten, die also mit den angeblich goldenen Arbeitsplätzen. In ihrer eigenen Statistik räumt die Agentur ein, daß es sich nur um Schätzungen handelt. Für Oktober 2007 wurden 27,5 Millionen geschätzt. Aber 2,1 Millionen davon wurden offensichtlich so schlecht bezahlt, daß sie einen Nebenjob ausüben mußten, und deren Zahl ist im Laufe eines Jahres um 105.000 gestiegen. Da die Gesamtzahl der versicherungspflichtig Beschäftigten in Jahresfrist um geschätzt 565.000 zugenommen hat, entfiel also fast ein Fünftel dieser hochgejubelten Entwicklung allein auf Jobs mit der Notwendigkeit eines Nebenjobs.

Die amtliche Arbeitsmarktstatistik ist schon deshalb nicht ganz ehrlich, weil es weiterhin eine so genannte „Stille Reserve" an eigentlich Arbeitslosen gibt, die dennoch nicht gezählt werden. Dazu gehören z. B.:

» durch den Verlust ihres Arbeitsplatzes entmutigte Arbeitskräfte,

» Rentner, die aus Arbeitsmarktgründen vorzeitig aus dem Erwerbsleben ausgeschieden sind,

» Schüler und Studenten, die aufgrund schlechter Arbeitsmarktbedingungen ihren Abschluss hinauszögern,

» Teilnehmer an arbeitsmarktpolitischen Maßnahmen, insbesondere: (Vollzeit-) Weiterbildungsmaßnahmen (FbW), Reha-

26

bilitation, Altersübergangsgeld/Vorruhestandsgeld-Ost,

» ältere Arbeitslose, die nach § 428 SGB III der Arbeitsvermittlung nicht mehr zur Verfügung stehen, und solche über 58, die nach einem Jahr nicht mehr gezählt werden (siehe unten),

» die Teilnehmer an Trainingsmaßnahmen.

Das Institut für Arbeitsmarkt- und Berufsforschung hat in seinem Kurzbericht Nr. 12/2006 für 2006 in der Variante II eine Stille Reserve von 1,6 Millionen geschätzt.

Das angebliche Arbeitsmarktwunder entpuppt sich - jenseits der Luftlöcher - zu einem großen Teil als „Mc Jobs". Hier ein Zitat aus dem Monatsbericht der Agentur für Dezember 2007: „Vor allem bei unternehmensnahen Dienstleistungen gab es einen kräftigen Anstieg (+7 Prozent bzw. +244.000), der wiederum zum größten Teil von Arbeitnehmerüberlassung getragen wird." Arbeitnehmerüberlassung ist die vornehme amtsdeutsche Umschreibung für Leiharbeit. Im Klartext: 41 % des Rückgangs an Arbeitslosigkeit und 38% der Gesamtzunahme an Erwerbstätigkeit über ein ganzes Jahr entfiel bereits auf unsichere und in der Regel schlechter bezahlte Zeitverträge. Wenn etwas am deutschen Arbeitsmarkt boomt, ist es die Zeitarbeit (Abb. 04970). Sie ist es auch, die die angeblich positive Entwicklung bei den versicherungspflichtigen Arbeitsplätzen mit antreibt.

Allerdings werden die Zeitarbeiter als erste wieder herausfliegen, so wie bei Nokia in Bochum. Nach Mitteilung der IG-Metall findet in 88 % der Betriebe Zeitarbeit statt, und in 52 % dieser Betriebe werden Stammarbeitsplätze durch Leiharbeiter ersetzt. Die Zeitarbeitsfirma kassiert beispielhaft pro verliehene Hilfskraft rund 2.100 Euro. 400 Euro zahlt sie davon für Sozialabgaben. 1.000 Euro behält sie für sich. Für den Leiharbeiter bleibt der Rest von gerade einmal 700 Euro, und das heißt Hartz IV-

Niveau. Mit den Zeitarbeitsfirmen hat sich das Bundeswirtschaftsministerium getroffen, um ihnen den Rücken zu stärken gegenüber
Bemühungen aus Brüssel, für Zeitarbeiter die gleiche Entlohnung
durchzusetzen. Wenig überraschend dann die Presseerklärung des
Ministeriums: „Die Zeitarbeit hat das starke Wirtschaftswachstum
und den Beschäftigungsaufbau der letzten Jahre mitbegründet. Dieses Flexibilisierungsinstrument hat zur Standortsicherung beigetragen." Alles irreführend! Weder hat es ein „starkes" Wirtschaftswachstum gegeben, und schon gar nicht durch schlecht bezahlte
Zeitarbeit. Noch hat Zeitarbeit verlagerungsbereite Unternehmen,
wie Nokia, zur Standortsicherung veranlaßt.

Die Zahl der ausschließlich geringfügig entlohnt Beschäftigten, die nicht als arbeitslos gemeldet werden, liegt weiterhin sehr
hoch. Sie hat nach Hochrechnungen der Bundesagentur für Arbeit
im Oktober 2007 4,8 Millionen betragen. Abb. 04922 zeigt, in
welchem großem Umfang der Rückgang der Arbeitslosigkeit durch
prekäre Arbeitsverhältnisse und die demographische Entwicklung
bestimmt ist. Leider verrät uns die Bundesagentur nicht, obwohl
ihr die Zahl bekannt sein sollte, wie viel des Rückgangs an Arbeitslosigkeit auf der von ihr angedeuteten systematische Überprüfung
des Arbeitslosenstatus beruht.

Auch die relativ gering entlohnte Teilzeitarbeit hat dramatisch
zugenommen. Nach einer Studie des Instituts für Arbeitsmarkt-
und Berufsforschung (IAB) waren 2007 23,5 Millionen Arbeitnehmer voll- und 11,8 Millionen teilbeschäftigt. Das Verhältnis von
Teilzeit- zu Vollzeitjobs stieg Jahr für Jahr von 28 % 1996 auf über
50 % 2007 (Abb. 14048). Während die Vollzeitjobs in diesem
Zeitraum um mehr als 11 % abnahmen, legten die Teilzeitjobs um
nicht weniger als 62 % zu (Abb. 14049). Ebenso seit 1996 zugenommen hat die Zahl derer, die - wie schon erwähnt - noch einen

Zweitjob brauchen. Die Gesamtstundenzahl in Vollzeit- oder Teilzeitjobs ging dagegen um mehr als 2 % zurück.

Die geringe und unsichere Qualität eines sehr großen Teils der neuen Arbeitsplätze ist eine der Erklärungen dafür, daß sich das durchschnittliche Arbeitsentgelt pro Beschäftigten immer noch real negativ entwickelt und der private Konsum zurückgeht.

Besonders komisch wird es, wenn sich die Politik die Entwicklung am Arbeitsmarkt gutschreibt. Deutschlands Wirtschaft und Arbeitsmarkt leben nicht von der seit vielen Jahren stagnierenden Verbraucherkonjunktur, sondern von der wesentlich besseren Situation auf den Absatzmärkten für den deutschen Export. Es ist sozusagen eine geborgte Konjunktur. Wie bei jedem Kredit kann das schnell zu Ende kommen, wenn wichtige Märkte, wie der der USA, müde werden oder der ständig steigende Eurokurs den Export zurückschraubt. Ein Teil der geborgten Konjunktur ist übrigens eine brutale Ausnützung des Euroverbunds, in dem sich unsere Handelspartner nicht mehr durch Wechselkursänderung gegen ein deutschen Lohndumping wehren können.

Mit all den Kunststücken war es allerdings den deutschen Arbeitsmarktstatistikern nicht gelungen, den besonders schwarzen Fleck auf der deutschen Arbeitsmarktweste wegzuretouchieren, nämlich die mit 38 Prozent aller Arbeitslosen weiterhin sehr hohe Langzeitarbeitslosigkeit vor allem älterer Jahrgänge, nach Griechenland und Belgien die höchste in den Alt-EU-Ländern (Abb. 04022). Ab 2008 sind nun aber Arbeitslose jenseits 58, wenn ihnen innerhalb von zwölf Monaten nach Beginn des Leistungsbezugs keine sozialversicherungspflichtige Beschäftigung angeboten wurde, per Gesetz aus der Statistik entfernt worden - ein Statistikskandal.

Auch sonst ist im internationalen Vergleich die deutsche Arbeitslosigkeit auf dem 14. Platz von 18 Vergleichsländern immer

noch hoch, zumal alle größeren bis auf Frankreich wesentlich niedrigere Raten haben (Abb. 04068).

Fazit für Dummies:

Die Arbeitslosenstatistik verdient besonders wenig Vertrau-
en. Wenn im Konjunkturabschwung die Luft rausgeht, werden die
Statistikleichen aus den Schränken fallen. Doch die Regierenden
mit der Lufthoheit über die Statistik werden Dir dann erzählen,
daß die schlechte Wirtschaft an allem Schuld ist und nicht etwa die
rosa Tünche auf der Statistik. Oder die Wirtschaftsverbände werden den Spieß umdrehen und „unzureichenden Reformen" die
Schuld zuschieben. In dem neoliberalen Wolfsgeheul erzittern dann
die „kleinen Leute" und schlucken weiteren Sozialabbau.

04197: Der Weg in die Arbeitslosigkeit 1960 - 2007

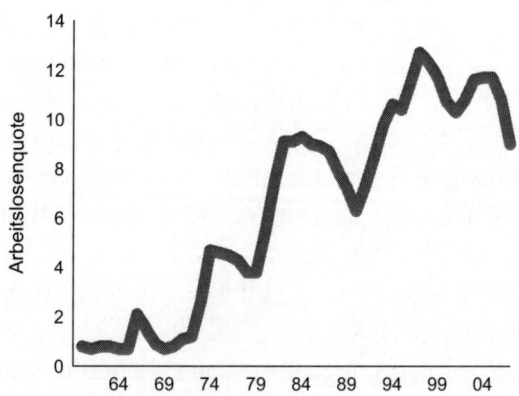

Quelle: Bundesministerium für Gesundheit und Soziale Sicherung, Statistisches
Taschenbuch 2005, Bundesagentur. © Joachim Jahnke - http://www.jjahnke.net/

04992: Bevölkerung ab 18 Jahre
nach Beschäftigung 2006

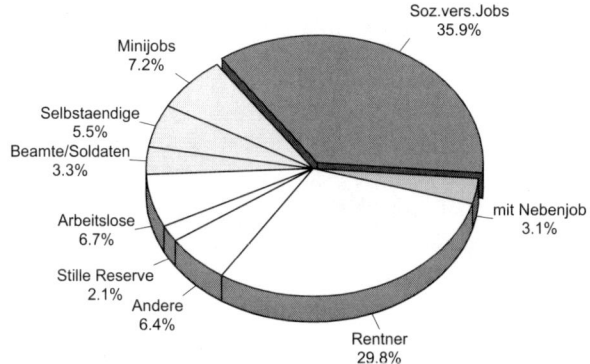

Minijobs
7.2%

Soz.vers.Jobs
35.9%

Selbstaendige
5.5%
Beamte/Soldaten
3.3%

Arbeitslose
6.7%

mit Nebenjob
3.1%

Stille Reserve
2.1%
Andere
6.4%

Rentner
29.8%

Quelle: Bundesagentur für Arbeit. © Jahnke - http://www.jjahnke.net

04980: Offizielle und andere Arbeitslose
Dezember 2007

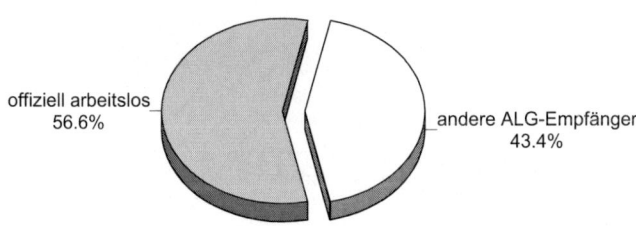

offiziell arbeitslos
56.6%

andere ALG-Empfänger
43.4%

Quelle: Bundesagentur für Arbeit. © Jahnke - http://www.jjahnke.net

04970: Entwicklung der Leiharbeit in Deutschland

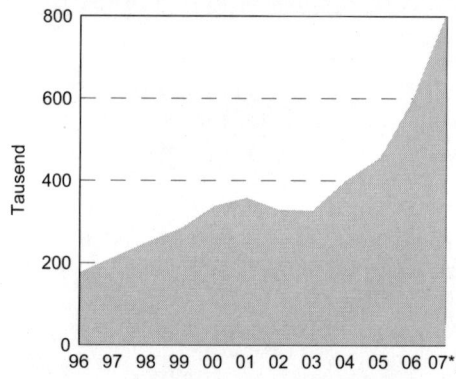

Quelle: Bundesagentur für Arbeit; für 2007: Schätzung IAB sowie Zeitarbeitsindex des Instituts der deutschen Wirtschaft, *) Juli. © Jahnke - http://www.jjahnke.net

04922: Zuwachs an unsicherer Leiharbeit, Billigjobs und gering bezahlten versicherungspflichtigen Jobs sowie demographische Entwicklung fast so groß wie Rückgang der Arbeitslosigkeit (in Tausend) Dezember 2006/7

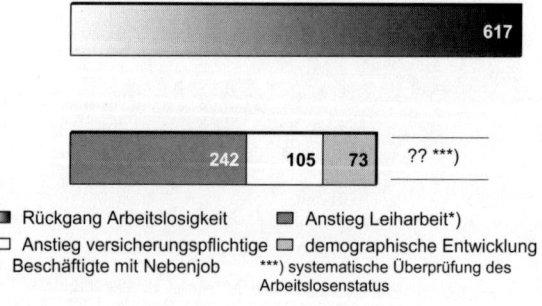

■ Rückgang Arbeitslosigkeit   ■ Anstieg Leiharbeit*)
☐ Anstieg versicherungspflichtige   ▨ demographische Entwicklung
Beschäftigte mit Nebenjob   ***) systematische Überprüfung des
Arbeitslosenstatus

Quelle: Bundesagentur für Arbeit, 03.12.08, *) unternehmensnahe Dienstleistungen, davon der größte Teil Leiharbeit. © Jahnke - http://www.jjahnke.net

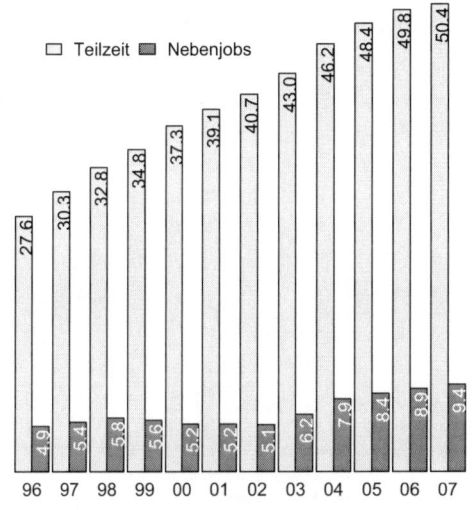

14048:
Verhältnis Teilzeit-
u. Nebenjobs zu
Vollzeitjobs in %

Quelle: IAB, Januar 2008. ©
Jahnke - http://www.jjahnke.net

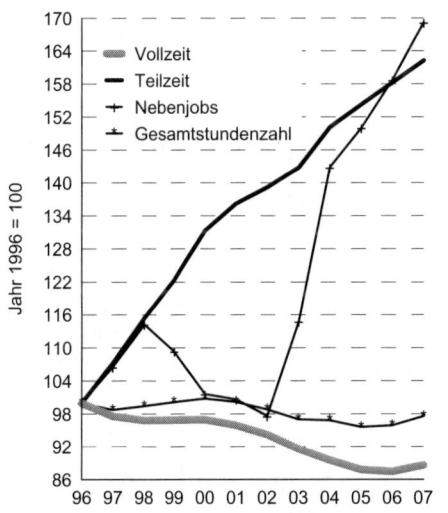

14049:
Vollzeit-, Teilzeit-
u. Nebenjobs,
Gesamtstunden-
zahl in Vollzeit und
Teilzeit

Quelle: IAB, Januar 2008. ©
Jahnke - http://www.jjahnke.net

04022: Anteil Langzeitarbeitslose (über 1 Jahr) an aktiver Bevölkerung in % Q3 2007

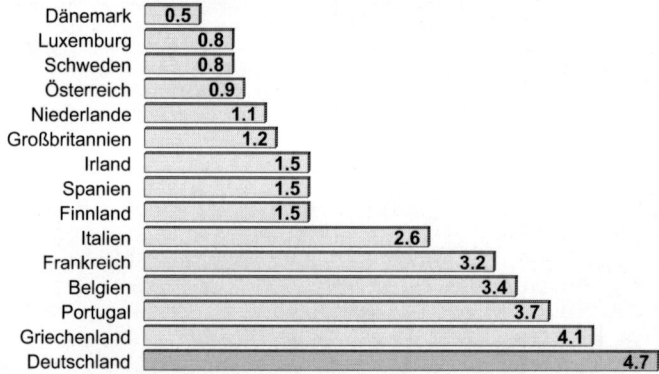

Quelle: Eurostat, 01.02.08. © Jahnke - http://www.jjahnke.net/

04068: Arbeitslosigkeitsraten Dezember 2007

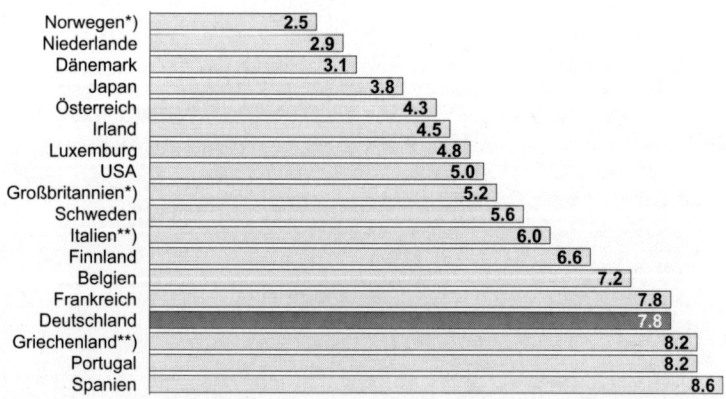

Quelle: Eurostat, 31.01.08 in % der Arbeitskräfte, saisonal korrigiert (nach ILO-Konzept), *) Ok. 07, **) Sep 07. © Joachim Jahnke - http://www.jjahnke.net/

Kapitel 3: Deutschland - Niedriglohnland: Von der sozialen Marktwirtschaft zum Lohndumping

Erst etwas Geschichte

Irgendwann im Jahre 2000 nach Einführung des Euro konnte sich die deutsche Exportindustrie ausrechnen, daß sie nun ungestört von den bis dahin regelmäßig bremsenden Aufwertungen der DM ihre Exportschlachten schlagen und die Exportüberschüsse hochfahren könnte. Denn einerseits konnten von da an die Europartner nicht mehr zur Notbremse von Währungsveränderungen innerhalb des Euroverbunds greifen und die deutschen Exportüberschüsse zurückdrängen. Andererseits würde der Euro-Außenwert gegenüber dem Rest der Welt nicht mehr einseitig von der deutschen Leistungsbilanz sondern von der Bilanzsituation des gesamten Euroverbundes abhängen, die sehr viel schwächer als die deutsche ist, weil unsere Europartner längst nicht so exportstark sind. Also wäre der Euro weniger aufwertungsverdächtig als die alte DM. Das ganze hing allerdings von einer entscheidenden Bedingung ab. Es mußte nämlich die strengste Lohndisziplin bei den deutschen Arbeitnehmern durchgesetzt werden, so daß sich die Arbeitskosten geringer als bei den Konkurrenten entwickeln und sich damit ein künstlicher Exportvorteil aufbauen würde.

Gesagt, getan. Seit etwa 2000 stagnieren die deutschen Löhne oder entwickeln sich real nach Abzug der Verbraucherpreisinflation sogar zurück. So hatte Deutschland im Jahr 2006 als einziges unter den Alt-EU-Ländern eine negative Entwicklung der Arbeitseinkommen (Abb. 13233). Auch über den gesamten Zeitraum seit 2000 war kein Land stärker auf der Bremse (Abb. 12990). Kein Wunder dann, daß Deutschland seine Überschüsse hochfahren konnte. Im Klartext: Deutschland betreibt gegenüber seinen Europartner ein brutales Lohndumping.

Doch zu welchem Preis? Niedriglöhne machten nun Schule, ebenso wie die in der Regel schlechter bezahlte und unsichere Leih- oder Teilzeitarbeit (siehe Kapitel 2). Gegenüber 1995 ist nach Berechnungen des Instituts Arbeit und Qualifikation der Universität Duisburg-Essen der Niedriglohnanteil in Deutschland um gut 43 % gestiegen. Selbst bei in Vollzeit Beschäftigten wuchs er schon auf über 14 %. Dabei ist der durchschnittliche Stundenlohn zwischen 2004 und 2006 um 4 % (West) bzw. 10 % (Ost) gesunken. Der Vergleich mit den anderen an der Studie beteiligten Ländern zeigte, daß Deutschland inzwischen den höchsten Niedriglohnanteil unter den kontinental-europäischen Ländern (Dänemark, Frankreich, Niederlande) hat. Schon gibt es nahezu 7 Millionen Niedriglöhner. Fast drei Viertel haben eine Berufsaus- oder sogar eine Hochschulausbildung, was kaum bekannt ist (Abb. 14058).

Dabei übertrug sich die negative Situation bei den Löhnen auch noch auf die Renten, die Sozialleistungen und die Bezüge im öffentlichen Dienst, die seit Jahren praktisch eingefroren und der Auszehrung durch die Verbraucherpreisinflation anheim gegeben wurden. Deutschland ist zudem eines der ganz wenigen Länder, die keinen flächendeckenden Mindestlohn eingeführt haben.

Die Folge ist eine krasse Öffnung der sozialen Schere zwischen Arm und Reich (siehe Kapitel 1). Deutschland ist in die ganz kleine Spitzengruppe der neoliberalen Länder vorgestoßen und hat seine auch heute noch von den so genannten Volks-Parteien beschworenen Spielregeln der sozialen Marktwirtschaft längst hinter

sich gelassen. Man muß das an dieser Stelle mit Lautsprecher-
stimme herausschreien!

Gewerkschaften, die sich für stärkere Lohnerhöhungen ein-
setzen, laufen in Deutschland meist gegen eine Protestwand der
gemachten öffentlichen Meinung. Die gesamte Unternehmerschaft,
samt ihrer Verbände, die meisten Wirtschaftsforschungsinstitute
sowie Medien und nicht selten auch die Bundesregierung, vor allem das Bundeswirtschaftsministerium, ziehen sofort das Gespenst
von noch mehr Massenarbeitslosigkeit hoch. Oder, wie die Bundesbank, die Warnung vor stärkerer Inflation. Selbst im Jahre 2008
angesichts des eklatanten Notstandes in der Verbraucherkonjunktur
gibt es solche Simmen..

Kaum einer verschwendet dabei auch nur einen Gedanken
darauf, wie stark die seit mehr als acht Jahren in Deutschland mangels Kaufkraft kaputte Verbraucherkonjunktur an der Massenarbeitslosigkeit die eigentliche Schuld trägt und wie unsicher ein
Arbeitsbeschaffungsprogramm ist, daß allein auf Export setzt. Das
gilt vor allem, seit die USA, China und Japan die Währungspolitik
in den Wirtschaftskampf eingeführt haben. Dollar, Renminbi und
Yen sind seit Anfang 2006 sehr stark gefallen. Der Dollar verzeichnet immer neue Tiefststände gegenüber dem Euro (Abb.
13309, Seite 85).

Das Durcheinander in den Arbeitseinkommen und der Inflation

Nun herrscht in Deutschland ein von den Interessenten oft
absichtsvoll geschürtes totales Durcheinander, wenn es um die
Arbeitseinkommen geht. Wie immer es paßt, wird von allgemeinen
Löhnen oder Tariflöhnen, nominal oder real, brutto oder netto bzw.

vor oder nach Steuer, Tarifabschlüssen und Löhnen in der gewerblichen Wirtschaft, einzelnen Branchen derselben oder der Gesamtwirtschaft gesprochen. Es geht auch zwischen Lohnkosten und Stücklohnkosten, zwischen Löhnen und Lohnnebenkosten durcheinander. Selbst bei der Inflation gibt es nicht nur die formale Steigerung der Verbraucherpreise, sondern daneben auch die „gefühlte Inflation", die von einem realistischeren Warenkorb abhängt. Das Statistische Bundesamt meldet z.B. regelmäßig nur die nominalen Entwicklungen der Arbeitseinkommen, ohne die Inflationsrate abzuziehen. Das sieht dann gleich besser aus. Auch die Tariflöhne sehen besser aus als das Lohnniveau insgesamt. Aber nun alles schön der Reihe nach.

Tariflohn

Gern werden Tariflohnabschlüsse im gewerblichen Bereich zitiert, weil sie in der Regel über dem allgemeinen Lohnniveau liegen. Auch sind sie so kompliziert, daß sie ohnehin kaum jemand versteht. Da kann dann der Bundeswirtschaftsminister zusammen mit den Wirtschaftsforschungsinstituten unter Hinweis auf einige wenige Tarifverträge die eigentlich nicht begründete Hoffnung auf einen kommenden Konsumentenboom an die Wand malen. Wer weiß schon, daß die Tarifbindung in Westdeutschland nur noch 70 Prozent und in Ostdeutschland nur noch 55 Prozent erreicht? Wer weiß schon, daß die Niedrigstlöhne bis zu denen von 1-Euro in den Dienstleistungsbereichen angesiedelt sind, so daß die meist mitgeteilten besseren Ergebnisse der gewerblichen Wirtschaft ganz und gar nicht exemplarisch für die Gesamtlage sind? Wer weiß, daß die boomende Leiharbeit ihre eigenen viel niedrigeren Tarife hat?

Lohnstückkosten

Weitgehend unbekannt scheint auch zu sein, daß die Wettbewerbsfähigkeit nicht allein von den Lohnkosten sondern ebenso sehr von der Entwicklung der Produktivität abhängt. Beides erst ergibt die entscheidenden Lohnstückkosten. Die Produktivität aber läuft in Deutschland den Löhnen besonders stark voraus (Abb.14045), so daß die normalerweise akzeptierten Lohnspielräume in Deutschland seit Jahren bei Weitem nicht ausgenützt werden. Bis auf Österreich und Spanien haben sich die Lohnstückkosten unter den 15 Alt-EU-Ländern nirgends so gering entwickelt wie in Deutschland (Abb. 12920).

Brutto- und Nettolöhne

Bis auf zeitweilige Abweichungen haben sich die Löhne je Arbeitnehmer vor und nach Steuer ähnlich entwickelt (Abb. 04990). Der Effekt der Steuerprogression aus inflationsbedingten Lohnerhöhungen ist also über die Zeit immer wieder aufgefangen worden.

Lohnnebenkosten

Die Lohnnebenkosten enthalten die Sozialbeiträge der Arbeitgeber. Sie sind im so genannten Arbeitnehmerentgelt oder in den Arbeitskosten mitenthalten. Die Sozialbeiträge stiegen bis 2004 parallel zu den Löhnen, wurden aber seitdem durch den Rabatt für die Arbeitgeber abgesenkt (Abb. 04990). Das hat Deutschland einen weiteren (angesichts des Exportbooms unnötigen) Vorteil im internationalen Wettbewerb verschafft.

Mindestlohn

Unabhängig von der ideologischen Ausrichtung der jeweiligen Regierungen gelten entweder Mindestlöhne überall in den alten Industrieländern für große Teile der Arbeitnehmer (Abb. 12524), oder haben, wie in Schweden, die Gewerkschaften flächendeckende Mindestlöhne vereinbart.

Beim Thema Mindestlohn wird die Volksverdummung unter Führung von BILD besonders aggressiv. Dort wo Mindestlöhne eingeführt wurden, wie in der Bauindustrie, werden sie nach Stichproben sehr oft nicht einmal gezahlt. Die jetzt beschlossenen Mindestlöhne für Briefträger scheinen den Untergang des Vaterlandes zu besiegeln.

Niemand in dieser typisch deutschen Diskussion nimmt auch nur zur Kenntnis, wie viel besser sich die Einkommenssituation, Verbraucherkonjunktur und Arbeitsmärkte in den Ländern entwikkeln, die, wie fast alle unseren europäischen Nachbarn, Mindestlöhne eingeführt haben. Das Ifo-Institut mit Prof. Sinn in München hat dagegen mit der ihm eigenen parteiischen Phantasie ausgerechnet, wie viel Arbeitsplätze in Deutschland verloren gehen würden (bei einem Mindestlohn von 7,50 Euro angeblich 1,1 Millionen), ohne die Gegenrechnung über den Kaufkraftgewinn und die bessere Binnenkonjunktur auch nur in einer Fußnote anzudeuten und ohne die seit Jahren nicht ausgeschöpften Spielräume von der Produktivitätsentwicklung zu berücksichtigen. Dabei hätte Deutschland schon wegen seiner Randlage zur Niedrigstlohnregion Osteuropa Mindestlöhne nötiger als andere Länder, vor allem wenn demnächst der vorrübergehende Einwanderungsschutz aus den Beitrittsprotokollen wegfällt.

Inflation

Noch eine Klarstellung zum Thema Inflation. Man unterscheidet die volkswirtschaftliche Inflationsrate des Bruttoinlandsprodukts,
die höhere der Verbraucherpreise und die noch höhere der gefühl-
ten Inflation (Abb. 13333). Die Verbraucherpreisinflation ist seit
einiger Zeit erheblich gestiegen und bewegte sich im Dezember
2007 bei 3,1 % (Abb. 04991).

Das schlimme an der Verbraucherpreisinflation ist, daß sie
diejenigen am stärksten trifft, die bei kleineren Einkommen das
Meiste davon für den Verbrauch ausgeben müssen. Das war schon
so mit der Erhöhung der Mehrwertsteuer in 2007, die die Arbeitslosen von allen Gruppen am stärksten getroffen hat (Abb. 04110).

Welcher Mißbrauch mit nicht inflationsbereinigten Daten ge-
trieben wird, hat z.B. BILD am 1. November 2007 mit der Schlag-
zeile „Renten-Plus. Doppelt so viel drauf wie geplant. Der Aufschwung kommt auch bei den Senioren an!" vorgeführt. Das
„doppelt so viel" ist nämlich eine reale Absenkung der Renten um
1,4 Prozent. Wenn das der Aufschwung für Rentner sein sollte,
dann wurden sie wirklich verar...

Fazit für Dummies:

Man muß immer sehr genau hinsehen, welche Art Arbeitskosten und Inflation angesprochen werden. Doch kann man noch
so lange hinsehen, von der sozialen Marktwirtschaft ist nicht mehr
viel zu entdecken. Deutschland ist neoliberal und so ist die Ein-
kommensstruktur.

13233: Zuwachs der Arbeitseinkommen 2005/6

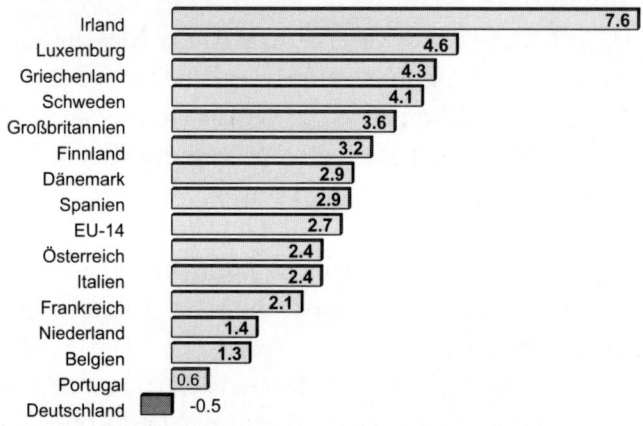

Quelle: Eurostat (real), 29.01.07, verbraucherpreisbereinigt.
© Jahnke - http://www.jjahnke.net/

12990: Entwicklung der Arbeitskosten - Löhne und Gehälter - der 15 Alt-EU-Länder

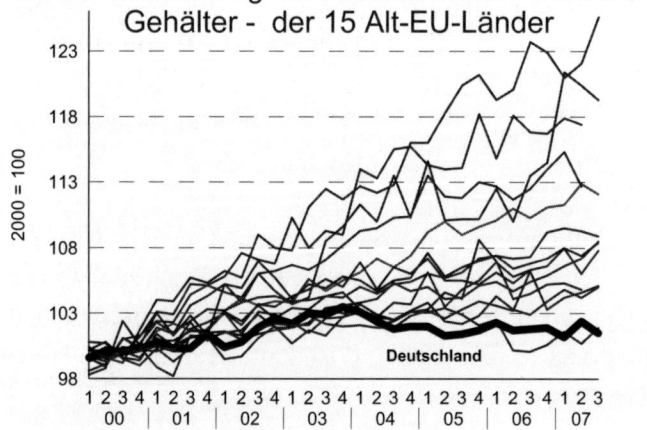

Quelle: Eurostat, saisonbereinigte und arbeitstäglich bereinigte (ohne Schweden)
sowie deflationierte Daten. © Jahnke - http://www.jjahnke.net

14058: Anteil am Niedriglohnsektor nach Qualifikation

7.9	7.5	6.1
58.6	66.4	67.5
33.5	26.1	26.4
1995	2000	2006

■ FH/Uni
□ Berufsausbildung
□ keine Berufsausbildung

Quelle: Institut Arbeit und Qualifikation 2008-01, differenzierte Niedriglohnschwellen für Ost- und Westdeutschland, Lesehilfe: Von den Niedriglöhnern haben 67,5 % eine Berufsausbildung . © Jahnke - http://www.jjahnke.net

14045: Arbeitnehmerentgelt sowie Unternehmens-u.Vermögenseinkommen

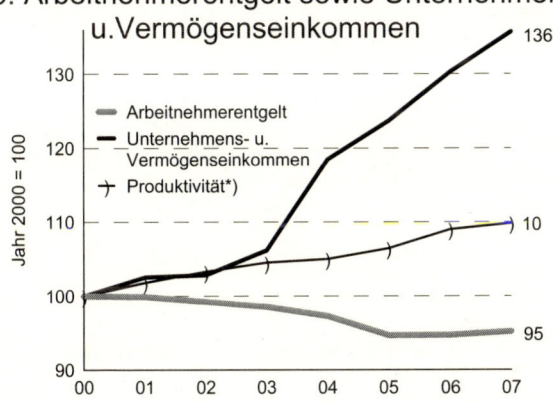

Quelle: Stat.Bundesamt, 15.01.08, Arbeitnehmerentgelt mit Verbraucherpreis-, Unternehmens- und Vermögenseinkommen mit BIP-Inflator bereinigt, *) je Erwerbstätigenstunde. © Jahnke - http://www.jjahnke.net

43

12920: Indices der realen Stücklohnkosten der15 Alt-EU-Länder (dicke Linie = Deutschland)

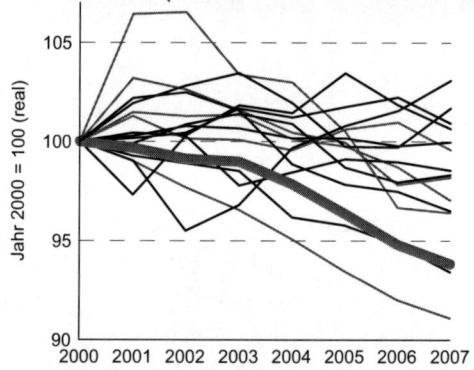

Quelle: Eurostat (AMECO), 9.11.07.© Jahnke - http://www.jjahnke.net

04990: Brutto- u.Nettolohn je Arbeitnehmer nominal

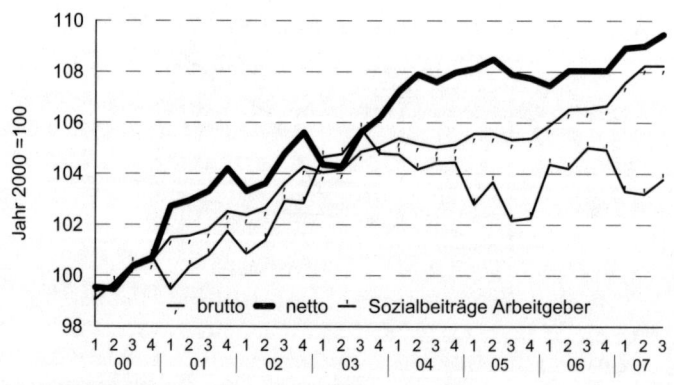

Quelle: Statistisches Bundesamt. © Jahnke - http://www.jjahnke.net

12524: Anteil der Arbeitnehmer mit Mindestlohn in %

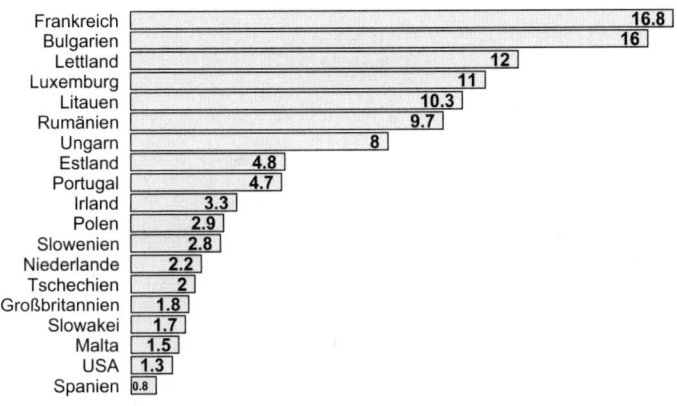

Quelle: Eurostat, 18.06.07, Daten für 2005. © Jahnke - http://www.jjahnke.net

13333: Offizielle und gefühlte Inflationsrate 2003 bis August 2007 in %

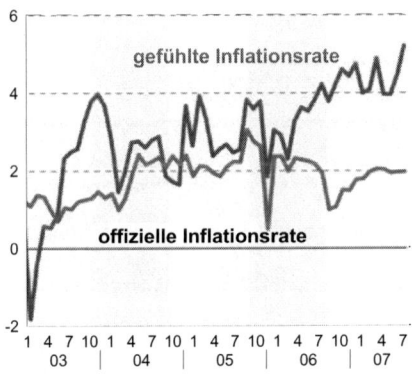

Quelle: Brachinger.

04991: Verbraucherpreisinflation 2000/06 und Sept 06/Dez 07gegenüber Vorjahr in %

Quelle: Statistisches Bundesamt. ©
Jahnke - http://www.jjahnke.net

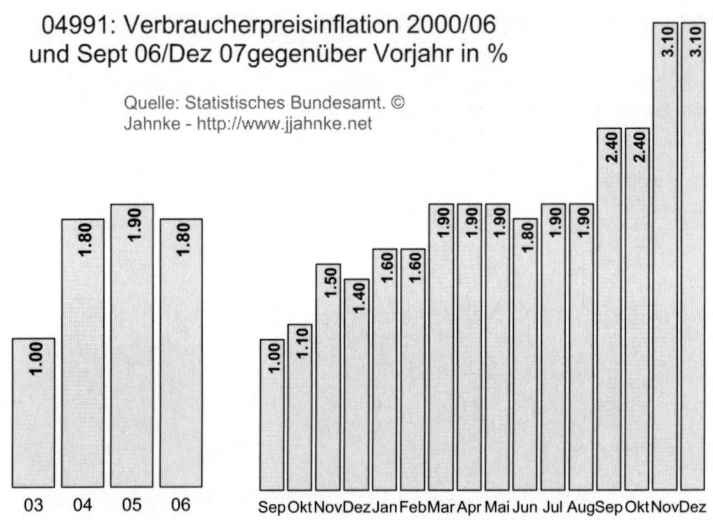

04110: Einkommensverlust durch Mehrwertsteuererhöhung

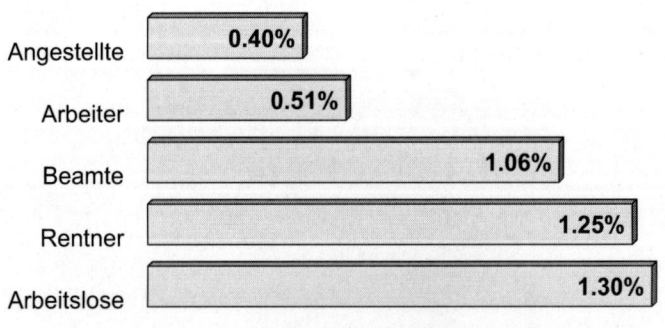

Verluste in Prozent des Einkommens

Quelle:Deutsches Institut für Wirtschaftsforschung DIW – Wochenbericht, Nr.
47/2005. berücksichtigt ist der Anstieg der Rentenbeiträge um 0,4 Prozentpunkte
und die Senkung der Beiträge zur Arbeitslosenversicherung um 2 Prozentpunkte.

Kapitel 4: Wenn der Preis nicht mehr stimmt: Spekulanten und einige Notenbanken verfälschen die Marktwirtschaft

Nach den hehren Gesetzen der Marktwirtschaft, wird der Preis allein durch Angebot und Nachfrage bestimmt. So schrieb mir ein Professor der Volkswirtschaft kürzlich und augenzwinkernd: „Der katholische Katechismus, den wir in der Schule gnadenlos durchgehen mußten, hat eine klaren Aufbau. Ganz am Anfang steht die Offenbarung. Wer diesen zentralen Satz schluckt, wird dann Schritt für Schritt erfahren, was er für richtig zu halten hat. Analog zum Katechismus verhält es sich in der Neoklassik: Das Wichtigste, das zu allererst zu schlucken ist, ist die axiomatische Annahme, daß der Markt an sich dazu neigt, sich selbst zu regulieren und zum Gleichgewicht zu finden. Wenn dieses Axiom akzeptiert wird, ist der Weg frei für weitere „wenn, dann" Überlegungen, so schlüssig wie die Sätze im Katechismus nach den ersten Satz von der Offenbarung. Seien Sie gesegnet mit dem Standard-Kreuz von Angebot und Nachfrage!".

Leider muß man sich um das Marktgleichgewicht angesichts der enormen weltweiten Ungleichgewichte in den Leistungsbilanzen und Währungen und angesichts der weltweiten Kreditkrise sorgenvolle Gedanken machen. Was in der neoklassischen Glaubenslehre von Angebot und Nachfrage nicht drin ist, macht jetzt viele Märkte kaputt, nämlich die explosive Nachfragemacht der Spekulanten einerseits und die Rolle der Notenbanken, wenn es um den Liquiditätsbedarf der Spekulanten und die Beeinflussung der Währungskurse geht, andererseits.

Die Spekulanten beherrschen die Märkte

Das Klagelied über die Spekulanten ist sicher so alt, wie es Märkte gibt, die sie beeinflussen können. Doch nie war ihre Nachfragemacht so groß und das Spektrum ihrer Aktivitäten so breit wie heute. Die Nachfragemacht kommt aus der immer ungleicheren Einkommensverteilung um den Globus herum (Abb. 13351), die immer mehr Kapital bei einer kleinen Schicht von Wohlhabenden und Besserverdienern landen läßt, bis zu den zahlreichen Dollar-Milliardären in Indien und China. Die können es dann nicht mehr wie normale Menschen täglich konsumieren, sondern tragen es ins Kasino der internationalen Finanzmärkte. Zu den besonders süchtigen Spielern gehören viele Banken, die sich einbilden, eine Risikokontrolle zu haben, aber in der Kreditkrise nun ohne Kleider sind.

Selbst die Unternehmen, die eigentlich ihre Gewinne investieren sollten, bevorzugen zu großen Teilen das Einkommen aus dem Kasino. So stammten die amerikanischen Unternehmensgewinne bereits 2004 zu nicht weniger als 40 % nicht aus dem Umsatz ihrer Produkte, sondern von Anlagen am Kapitalmarkt. Dabei ist der Bankensektor Empfänger massiver direkter und indirekter Subventionen. Praktisch ist er gegen das Liquiditätsrisiko durch die Zentralbanken versichert. Wenn immer die Banken Kapital verlieren, schaffen die Zentralbanken wieder eine nach oben zeigende Gewinnkurve, indem dann Banken zu der niedrigeren Zinsrate bei den Zentralbanken borgen und dann zu höheren Zinsen weiterverleihen können. Besonders die amerikanischen Banken haben extrem hohe Gewinne gemacht, die von 5 % aller Profite des kommerziellen Sektors nach Steuern in 1982 auf gewaltige 41 % in 2007 anzogen und mit der Kreditkrise natürlich wieder fallen.

Die modernen Finanzmärkte sind die „neuen Hüte" der Globalisierung, was einige Gestrige in Deutschland immer noch nicht wahrhaben wollen. Gewettet wird vorwärts auf alles, was sich bewegen kann, vom Ölpreis bis zu den minderwertigen amerikanischen Hypotheken und den dazugehörigen Finanzpapieren. Für die Großanleger sind die Hedgefonds entstanden, die ihnen den eigenen Gang ins Kasino abnehmen. Das Spielgeld haben die Investmentbanken in immer neuen Finanzpapieren, den sogenannten Derivativen, erzeugt. Deren Volumen ist inzwischen dramatisch größer als der gesamte weltweite Warenverkehr.

Statt über Angebot und Nachfrage Marktgleichgewicht zu erzeugen und so der neoklassischen Glaubenslehre zu entsprechen, produzieren die Spekulanten pausenlos Blasen. Die platzen dann und reduzieren die künstlichen Gewinne wieder auf Normalmaß, denn echte Werte werden im Kasino ohnehin nicht geschaffen. Allerdings gibt es, wie in jedem normalen Kasino, auch echte Verlierer. Das sind in diesem Fall vor allem Arbeitnehmer, deren Rentenfonds leiden, oder deren Arbeitsplätze in der Krise verloren gehen. Der schöne Begriff für letzteres heißt „kreative Destruktivität" (Schumpeter, 1975). Zu den Verlierern gehören auch die Verbraucher, wenn die Notenbanken den Blick von der Inflation nehmen, um mit viel zusätzlicher Liquidität den Spekulanten zu helfen, wie jetzt wieder. Und natürlich leiden unter der derzeitigen Subprime-Hypothekenkrise ein paar Millionen Privathaushalte in USA, von denen ein großer Teil nie die Hypotheken hätte aufgeschwatzt bekommen dürfen. Dabei trifft es die armen Haushalte am meisten.

Andererseits haben die Vorstände allein der acht Investmentbanken, die die Hauptdarsteller in der Kreditkrise sind und zusammen schon an die 100 Mrd Dollar abgeschrieben und damit verbrannt haben, ihre dicken Gehälter kassiert und behalten, die sie mit den Scheingewinnen begründet hatten. Die Deutsche Bank hat beispielsweise 3,2 Mrd Dollar verbrannt, doch Ackermann hat seine 13 Mio Euro behalten. Der Chef von Merril Lynch mit Abschreibungen von bisher 24 Mrd Dollar mußte zwar seine Koffer packen, doch legte man ihm noch schnell 160 Mio Dollar in dieselben. So gerecht geht es in der neoliberal globalisierten Welt zu!

Die Größe des Kasinos

Hier noch etwas Anschauungsmaterial zur gigantischen Grösse des Kasinos und seines Spielgeldes. Die letzten Kapitalverkehrskontrollen wurden erst Anfang des letzten Jahrzehnts abgebaut, bei Frankreich und Italien in 1990 sowie Spanien und Portugal in 1992. Die meisten Entwicklungsländer haben unter dem Druck von Internationalem Währungsfond und Weltbank ebenfalls ihre Kontrollen aufgeben müssen. Seitdem ist der Zugang zum globalen Finanzkasino fast überall frei. Prompt sind die Kapitalströme über die Grenzen immer weiter explodiert, vor allem dank eines gigantischen Ausmaßes an spekulativen Bewegungen, die weit über den Bedarf des internationalen Warenverkehrs hinausgehen (Abb. 03035). Termingeschäfte und Terminbörsen haben eine völlig andere Dimension angenommen als in den „alten Zeiten". Schon wegen der riesigen flottierenden Geldmengen und der blitzschnellen computer- und internetgestützten Kommunikation zwischen verschiedenen Märkten ist die Krisenneigung der hochspekulativen Kapitalmärkte erheblich gewachsen.

Der globale Währungshandel, ein Hauptfeld der Spekulation, hat mit etwa 1.900 Mrd US$ pro Tag einen neuen Rekord erreicht. Um die kaum vorstellbare Größenordnung wenigstens etwas zu verdeutlichen: Das entspricht auf Tagesbasis dem 78-Fachen des weltweiten Warenverkehrs oder dem 260-Fachen des Bruttoinlandsprodukts Deutschlands oder dem 630-Fachen aller Bruttolöhne und -Gehälter in Deutschland.

Der Umsatz an spekulativen Finanzpapieren in Form von Derivativen an den Terminbörsen hat sich in den letzten drei Jahren verdoppelt und erreicht ein durchschnittliches Tagesvolumen von fast vier Billionen US$ oder mehr als das Tausendfache aller täglichen Bruttolöhne und -Gehälter in Deutschland. Dabei sprang der Betrag aller ausstehenden „Terminwetten" im zweiten Halbjahr 2006 fast um ein Viertel auf 516 Billionen Dollar. Zum Vergleich: die gesamte Wirtschaftsleistung der USA pro Jahr beträgt etwa 19 Billionen US Dollar (Abb. 13115). Der ausstehende Wert von Swaps in Zinssätzen und Währungen sowie Zinsoptionen z.B. hat nach einem Anstieg auf das 83-Fache seit 1990 inzwischen die Höhe des Sechsfachen des Weltsozialprodukts erreicht (Abb. 03600). Die so genannten Credit Default Swaps, mit denen Versicherung gegen Ausfälle von Krediten angeboten wird, entsprechen im Volumen der dreifachen jährlichen Wirtschaftsleistung der USA.

Diese Verträge werden meistens „over the counter" zwischen Banken gehandelt und sind daher schwer zu kontrollieren. 56 % davon waren Wetten auf Zinsentwicklungen, 10 % auf Währungsentwicklungen. Selbst wenn die Derivative saldiert werden, indem neue auf ältere verrechnet werden, ergibt sich immer noch ein Betrag etwa in der Größenordnung der gesamten amerikanischen Wirtschaftsleistung eines Jahres.

Der IWF hat vorgeführt, wie - Dank technologischer Innovationen und einer starken Erhöhung der Sparraten - die grenzüberschreitenden Kapitalströme „dramatisch" (in den Worten des IWF) globalisiert wurden. Die totalen Ströme, einschließlich Krediten, Portfolio-Anlagen und Direktinvestitionen kamen 2005 auf 6 Billionen Dollar oder fast 15 % des Weltsozialprodukts (Abb. 12406).

Dabei führen die Industrieländer Westeuropas, unterstützt von der Einführung des Euro, die Expansion der Kapitalströme an (Abb. 12408). Hohe Beträge flossen vor allem in die neuen Beitrittsländer der EU. Stark gestiegen sind auch die deutschen Auslandsanlagen, die in den 70er Jahren noch absolut unbedeutend waren.

Neue Spieler im Kasino

Parallel dazu kamen völlig neue Spieler ins Geschäft: Hedgefonds und Private Equity Unternehmen, deren Finanzmasse enorm angeschwollen ist, nicht zuletzt wegen der Massierung des Reichtums und der zunehmenden Verlagerung der Altersversorgung von staatlichen Systemen auf private Pensionsfonds, die nun hier profitable Anlagen suchen. Beide Investorengruppen verfolgen sehr kurzfristige Kapitalverwertungshorizonte, sofern sie Unternehmen aufkaufen oder sich daran beteiligen. Auch arbeiten sie mit einer hohen Hebelwirkung von zusätzlich aufgenommenen Krediten, mit denen sie ihr Eigenkapital strecken, bis zum Verhältnis von 1 zu 6, und so die Spekulationswirkung erheblich verstärken. Dabei haben die Aufsichtssysteme hier auf eine Regulierung und die Schaffung eines Minimums an Transparenz verzichtet. Das von Hedgefonds verwaltete Vermögen ist in den letzten Jahren steil auf mehr als 1,9 Billionen Dollar angewachsen (Abb. 03464). Es ist das 2,3-Fache aller in Deutschland im Laufe eines Jahres netto gezahlter Löhne und Gehälter.

Mit 723 Mrd US$ haben die Buy-out-Heuschrecken in 2006 einen neuen Investitionsrekord aufgestellt. Das ist der doppelte Wert

von 2005 und das Zwanzigfache von 1996. Wenn etwas den stür-
mischen globalen Vormarsch des Finanzkapitalismus beschreiben
kann, dann ist es diese Entwicklung. Europa war mit 38 % der
zweitwichtigste Markt nach den USA (Abb. 03461).

Schließlich muß man hier die immer größer werdenden Staatsfonds aus Asien und den Ölländern erwähnen. Nach einer Übersicht der Deutschen Bank haben sie zusammen bereits eine Feuer-
kraft von 3,1 Billionen $. Das entspricht dem neunfachen
Börsenwert der 12 größten deutschen Unternehmen (Abb. 03695).

Neues und meist falsches Spielgeld im Kasino

Der Oberbegriff für einen großen Teil der neuen Finanz-
instrumente heißt „Structured Investment Vehicles", kurz „SIV",
wofür es nicht einmal eine deutsche Bezeichnung gibt. Das ist eine
Finanzindustrie, die mit einem Geschäftsmodell nach dem Motto
„aus kurz mach lang" arbeitet. So finanziert sie höher verzinste langfristige Investitionen, z.B. in Hypotheken oder Unternehmenskredite,
mit kurzfristigen und niedriger verzinsten Schulden und verdient an
der Zins-Differenz. Auf der Investitionsseite gibt es eine Vielzahl
von solchen höher verzinsten Anlagen, von den Collaterized Credit
Obligations oder CDOs (Schuldpapiere mit Pfandsicherung) bis
zu Kreditkarten, Stundentendarlehen, Darlehen für den Autokauf
und Schuldpapieren mit Sicherung durch Unternehmenswerte (Abb.
03671).

Unter den SIV befinden sich jährliche Ausgaben von allein in
2006 etwa 2,7 Billionen Dollar an CDOs. Das sind Wertpapiere,
bei denen die Tilgungszahlungen aus den Einnahmen eines Porte-
feuilles von Kredit- und Anleiheforderungen geleistet werden, oft
in der Form der Asset Backed Securities (ABS). Das Ziel von

ABS ist dabei, bisher nicht liquide Vermögensgegenstände in festverzinsliche, handelbare Wertpapiere umzuwandeln. Hierbei werden bestimmte Finanzaktiva eines Unternehmens in einen Forderungspool eingebracht, der treuhänderisch von einer Finanzierungsgesellschaft verwaltet wird. CDOs sind praktisch erst in den letzten drei Jahren in größerer Zahl entstanden und werden zur Finanzierung besonders riskanter Anlagen, wie in Wohneigentum oder riskante Unternehmen, mit höheren als den normalen Zinssätzen ausgegeben.

Beim Schneidern der CDOs sind die Investmentbanken besonders raffiniert vorgegangen, um die Spekulation zu fördern. Sie haben sie zerstückelt und in sehr unterschiedliche Qualitäten neuen Derivativ-Papieren beigemischt. Die wurden dann international an Hedgefonds und Banken, auch an deutsche Banken, verkauft. Die Banken ihrerseits wollten diese Papiere nicht in den eigenen Bilanzen halten, wo sie die an der Kapitaldecke orientierten Spielräume für die normale Kreditgewährung verengt hätten, und haben sie in eigene Ableger eingebracht. Die wurden dann auch nicht von der Kreditaufsicht kontrolliert.

Keiner weiß heute trotz erster massiver Abschreibungen, wo die international gehandelten Risiken aus diesen CDOs wirklich gelandet sind. In der Angst vor dem Risiko leiden jetzt vor allem die Aktienkurse internationaler Großbanken. Und die Krise ist längst noch nicht zu Ende. Der Markt minderwertiger Hypotheken ist riesengroß und wird allein für die USA auf 1,8 bis 2,0 Billionen Dollar - ein astronomischer Betrag - geschätzt. Jetzt befinden sich die Preise dafür in freiem Fall (Abb. 03681). Nun, wo angesichts der Flucht in sicherere Anlagen die Zinsen für solche Kredite enorm gestiegen sind, wird die Unternehmensfinanzierung von der Krise angesteckt. Auch hier ist das Kreditrisiko in den letzten Jahren stark gewachsen, ohne daß die Käufer der entsprechenden hochspekulativen Papiere abgeschreckt worden wären. So stieg der Anteil von mit Grad „B" oder niedriger bewerteten amerikanischen Unternehmenskrediten von einem Fünftel in 1997 auf ein Drittel in diesem Jahr (Abb. 03675).

Der wahnsinnige Drahtseilakt der Banken

Was ich hier zu berichten habe, klingt für den Laien abenteuerlich. Ich schreibe das, während über die Ticker gerademal läuft, daß die staatliche KfW in Deutschland ihre Rücklagen für die in Schieflage geratene IKB Mittelstandsbank jetzt auf 5 Mrd Euro hochfahren muß, bei einem Eigenkapital der IKB von nur 1,4 Mrd Euro. „Es waren die Trigger," sagt Ingrid Matthäus-Maier, die Chefin der KfW, in der Pressekonferenz vom November 2007. Diese Trigger hatte man schlicht übersehen. Auf Seite 92 eines mehrere hundert Seiten starken Vertrages, der auf Englisch die Konditionen eines strukturierten Wertpapieres regelt, war der Trigger versteckt. Die geringere Kreditwürdigkeit der teilweise mit minderwertigen amerikanischen Hypotheken besicherten strukturierten Produkte gab nach Herunterstufung durch die Ratingagenturen besonders privilegierten Anteilseignern das Recht, eine sofortige Auflösung der Struktur zu verlangen, um die besseren Teile zu Geld zu machen und so ohne Verluste auszusteigen.

Eigentlich gibt es für die Banken Eigenkapitalrichtlinien, die auch von der Bankenaufsicht überwacht werden. Sie sollen verhindern, daß sich die Banken übernehmen. Doch die haben flugs um den Globus herum für besonders riskante Geschäfte Ableger außerhalb ihrer Bilanzen eingerichtet, die sich so der Überwachung entzogen. Im Fall der IKB war das Rhineland Funding, für die die Muttergesellschaft KfW nach Ausbruch der Krise eine

Liquiditätsgarantie von 8,1 Milliarden Euro übernehmen mußte. In diesem Faß ohne Boden befanden sich 140 solcher Verträge, von denen etwa die Hälfte solche Trigger hatte. Die wurden erst bemerkt, als sich die ersten privilegierten Anleger meldeten.

Inzwischen brennt die Kreditwelt. Banken trauen einander oft nicht mehr und verweigern Kredite zwischen Banken. Unternehmensbonds und Papiere mit Deckung durch Kreditkartenforderungen und Forderungen aus Autoverkäufen erleiden das gleiche Schicksal wie die unglückseligen minderwertigen Hypothekenpapiere. Selbst die amtlichen Bonds einiger Regierungen in der Eurozone erleiden einen Aufschlag. In den USA können sich einige große Kommunen nicht mehr an den Finanzmärkten mit Geld versorgen. Von den minderwertigen Hypotheken werden etwa 460 Mrd Dollar noch in diesem Jahr an höhere Zahlungen anzupassen sein. Drei Jahre später wird es noch einmal zu einer Spitze kommen, ehe das Volumen der monatlichen Anhebungen herunterkommt (Abb. 03693). Wieviele Hypotheken Not leiden und zu Zwangsversteigerungen mit fallenden Immobilienpreisen führen werden, kann sich erst über diesen langen Zeitraum zeigen.

Auf dem extrem dünnen Hochseil einer kaum ihre Scham bedeckenden Eigenkapitaldecke haben die Banken im vergangenen Jahr hohe Gewinne eingefahren, gemessen an ihrem Eigenkapital in Großbritannien um 20 %, in Deutschland und USA um 12 % (Abb. 03689). Entsprechend hoch wurden die Ackermanns und Kollegen honoriert. Das ist alles kein Wunder, denn der Gewinn wird auf das bei Banken geringe Eigenkapital bezogen und erscheint damit in guten Zeiten künstlich viel größer. Bei großen britischen Banken z. B. beträgt das Eigenkapital nur 4 % der Bilanzsumme (Abb. 03690). Bei der IKB waren es sogar nur 2,7 %. Bei einem Industrieunternehmen ist die Eigenkapitaldecke dagegen weit stärker, bei Siemens z. B. 32 %. Da kann schnell mal selbst eine große Bank in die Pleite gehen, wenn die Gewinne in Verluste umspringen. Das Verlustpotenzial wird schon jetzt auf bis zu 500 Mrd Dollar geschätzt, vielleicht auch mehr. Offen wird von einer Rezession in USA gesprochen. Die drastischen Zinssenkungen der FED (Federal Reserve) zeigen zugleich die sich in USA ausbreitenden Sorgen.

Nun muß man sich fragen, wie können die Banken unter den Augen der Aufsichtsbehörde auf einem so dünnen Seil turnen, d. h. Ableger außerhalb ihrer Bilanzen für das Gröbste gründen, hohe Gewinne einfahren und Aktionäre sowie den Vorstand so üppig beschenken? Die *Financial Times* hat dazu diese Erklärung: Die Banken wissen, daß sie - wenn sie nur groß genug sind - nicht mehr untergehen können. Sie müssen einfach von den Regierungen und Notenbanken über Wasser gehalten werden, wie man seit Ausbruch der Krise wieder deutlich sehen konnte. Weil dieses Bewußtsein auch bei den Kreditgebern der Banken bestand, konnten sich die Banken bisher sehr günstig mit Fremdkapital versorgen. Und das wiederum erlaubte den Banken, noch höhere Risiken einzugehen. Praktisch sorgten also die Regierungen mit ihren mehr oder weniger expliziten Garantien dafür, daß sich die Banken auf diesem dünnen Seil tummeln. Wenn es eine Lehre gibt, so müssen die staatliche Kreditaufsicht drastisch verschärft und die Eigenkapitalvorschriften ebenso drastisch angehoben werden.

Doch gibt es auch noch eine zweite Lehre, die zur neoliberalen Globalisierung zurückführt. Ohne die immer einseitigere Verteilung der Einkommen unter dem Druck dieser Form von Globalisierung wären nie die riesigen Geldmengen zusammengekommen, die erst die Kreditblase aufblasen konnten, bis sie platzen mußte. Und sie werden es wieder an anderer Stelle tun, wenn nicht Wege gefunden

werden, um der amoklaufenden neoliberalen Globalisierung Einhalt
zu gebieten.

Funny Money

Im Englischen gibt es den schönen Begriff „funny money",
um das Kunstgeld zu beschreiben, daß in den letzten Jahren massiv als Liquidität in die internationalen Finanzmärkte gepumpt wurde. Man muß sich das als umgekippte Pyramide vorstellen. Dann
sieht es etwa so aus (Abb. 03692).

Das „echte" Geld, oder englisch „cash" beträgt nur etwa 1 %
der Gesamtliquidität. M3-Geld, das noch einigermaßen „echt" ist,
kommt auf weitere 9 % und wird von den Notenbanken als Indi-
kator für deren Geldpolitik benutzt. Es besteht in der Definition
der Bundesbank aus Bargeldumlauf, Sichteinlagen, Termineinlagen
bis zu 4 Jahren Fälligkeit und Spareinlagen mit gesetzlicher drei-
monatiger Kündigungsfrist. Der Rest von 90 % sind geldschöpfende
Anleihen und vor allem Wett-Geld in Form der schon erwähnten
unendlich vielen Derivative, mit denen an den Terminbörsen auf
alles Mögliche gewettet wird.

Die Fed hat im März 2006 die Berichterstattung über das
amerikanische M3-Geld eingestellt, so daß man hier seitdem im
Dunkeln tappt.

Notenbanken unter und mit den Spekulanten

Die Notenbanken, vor allem aus USA, China und Japan,
haben zu den riesigen Ungleichgewichten in der Weltwirtschaft,
die nichts mehr mit Angebot und Nachfrage zu tun haben, erheblich beigetragen. Die USA sind zum größten Kapitalimporteur und
Schuldnerland der Welt geworden. Das kommt vor allem von der

hohen Verschuldung der privaten US-Haushalte (Abb. 03469) mit dem starken Einbruch der Sparquote (Abb. 12043) sowie der stark negativen amerikanischen Handelsbilanz (Abb. 0302). Die amerikanische Fed hat wenig dazu beigetragen, um diese dramatische Entwicklung über die Geld- und Währungspolitik rechtzeitig zu verhindern. Jetzt befindet sich der Dollar so ziemlich im freien Fall (Abb. 13118).

Andererseits hat China mit steil expandierendem Export die größten Devisenreserven der Welt aufgebaut (Abb. 08001). Dabei manipuliert die chinesische Notenbank den Wechselkurs des Renminbi in der Nähe des Dollars, so daß trotz der riesigen chinesischen Überschüsse die Währung erheblich unterbewertet ist und auch gegenüber dem Euro noch abgewertet hat.

Die japanische Notenbank hält den Zins seit Jahren auf oder nahe null. In der Folge hat sich der so genannte „carry trade" entwickelt, mit dem Japaner die Yen in ausländische Währungen tauschen, um sie im Ausland zinsgünstiger anzulegen. Beides trägt zu einer erheblichen marktverzerrenden Unterbewertung des japanischen Yen bei.

Auch in der derzeitigen Kreditkrise spielen die Notenbanken ein fragwürdiges Spiel an der Seite der Spekulanten. Sie haben ebenso wenig wie die Bankenaufsicht die Kreditkrise kommen sehen, zumal sie die vielen Ableger, die Banken außerhalb der Aufsicht für die Spekulation mit minderwertigen Papieren geschaffen haben, nicht kontrollieren und schon gar nicht die Hedgefonds, die viele dieser Papiere gekauft haben. Dabei wurde mit diesen Papieren nach dem Modell „aus kurz mach lang" ständig Liquidität in gewaltigem Umfang geschaffen. Nun, nachdem die Banken über ihre Ableger angebrannt sind und sie die Liquidität verbrannt haben, sind die Notenbanken den Spekulanten mit Riesenbeträgen an kürzerfristiger Ersatz-Liquidität entgegengekommen und haben im Fall der Fed und der Bank of England die Zinsen gesenkt.

Fazit für Dummies:

Daß Angebot und Nachfrage für das Gleichgewicht der Märkte sorgen, mag eine Religion sein. In der Realitäten wird dieses Spiel von der Spekulation und ihren Blasen immer wieder verfälscht. Die Globalisierung hat hier total neue Hüte aufgesetzt. Die Opfer, die im Schatten stehen, sieht man dabei - frei nach Brecht - nicht.

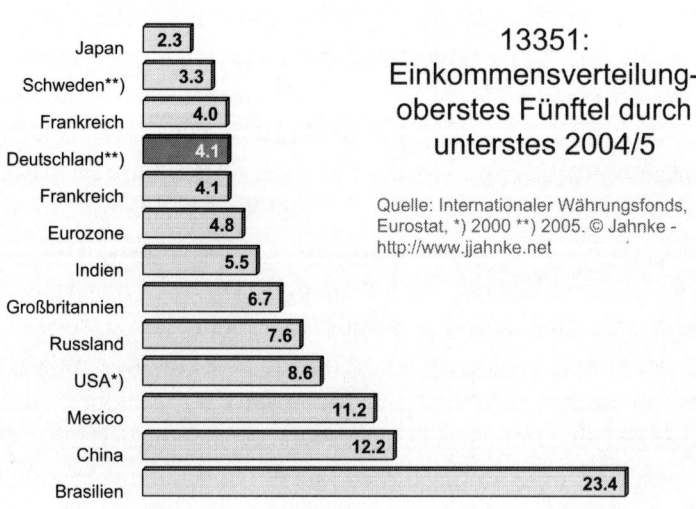

13351:
Einkommensverteilung-
oberstes Fünftel durch
unterstes 2004/5

Quelle: Internationaler Währungsfonds, Eurostat, *) 2000 **) 2005. © Jahnke - http://www.jjahnke.net

03035: Bewegungen an den Kapitalmärkten und Vergleiche Milliarden US$

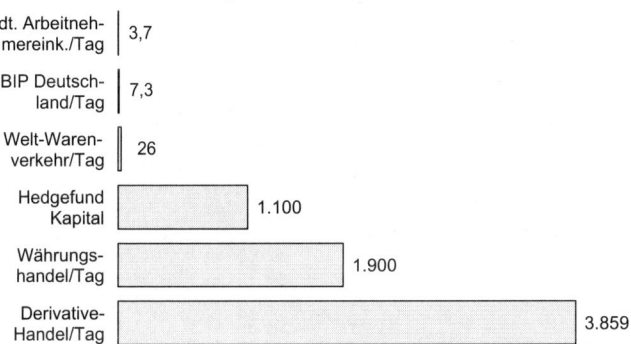

dt. Arbeitneh-mereink./Tag	3,7
BIP Deutsch-land/Tag	7,3
Welt-Waren-verkehr/Tag	26
Hedgefund Kapital	1.100
Währungs-handel/Tag	1.900
Derivative-Handel/Tag	3.859

Quellen: BIZ, WTO, US-Commerce Dept., Financial Times, StaBuA. © Joachim
Jahnke - http://www.jjahnke.net/

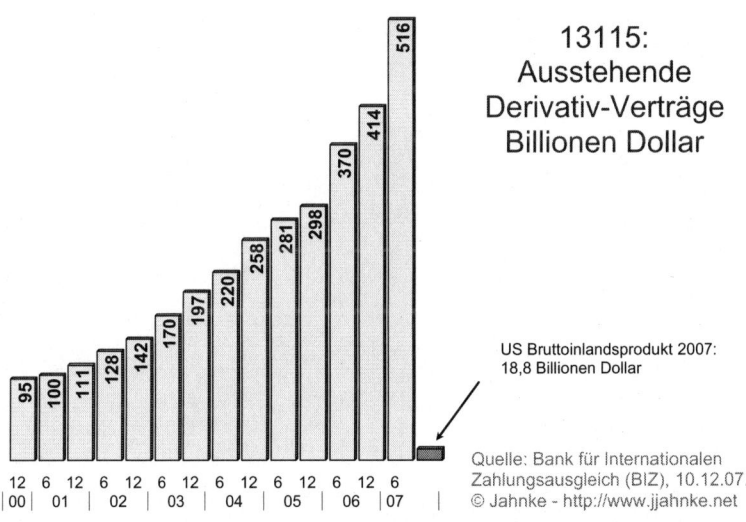

13115: Ausstehende Derivativ-Verträge Billionen Dollar

US Bruttoinlandsprodukt 2007:
18,8 Billionen Dollar

Quelle: Bank für Internationalen
Zahlungsausgleich (BIZ), 10.12.07.
© Jahnke - http://www.jjahnke.net

61

03600: Swaps in Zinssätzen und Währungen sowie Zinsoptionen

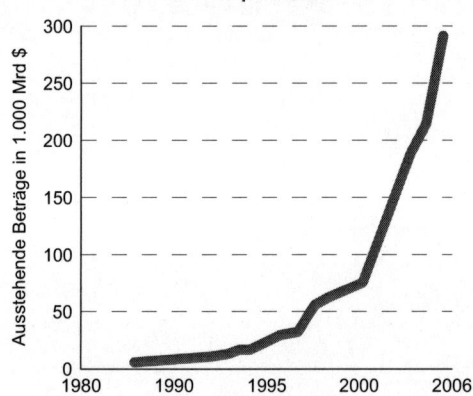

Quelle: International Swaps and Derivatives Association. © Jahnke - http://www.jjahnke.net

12406: Brutto-Kapitalströme

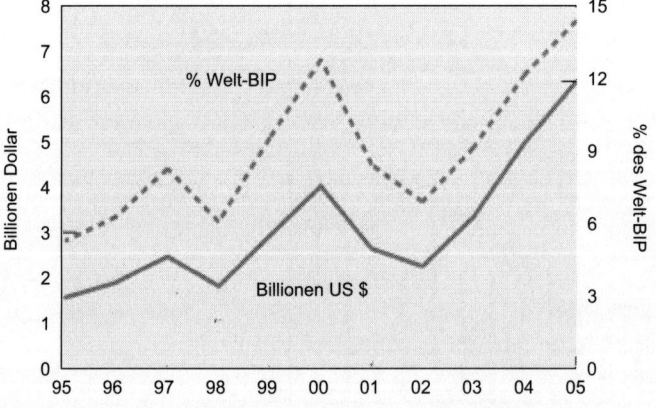

Quelle: IWF, März 2007. http://www.imf.org/external/pubs/ft/fandd/2007/03/picture.htm

12408: Brutto-Kapitalströme (EU-Industrieländer ohne GB)

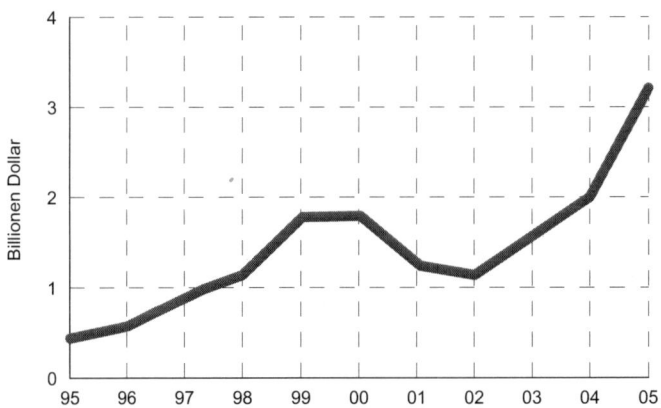

Quelle: IWF, März 2007. http://www.imf.org/external/pubs/ft/fandd/2007/03/picture.htm

03464: Assets unter Hedge Fond Management

Mrd US Dollar

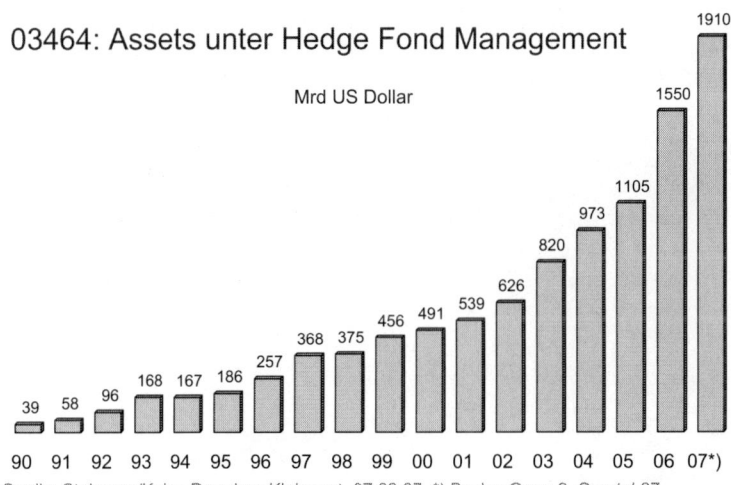

Quelle: Stalmann/Knips Dresdner Kleinwort, 07.02.07. *) Baclay Goup 2. Quartal 07.
© Jahnke - http://www.jjahnke.net

63

03461: Private Equity Unternehmen Investitionen 2006 Mrd.US $

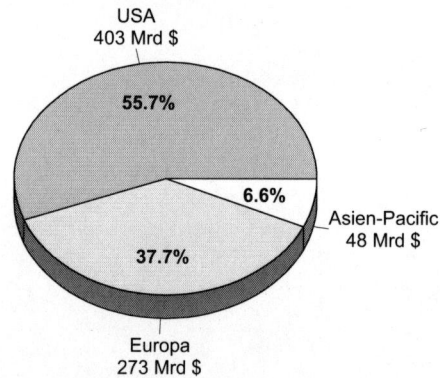

USA
403 Mrd $

55.7%

6.6%

Asien-Pacific
48 Mrd $

37.7%

Europa
273 Mrd $

Quelle: Thomson Financial. © Jahnke - http://www.jjahnke.net

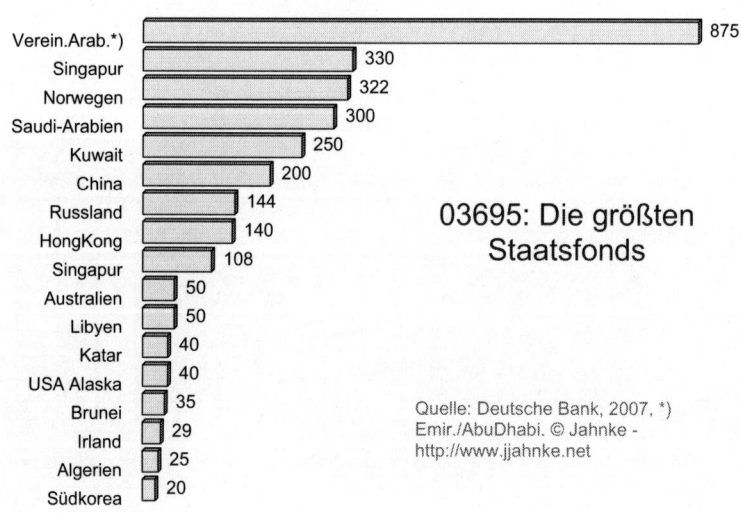

Verein.Arab.*)	875
Singapur	330
Norwegen	322
Saudi-Arabien	300
Kuwait	250
China	200
Russland	144
HongKong	140
Singapur	108
Australien	50
Libyen	50
Katar	40
USA Alaska	40
Brunei	35
Irland	29
Algerien	25
Südkorea	20

03695: Die größten Staatsfonds

Quelle: Deutsche Bank, 2007, *)
Emir./AbuDhabi. © Jahnke -
http://www.jjahnke.net

03671: Structured Investment Vehicles

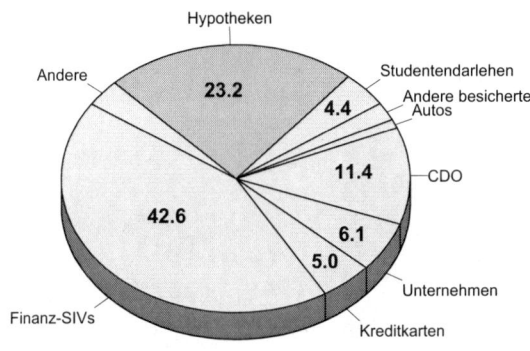

Quelle: Moody's, Anteile in %. © Jahnke - http://www.jjahnke.net

03681: US Hypothekenbesicherte Papiere BBB
(07-2.Tranche) 6. August 07 bis 25. Januar 08

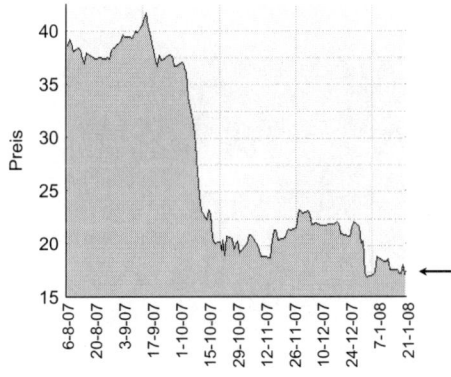

Quelle: Markit. © Jahnke - http://www.jjahnke.net

03675: Verteilung der Grade nach kreditnehmenden amerikanischen Unternehmen

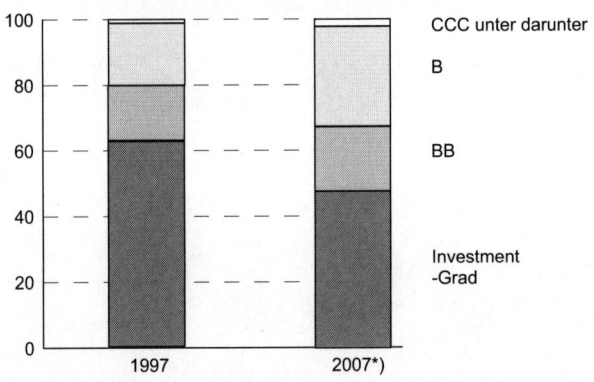

Quelle: Standard & Poor's, *) 30. Juni. © Jahnke - http://www.jjahnke.net

03693: Monatsvolumen in Mrd $ an anzupassenden Hypothekenzinsen

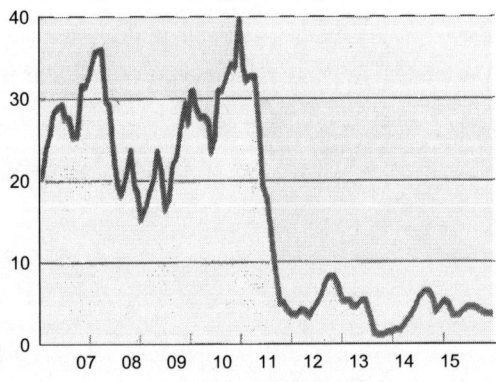

Quelle: IWF/Credit Suisse. © Jahnke - http://www.jjahnke.net

03689: Gewinn als Anteil am Eigenkapital 2006 in % nach Steuer

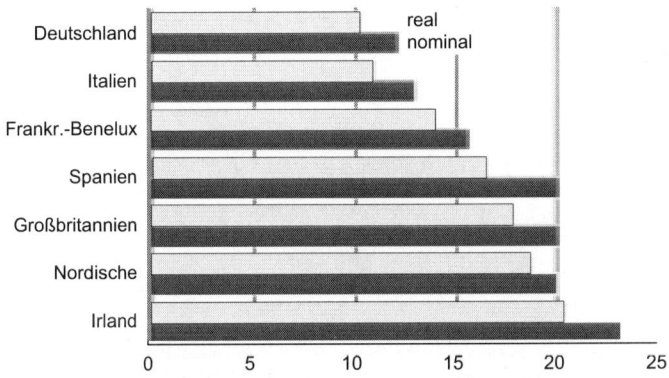

Quelle: Smithers & Co, FT v. 28.11.07. © Jahnke - http://www.jjahnke.net

03690: Bilanz der größeren britischen Banken

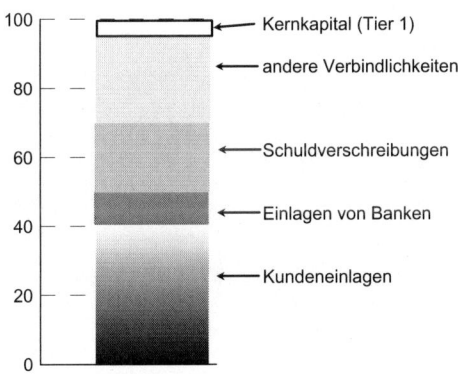

Quelle: Smithers & Co, FT v. 28.11.07. © Jahnke - http://www.jjahnke.net

03692: Die umgekippte Pyramide globaler Liquidität

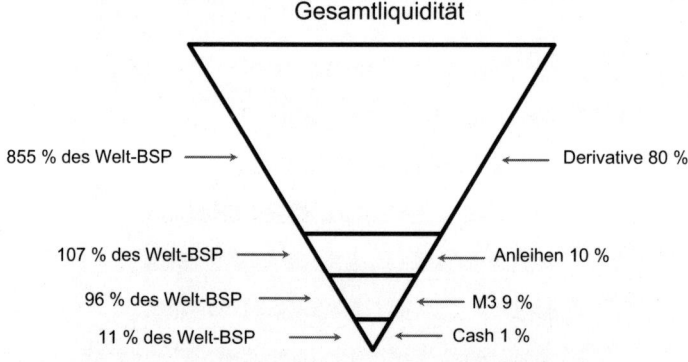

Gesamtliquidität

855 % des Welt-BSP ⟶   ⟵ Derivative 80 %

107 % des Welt-BSP ⟶   ⟵ Anleihen 10 %

96 % des Welt-BSP ⟶   ⟵ M3 9 %

11 % des Welt-BSP ⟶   ⟵ Cash 1 %

Quelle: BIZ, verschiedene Quellen. © Jahnke - http://www.jjahnke.net

03469: Verschuldung der amerikanischen Haushalte

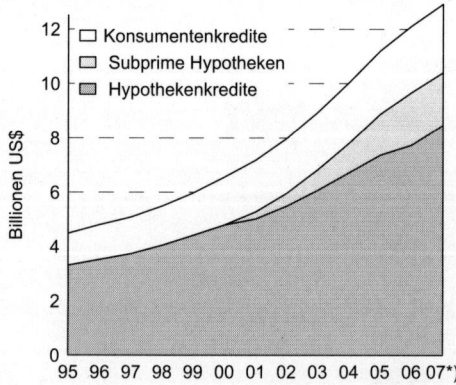

☐ Konsumentenkredite
☐ Subprime Hypotheken
▨ Hypothekenkredite

Billionen US$

95 96 97 98 99 00 01 02 03 04 05 06 07*)

Quelle: Federal Reserve, Flow of Funds Accounts, *) 3. Quartal. © Jahnke -
http://www.jjahnke.net

12043: Absturz der amerikanischen Sparquote

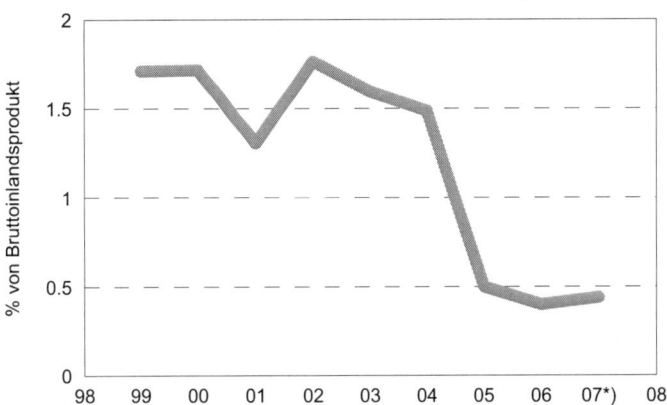

Quelle: US Department of Commerce, Bureau of Economic Analysis. Sparen der privaten Haushalte, 3 Quartale. © Joachim Jahnke - http://www.jjahnke.net/

0302: US Handelsbilanz (mit Dienstleistungen)

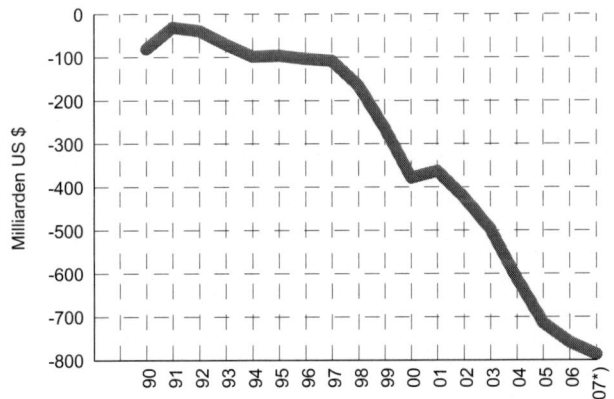

Quelle: US Census Bureau, *) 11 Monate auf Jahr gerechnet. © Joachim Jahnke - http://www.jjahnke.net/

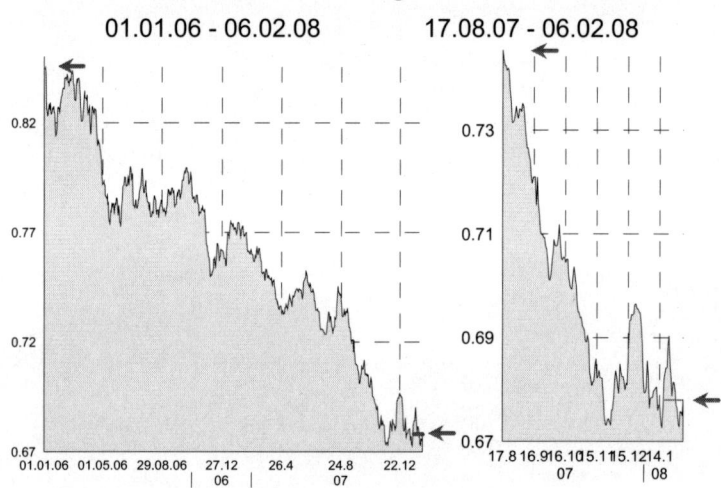

13118: Dollar-Euro-Abwertung um 20 % seit Jan.06

08001: Chinesische Exporte

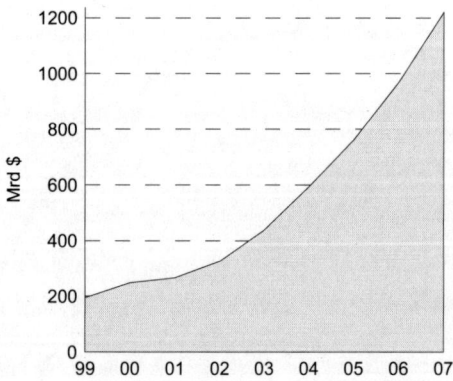

Quelle: WTO, 2006 und 2007 Institute for International Finance. © Jahnke - http://www.jjahnke.net/

Kapitel 5: Die derzeitige Globalisierung als Werk neoliberaler Politik und wie sie fairer gemanaged werden könnte (alles über Dumping)

Ohnmacht oder wie wasche ich meine Hände in Unschuld?

Deutsche Politiker pflegen sich hinter der Globalisierung, angeblich ohnmächtig, zu verstecken. Beispielsweise hat Erhard Eppler davon gesprochen, daß sich die Gestaltungsmöglichkeiten für Politik durch die Globalisierung der Märkte dramatisch verringert hätten und Politiker gar nicht mehr das leisten könnten, was die Bürger von ihnen erwarten. Oder Gerhard Schröder: „Man darf ja nicht darüber hinwegsehen, daß die Globalisierung uns zu bestimmten Maßnahmen zwingt ". Oder Bundespräsident Köhler: „Die Welt ist in einem tief greifenden Umbruch. Wer hier den Zug verpaßt, bleibt auf dem Bahnsteig stehen". Auch der Brüsseler Industriekommissar Günter Verheugen argumentiert ähnlich: „Wir müssen unsere Volkswirtschaften bewußt dem Wettbewerb aussetzen. Die Verlagerung von Arbeitsplätzen in billiger produzierende Länder ist nicht mehr aufzuhalten." Mit der Ohnmacht in Sachen Globalisierung wurden auch die tief in das soziale Netz einschneidenden Schröder'schen Reformen in Deutschland begründet.

Nun sollen wir Dummies bei solchen Erklärungen vergessen, daß es dieselben Politiker sind, die Jahr für Jahr die neoliberale Globalisierung in Brüssel, der Welthandelsorganisation (früher GATT), dem Internationalen Währungsfond und vielen anderen

71

globalen Organisationen gepuscht haben. Deutschland war immer in der ersten Reihe der Befürworter des Aufreißens der Märkte. Das war der Fall, als es um eine möglichst schnelle Erweiterung der EU ging, ohne wenigstens einen Riegel gegen Steuerdumping vorzuschieben, oder um die Aufnahme der Staatswirtschaft Chinas in die eigentlich nur für Marktwirtschaften geschaffene liberale Welthandelsorganisation, und zwar trotz der bekannten Dumpingpraktiken unter Kontrolle der kommunistischen Partei Chinas, oder um den unbeaufsichtigten Kapitalverkehr für Hedgefonds und alle Arten zweifelhafter Finanzpapiere, unter denen derzeit die Finanzmärkte schwer leiden. Dank dieses Eintretens für die neoliberale Globalisierung ist Deutschland nach Berechnungen des IWF und der Bundesbank das Land mit dem höchsten Anteil von Importen aus Niedriglohnländern am Bruttoinlandsprodukt geworden, dies verglichen mit USA, Frankreich und Japan (Abb. 07191). Auch hat sich der Offenheitsgrad im finanziellen Bereich nach Berechnungen der Bundesbank über die letzten Jahre verdreifacht (Abb. 03682). Dabei ist Deutschland deutlich offener geworden als die USA oder Japan (Abb. 12258).

Das Gesetz der komparativen Kostenvorteile, das immer als Begründung für das Aufreißen der Märkte herumgereicht wird, verspricht allen Vorteile, wenn bei total offenen Grenzen immer nur dort produziert wird, wo jeweils die Kostenvorteile liegen. Doch es gilt nicht, wenn diese Vorteile durch Sozial-, Steuer-, Umwelt- oder Währungsdumping künstlich herbeigeführt werden. Das aber geschieht inzwischen in großem Umfang, worauf gleich einzugehen ist.

Nun haben endlich auch die Politiker in Deutschland begriffen, daß etwas an der bisherigen neoliberalen Globalisierung zu weit gegangen ist und wieder eingefangen werden muß. Doch niemand will den Teufel wirklich anfassen, nachdem er absichtsvoll aus der Flasche gelassen wurde. Auch darauf wird zum Abschluß dieses Kapitels zurückzukommen sein.

Was ist Dumping und was könnte man dagegen tun?

Gehen wir schön der Reihe nach durch die Dumping-Landschaft, wobei die verschiedenen Formen von Dumping oft zusammenfallen und ständig in der Bedeutung wechseln. Der häufigste Fall von Dumping ist die Preisunterbietung auf der Basis künstlich niedrig gehaltener Arbeitskosten, das so genannte Sozialdumping.

Sozialdumping

Bei den meisten normalen Bürgern in Deutschland gilt handelspolitischer Schutz gegen schädliche Billigstimporte als unerlaubter Protektionismus. Das ist ihnen so jahrzehntelang eingeredet worden, verstärkt noch durch den penetranten Hinweis auf die deutschen Exportinteressen. Auch wurde das Mitleid gegenüber armen Entwicklungsländern ins Spiel gebracht, obwohl es beim Dumping um äußerst aggressive Schwellenländer geht. Protektion durch Anti-Dumping-Zölle wurde so fast auf die Stufe eines Verstoßes gegen das Völkerrecht gehoben. Industrien, die Schutz suchen, werden von den Verbänden des Handels und aus Kreisen der Handelspolitik schnell als unfähig und eigennützig gebrandmarkt.

Dabei hat das GATT, die multilaterale Bibel der Handelsbeziehungen, im Artikel 6 eine klare Vorschrift (Abbildung Gatt), die ausdrücklich Dumping verurteilt und das Recht zur Abwehr einräumt. Vorraussetzung ist einerseits, daß das Produkt zu „weniger als seinem normalen Wert" exportiert wird. Als „weniger als normaler Wert" gilt, wenn entweder der Preis unter dem für ein ähnliches Produkt beim Verbrauch im Heimatland des Exporteurs liegt oder wenn - falls so ein Preis nicht feststellbar ist - der Exportpreis unter dem höchsten vergleichbaren Preis für einen Export in irgend ein anderes Land liegt. Gleiches gilt, falls der Exportpreis unter den Produktionskosten liegt. Andererseits muß der Export materiellen Schaden an einer Industrie im Empfängerland anrichten können. Interessanterweise verficht die Bundesregierung in Brüssel einen Kurs der ungeschmälerten Beibehaltung des Anti-Dumping-Instruments, während sie die normalen Bürger in Unkenntnis hält.

Die meisten völlig legalen Anti-Dumping-Verfahren werden weltweit gegen China betrieben. Hauptbetreiber sind die USA, die EU und neuerdings Indien. Dabei gilt für China eine Besonderheit, weil China bisher noch bei seinen meisten Handelspartnern als ein „NMC" eingeordnet wird, d.h. ein „Nicht-Marktwirtschafts-Land". In diesem Fall wird nach den GATT-Regeln der Vergleichsmaßstab für die Preisfeststellung nicht in China erhoben, sondern in einem Marktwirtschaftsland ähnlichen Entwicklungsgrades. Das ist meistens Indien oder ein Land in Lateinamerika. Wenn also China billiger verkauft als ein in einem solchen Land hergestelltes Produkt und außerdem dadurch ein Schaden bei einer heimischen Industrie des Importlandes droht, ist ein Anti-Dumping-Zoll als eine völlig legale Abwehrmaßnahme erlaubt. Mangels konsequenten Einsatzes des Anti-Dumping-Instruments explodiert der chinesische Export (Abb. 08001) auf der Basis billigster Arbeitskraft und gewaltiger Reserven unterbeschäftigter hunderter Millionen so genannter Wanderarbeiter immer weiter.

Für die billige Arbeitskraft sorgen in China nicht zuletzt zwei künstliche Umstände: erstens ein Mangel unabhängiger Gewerkschaften und zweitens ein Streikverbot in staatlichen Unternehmen, die noch immer das Gros der chinesischen Industrie darstellen.

Die Lohnunterschiede sind so groß, daß sie nicht über Lohn-
senkungen in Deutschland bekämpft werden können. Auch steigt
in China die Produktivität schneller als die Löhne, so daß sich der
Wettbewerbsvorteil bei den aus Arbeitskosten und Produktivität
zusammengesetzten Lohnstückkosten (siehe Kapitel 3) noch ver-
größert. Nach neueren Feststellungen des IWF zur Angleichung
der Löhne haben sie in China erst 16 % des US Lohnniveaus erreicht, und das auch nur, wenn nach Kaufkrafteinheiten gemessen
wird (Abb. 08100). Bei dem für den internationalen Wettbewerb
wichtigen offiziellen Wechselkurs kommt man für die Lohnstückkosten auf nur 5 % des amerikanischen Niveaus.

Dabei verbreitert China seine Warenpalette zunehmend in
Bereiche moderner Technologie hinein, in denen auch Deutschland Schwerpunkte hat (Abb. 08122). Mit gut 21% dominierten
im Jahr 2006 elektronische Artikel der Warenposition „Nachrich-
tentechnik, Radio, TV, elektronische Bauelemente" mit einer wert-
mäßigen Zunahme um das 3,4-Fache gegenüber dem Jahr 2000.
Chinesische Produkte machen inzwischen 23% der deutschen Ein-
fuhren in diesem Warensegment aus. An zweiter Stelle der wichtigsten Einfuhrwarengruppen stehen „Büromaschinen und
Datenverarbeitungsgeräte und -einrichtungen", in erster Linie Computer und Zubehör, deren Lieferungen gegenüber 1996 den mehr
als fünffachen Warenwert erreicht haben.

Von der extrem billigen chinesischen Arbeitskraft profitieren
- neben den meist staatlichen chinesischen Unternehmen - vor allem die kooperierenden westlichen Multis aus Industrie und Handel. Erst in dritter Linie dürften die Verbraucher billiger chinesischer Ware in den Empfängerländern den Vorteil haben. Der wird
noch durch erhebliche Qualitätsmängel eingeschränkt. Außerdem
treibt die chinesische Nachfrage auf den Weltmärkten für Öl, mi-

neralische Rohstoffe und Nahrungsmittel nun auch das Preisniveau in den alten Industrieländern hoch, so daß man eine Gegenrechnung aufmachen kann (siehe Kapitel 6).

Sozialdumping ist auch ein Problem mit billigsten Arbeitskräften aus den EU-Beitrittsländern. Hier sind zwar Übergangszeiten für die Einwanderung vereinbart worden, doch gehen die bald zu Ende, und Deutschland ist von allen EU-Alt-Ländern am meisten exponiert. Nach dem EU-Änderungsvertrag unterliegen die wichtigsten Bereiche zur Herstellung fairer Wettbewerbsverhältnisse, darunter die Sozialpolitik, weiterhin dem nationalen Veto einzelner Mitgliedsstaaten.Fortschritte sind hier nicht zu erwarten. Umso wichtiger wird eine Lösung der von den Schwellenländern ausgehenden Probleme des Sozialdumpings.

Fazit für Dummies:

In einer fairer gemanagten Globalisierung würden eindeutige Sozialklauseln in die Welthandelsorganisation eingeführt, die besser als die derzeitigen Anti-Dumpingregeln bei Unterschreitung des von der Weltarbeitsorganisation zu definierenden sozialen Mindeststandards greifen und Abwehrzölle erlauben würden. Dafür setzen sich die Demokraten in USA und auch die französische Regierung ein, nicht aber bisher die Bundesregierung.

Währungsdumping

Man braucht nur einen einzigen Blick auf Abb. 13309 zu werfen, dann weiß man, welches Spiel zwischen USA, China, Japan und der Eurozone läuft. Die amerikanische Regierung läßt den Dollar derzeit ziemlich frei fallen, schon um 20 Prozent seit Beginn des Jahres 2006. Doch der japanische Yen und der chinesische Renminbi klammern sich an den Dollar und folgen dem Abwertungskurs gegenüber dem Euro um 12 bzw. 10 Prozent. Die chinesische Regierung tut das ganz offiziell durch die manipulative Beeinflussung des Wechselkurses, der administrativ festgelegt wird. Die japanische Regierung kann das nur indirekt durch einen besonders niedrigen Zentralbankzins erreichen, der zum Verkauf von Yen gegen höher verzinsliche Währungen ermuntert. Im Falle Chinas wird die Währungspolitik nun offiziell von den Regierungen der G7-Länder beanstandet. Im amerikanischen Senat liegt ein Gesetzentwurf, der die Regierung auffordert, ein Streitverfahren in der Welthandelsorganisation einzuleiten und notfalls einen Strafzoll festzulegen.

Fazit für Dummies:

In einer fairer gemanagten Globalisierung würde eine manipulative Abwertungspolitik des Landes mit den größten Handelsbilanzüberschüssen und Währungsreserven der Welt, nämlich Chinas, nicht wie derzeit jahrelang geduldet, sondern mit Gegenmaßnahmen beantwortet.

Umweltdumping

Die Welt treibt unaufhörlich auf eine große Klimakatastrophe in wenigen Jahrzehnten zu, deren Vorläufer mit Hitzewellen und Stürmen schon da sind. Schuld ist der immer noch viel zu hohe Energieverbrauch in den alten Industrieländern, vor allem USA, aber auch der rasante Zuwachs in einigen Schwellenländern, vor allem China und Indien, hier noch dazu auf der Basis besonders schmutziger Kohlekraftwerke. Wie die neoliberale Form des Wirtschaftens die Umwelt kaputt macht, wird in einem anderen Kapitel darzustellen sein. Hier geht es um das Umweltdumping von Ländern, die den Exportvorteil durch niedrigere Umweltstandards suchen.

Wieder ist China das besonders auffällige Beispiel - ein Land, das inzwischen zur Werkbank der Welt geworden und schon 2006 zum größten CO2-Emittenten aufgestiegen ist, gleichzeitig aber über die bei weitem größten Devisenreserven der Welt verfügt und sich ein besseres Umweltniveau durchaus leisten könnte. China hat Deutschland nach Wirtschaftskraft als drittgrößtes Land bereits abgelöst und kann nach Projektionen um das Jahr 2040 auch die USA abhängen (Abb. 08019). Der IWF erwartet, daß in China schon in 2030 mehr Kfz als in USA fahren werden (Abb. 07030).

Nach einer Mitteilung des National Bureau of Statistics Chinas hat der ohnehin vergleichsweise hohe Energieverbrauch pro Produktionseinheit in 2006 weiter zugenommen. Alle sieben bis zehn Tage geht ein neues großes Kohlekraftwerk irgendwo in China ans Netz. Über die nächsten 25 Jahre werden die Treibhausgase allein aus Chinas Kohlekraftwerken die Treibhausgas-Emissionen aller Industrieländer zusammen übersteigen und fünfmal mehr an Belastung ergeben als die vom Kyoto-Protokoll vorgesehenen Einschränkungen für alle Unterzeichnerländer. Nach Zhou Dadi, der die vergangenen zwölf Jahre das energiewissenschaftliche Institut des NDRC-Superministeriums geleitet hat, wird Chinas Kohleverbrauch selbst im besten Fall, wenn alle Pläne aufgehen, bis zum Jahr 2020 noch einmal um mindestens 50 Prozent zunehmen und mit ihm der Ausstoß von Treibhausgasen.

Das chinesische Wachstum ist bisher zu einem großen Teil exportangetrieben und beruht insoweit auf Verlagerung von

Industrieproduktion aus den alten Industrieländern. Dabei finden Energieproduktion und -verbrauch in China mit weit schlechteren Ausnützungsgraden und dementsprechend höheren Emissionen statt (Abb. 07062, 08090). Dort wird pro Einheit an Bruttoinlands-produkt bis zu zweimal so viel CO_2-Emission erzeugt wie in der Eurozone, bei bis zu fast dreimal soviel Verwendung von „schmut-ziger" Kohle auf der Basis veralteter Kraftwerkstechnik in der Stromerzeugung.

China betreibt den internationalen Wettbewerb ohne Rück-sicht auf die Folgen für das Weltklima und akzeptiert bisher keine internationale Disziplin. Konsequenterweise hat der französische Staatspräsident Sarkozy verlangt, in der EU eine CO_2-Steuer auf EU-Niveau vorzubereiten. Sie soll die Produkte verteuern, die aus Ländern importiert werden, die nicht das Kyoto-Protokoll respek-tieren. Solchem Umweltdumping müsse begegnet werden, auch um nicht die eigene Industrie mit einseitigen EU-Umweltauflagen zu diskriminieren. Die Bundesregierung vermeidet bisher jede Stel-lungnahme zu diesem Vorschlag oder zu entsprechenden Plänen der Demokraten im amerikanischen Kongress.

Fazit für Dummies:

In einer fairer gemanagten Globalisierung würde Umwelt-dumping durch eine Umweltklausel in der Welthandelsorganisation verhindert.

Steuerdumping

Viele Länder betreiben ein unfaires Steuerdumping, indem sie Unternehmensverlagerungen durch den Köder von Niedrigst-steuern fördern. Dagegen ist im globalen Maßstab in der Tat nichts zu tun. Kein Staat kann davon abgehalten werden, auf Einnahmen zu verzichten. Problematisch wird es jedoch innerhalb der Europäischen Gemeinschaft, die einen total offenen Markt eingerichtet und doch in den Beitrittsverhandlungen unterlassen hat, dem Steuerwettlauf nach unten aus den Beitrittsländern einen Riegel vorzuschieben. Die haben dann prompt die Unternehmenssteuern kräftig abgesenkt, im Fall von Estland sogar auf null, obwohl sie andererseits auf Unterstützungsgelder der Steuerzahler aus der Alt-EU angewiesen sind. Auch der EU-Änderungsvertrag wird an diesem Steuerdumping nichts ändern. Denn die wichtigsten Bereiche zur Herstellung fairer Wettbewerbsverhältnisse, nämlich Steuer- und Sozialpolitik, unterliegen weiterhin dem nationalen Veto einzelner Mitgliedsstaaten.

Fazit für Dummies:

In einer fairer gemanagten Globalisierung würde die EU Unterstützungszahlungen an die Beitrittsländer von Spielregeln gegen Steuerdumping abhängig machen.

Was wollen die deutschen Parteien für eine fairere Globalisierung tun?

Die deutschen Parteien sind auf dem Auge legaler Abwehrmechanismen gegen die Gefahren der Globalisierung total blind. Sie wahren das Tabu. Kein Wunder dann, daß die Bürger erst recht uninformiert bleiben. Im Programm der CDU ist nur von notwendiger Marktöffnung die Rede, ohne die Grenzen auch nur zu erwähnen. Im neuen Parteiprogramm des SPD wird dafür plädiert „den Entwicklungsländern faire Chancen auf den Märkten zu verschaffen. Dazu müssen die Industrieländer im Rahmen der WTO ihre Märkte öffnen". Auch will die SPD einen - verglichen mit der operativen Welthandelsorganisation - ziemlich unsinnigen „Globalen Rat der Vereinten Nationen", um soziales und ökologisches Dumping begrenzen zu helfen. Wissen die Genossen nicht, daß es für die unkontrollierten Kapitalbewegungen, denen sich ebenfalls ein solcher Rat annehmen soll, z.B. in der Währungspolitik, längst das zweimal jährliche Finanzministertreffen beim Internationalen Währungsfonds, und notfalls die G7 Staats- und Regierungschefs, gibt (siehe Kapitel 14)?

In dem Entschließungsantrag der Partei „Die Linke" zur Globalisierung „Menschen statt Profite" taucht die Vokabel „Dumping" nicht ein einziges Mal auf. Statt dessen ist dort die Rede von einem „Protektionismus des Nordens gegenüber dem Süden" und wird beklagt, daß China beim Export als „Konkurrent auf das Schärfste bekämpft" werde. Die Linksaußen-Genossen haben die neoliberale Globalisierung noch weniger als die bürgerlichen Parteien begriffen.

Fazit für Dummies:

Die deutschen Parteien haben die Gefahren und Schäden der neoliberale Globalisierung noch nicht richtig verstanden oder wollen sie nicht verstehen, da sie Anhänger dieser Form von Globalisierung sind.

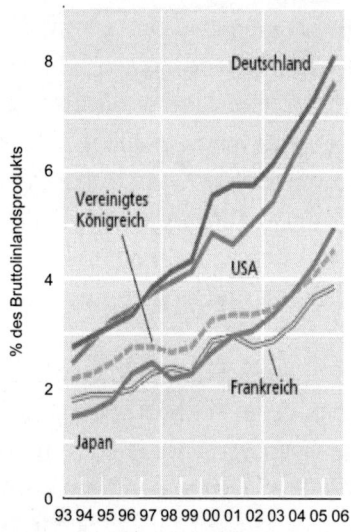

07191: Anteil der Importe aus Niedriglohnländern*)

Quelle: Bundesbank, *) Abgrenzung des Länderkreises: Neue EU-Mitgliedsländer (seit 2004); Kroatien, Serbien und Montenegro, Türkei, Ukraine; Russland; Algerien, Ägypten, Marokko, Tunesien; China, Indien, Indonesien, Malaysia, Pakistan, Philippinen, Thailand, Vietnam; Argentinien, Brasilien, Chile, Mexico.

03682: Finanzielle Offenheit

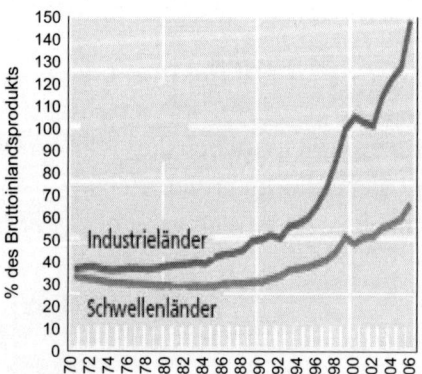

Quelle: Bundesbank, Monatsbericht, Okt.07,Summe grenzüberschreitender Direktinvestitionenund Portfolioinvestitionen in % des BIP, Bestände.

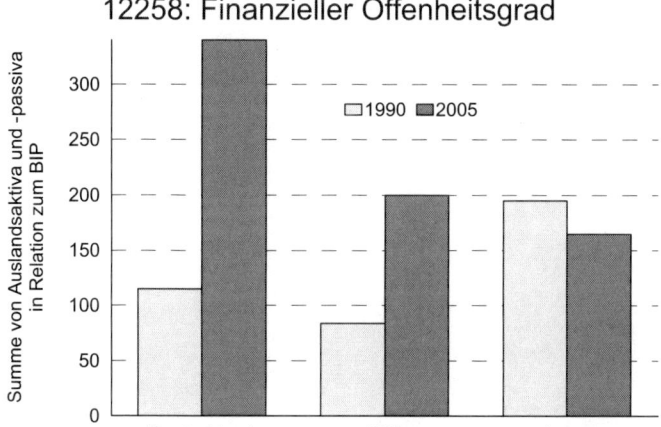

12258: Finanzieller Offenheitsgrad

Quelle: Bundesbank, Monatsbericht Dez.06. © Jahnke - http://www.jjahnke.net

THE GENERAL AGREEMENT ON TARIFFS AND TRADE

Article VI

Anti-dumping and Countervailing Duties

1. The contracting parties recognize that dumping, by which products of one country are introduced into the commerce of another country at less than the normal value of the products, is to be condemned if it causes or threatens material injury to an established industry in the territory of a contracting party or materially retards the establishment of a domestic industry. For the purposes of this Article, a product is to be

83

08001: Chinesische Exporte

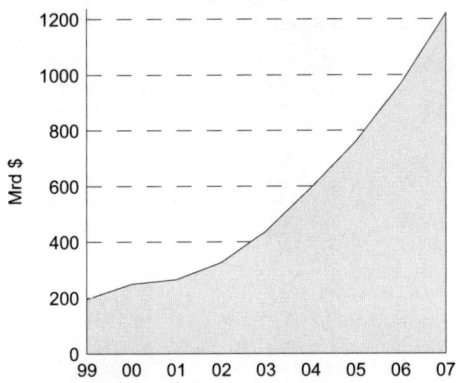

Quelle: WTO, 2006 und 2007 Institute for International Finance. © Jahnke -
http://www.jjahnke.net/

08100: Industrielöhne im Verhältnis zu denen in USA nach Kaufkraftparitäten

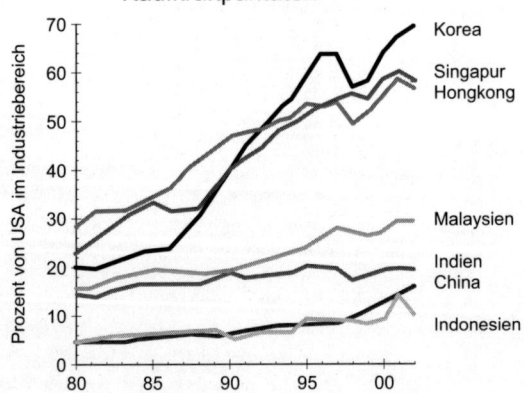

Quelle: IWF, World Economic Outlook, The Globalization of Labor, 05.04.07.
© Jahnke - http://www.jjahnke.net

08122: Importe aus China 2006

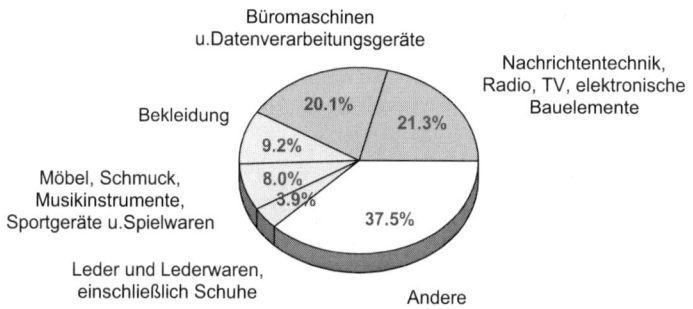

Quelle: Statistisches Bundesamt. © Jahnke - http://www.jjahnke.net

13309: Dollar/Yen/Renminbi-Euro 01.01.06 - 30.01.08
Abwertung um 20%, 12 %, bzw. 10 %

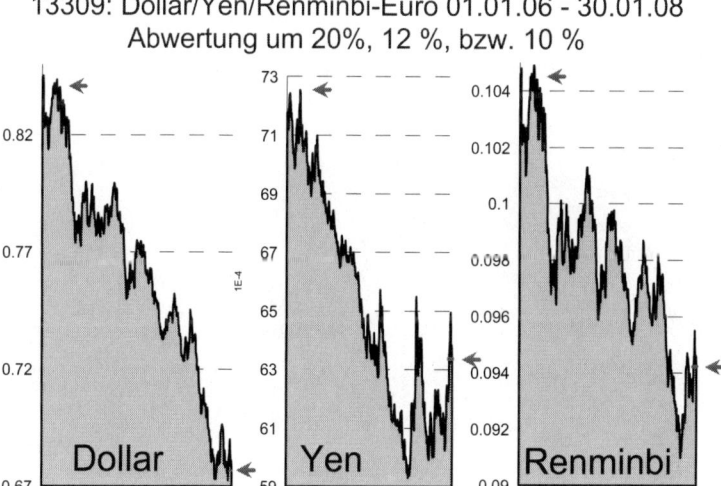

08019: Projektion der Entwicklung von China und Indien

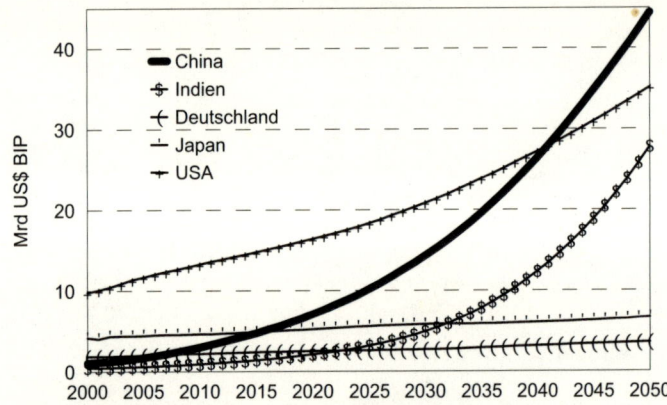

Quelle: Goldman Sachs, Global Economics Paper No. 99, 1. 10. 2003.

07030: Entwicklung des Welt-KfZ-Bestands (Millionen)

2030 - Mehr Fahrzeuge in China als in USA

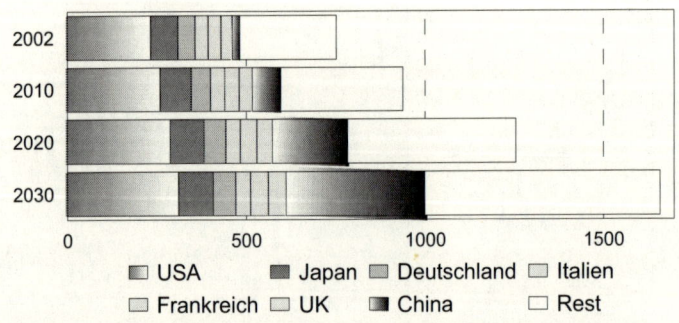

Quelle: United Nations Yearbook; and IMF staff calculations in IWF World Economic
Outlook, April 2005 © Joachim Jahnke - http://www.jjahnke.net/

07062: Treibhauseffekte der Industrieverlagerung nach China und Indien

CO2-Emission pro BIP-Einheit (2000 Kaufkraft$/kg Ölequivalent)

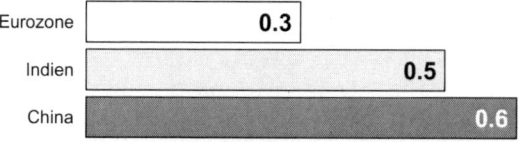

Eurozone	0.3
Indien	0.5
China	0.6

Anteil der Stromerzeugung auf Kohlebasis

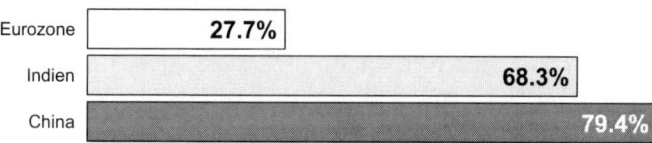

Eurozone	27.7%
Indien	68.3%
China	79.4%

Quelle: Weltbank, Little Green Data Book 2006. © Joachim Jahnke - http://www.jjahnke.net/

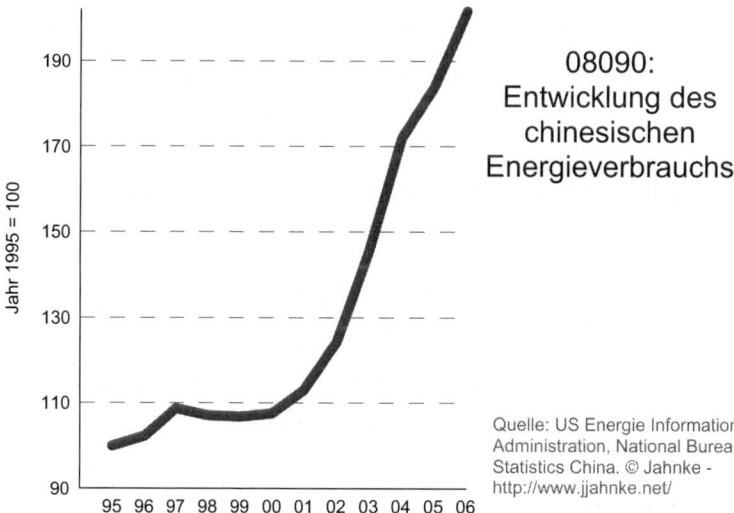

08090: Entwicklung des chinesischen Energieverbrauchs

Jahr 1995 = 100

Quelle: US Energie Information Administration, National Bureau Statistics China. © Jahnke - http://www.jjahnke.net/

Kapitel 6: Die wahren Kosten der Exportweltmeisterschaft und was nützt der Handel mit den neuen Tigerländern?

Deutschland ist noch Exportweltmeister. Die Regierung und die Neoliberalen werden diese Situation bis zum letzten Tag, an dem uns demnächst China überholt, als Beweis für die Richtigkeit des neoliberalen Kurses feiern, aber dann ebenso die Vize-weltmeisterschaft. Auch die ständigen Auslandsreisen der Bundeskanzler und jetzt der Bundeskanzlerin mit großer Wirtschaftsdelegation, vor allem nach China und Indien, erwecken den Eindruck, als hänge Deutschlands Schicksal von diesem Handel ab und hätte der nur eine Schokoladenseite und sonst gar nichts. Die Frage nach den Kosten der Exportweltmeisterschaft ist in Deutschland eigenartigerweise nie gestellt worden. Export-weltmeisterschaft ist damit so etwas wie nationale Identität und Tugend geworden, nachdem die DM als nationales Symbol verschwunden war. Doch es gibt in dieser Welt kein „free lunch", wie die Engländer sagen. Alles hat seinen Preis. Also fragen wir uns, was kostet uns eigentlich die Exportweltmeisterschaft? Vor allem müssen wir fragen, was uns der immer besonders gepriesene Handel mit den so genannten Schwellen- oder Tigerländern, wie China, Indien und anderen asiatischen Ländern, bringt.

Zuvor ein bißchen Aufklärung zur Rolle des Exports, die gesamtwirtschaftlich weit bescheidener ausfällt, als meist angenommen. Unter den falschen Versprechen der neoliberalen Globalisierer rangiert das vom Export als Lebensfaden der deutschen Wirtschaft ganz oben.

Die falschen Versprechen der neoliberalen Globalisierer

Die neoliberalen Globalisierer haben uns Dummies seit jeher mit falschen Versprechen bei Laune halten wollen, deshalb der Titel dieses Buches. Kein Versprechen ist von den neoliberalen Globalisierern immer wieder so bemüht worden und wurde derart enttäuscht wie das von zusätzlichem Wirtschaftswachstum. Dabei haben solche Versprechen immer dasselbe fragwürdige Muster: Das goldene Ufer wird für sehr viel später verheißen, während die Opfer an Arbeitnehmereinkommen und Beschäftigung sehr viel schneller zuschlagen. Da hoffen die Politiker dann entweder auf das schlechte Gedächtnis ihrer Zeitgenossen oder darauf, daß sie ohnehin nicht mehr im Amt sein werden, wenn die Verheißung eines Tages nicht eintreten sollte.

Ein typisches Beispiel dieses argumentativen Verschiebebahnhofs auf der Zeitachse liefert die Bundesbank in ihrem Monatsbericht vom Dezember 2006: „... sind in der kurzen bis mittleren Frist durchaus negative Folgen für einzelne Branchen und Personengruppen zu erwarten. Diesen Kosten in der Übergangsphase stehen jedoch die sich langfristig einstellenden Vorteile gegenüber. Die Kosten der Anpassungsphase werden relativ gering ausfallen, verglichen mit den langfristig realisierbaren Gewinnen."

Der Bundesverband der Deutschen Industrie (BDI) bezifferte den möglichen Geschäftszuwachs allein für deutsche Unternehmen auf mehr als 30 Mrd. Dollar pro Jahr, wenn die derzeit in der Welthandelsorganisation laufende Liberalisierungsrunde erfolgreich abgeschlossen würde. Auch Bundeswirtschaftsminister Michael Glos ließ es sich nicht nehmen, Wachstum als Ergebnis dieser Runde zu versprechen. Deutschland habe ein überragendes Interesse an einer weiteren Liberalisierung des Welthandels. Bereits zu Beginn dieser Verhandlungsrunde im Jahre 2001 hatten die Minister der teilnehmenden Staaten vollmundig ihre Unterstützung für den Prozeß der Liberalisierung der Handelspolitiken erklärt, um so Wachstum und Entwicklung zu sichern. Die Weltbank hat die globalen Wohlfahrtseffekte gleich auf nicht weniger als 300 Mrd. Dollar beziffert, ohne daß eine solche Zahl überhaupt nachvollziehbar wäre.

Der Beitritt Chinas zur Welthandelsorganisation im Jahre 2001 erzeugte seinerzeit ähnliche Euphorie. Präsident Clinton bezeichnete die bilaterale Übereinkunft, die China den Weg zur WTO öffnete, als einen klaren Gewinn für amerikanische Hightech und amerikanische Wirtschaftsinteressen generell. China werde Praktiken beenden, die amerikanische Jobs kosten könnten. Ähnlich positiv äußerte sich die EU-Kommission zu ihrem bilateralen Abkommen mit China. Ebenso standen Versprechen von Wachstum am Anfang der letzten EU-Erweiterungsrunde. Der damalige Erweiterungs-Kommissar Verheugen sah im Februar 2002 erhebliche Exportüberschüsse, die auch zu mehr Jobs führen würden.

Nun ist allerdings das immer wieder vor jedem Liberalisierungsschritt versprochene Wachstum in den alten Industrieländern seit Jahren ausgeblieben (Abb. 04105), und dies obwohl die Volkswirtschaften immer offener wurden. Die Versprechen haben sich damit als zum größten Teil falsch herausgestellt. Das gilt auch gerade für Deutschland trotz des höchsten Offenheitsgrades unter den großen Industrieländern. Besonders seit dem Jahr 2000 laufen hier Außenwirtschaftsöffnung und Zuwachs des Bruttoinlandsprodukts stark auseinander (Abb. 04993). Die Versprechen der neoliberaler Globalisierer haben sich also längst als Schall und Rauch entpuppt. Das berechtigt dann umso mehr die Frage nach der wirklichen Rolle des Exports.

Ein sehr hoher Anteil des durch die Liberalisierung angeblich ermöglichten zusätzlichen Handels findet nur innerhalb der großen Transnationalen Unternehmen statt, die die eigentlichen Nutzniesser der Globalisierung der Märkte sind. Man schätzt, daß etwa 500 Transnationale Unternehmen bereits für fast 70% des weltweit registrierten Handelsvolumens aufkommen. Das zunehmende Zusammenwirken von Produktionsstandorten in verschiedenen Ländern führt aber zu Mehrfachzählungen und bläht die Handelsstatistiken auf, ohne daß daraus echtes Wirtschaftswachstum wird. Wenn z. B. ein PKW in Teilen aus zehn verschiedenen Ländern kommt, ist seine Werthaltigkeit nicht größer, bereichert aber die Statistik des internationalen Handels bei jedem Grenzübertritt irgendeines Teiles. Nach einer Analyse des Statistischen Bundesamts sind die mit dem Export verbundenen Importanteile, d. h. zuvor importierte Güter sowie bei der Exportgüterproduktion eingesetzte importierte Vorleistungsgüter, anteilsmäßig von rund 30% im Jahre 1995 auf knapp 42% im Jahre 2005 angestiegen. Im Ergebnis trägt der Warenexport längst nicht so stark zum Bruttoinlandsprodukt bei, wie der Exportanteil vortäuscht. So hat das Statistische Bundesamt 2007 in einer Input-Output-Rechnung einen direkten Anteil des Exports an der Beschäftigung von nur 10,1 % ermittelt. Hinzugerechnet hat es dann noch einen indirekten Anteil, vor allem im Dienstleistungsbereich, von 11,6 % (Abb. 04960). Das ist weit entfernt von dem von der Exportindustrie und ihren Verbänden immer wieder hochgehaltenen Exportanteil am Bruttoinlandsprodukt von etwa 45 %.

Zum Handel mit den Tigerländern

Unsere Haupthandelspartner in der so genannten „Dritten Welt" sind längst nicht mehr arme Entwicklungsländern, denen wir mit liberalen Importregimen helfen müßten. Es sind heute aggressive Schwellenländer, von denen sich einige anschicken, die alten Industrieländer weit hinter sich zu lassen. Sie werden oft „Tigerländer" genannt, was ihrer wahren Natur weit besser entspricht als die mitleidsvolle Kategorisierung als Entwicklungsländer. So hat China im Jahre 2007 die deutsche Wirtschaftsleistung erstmals überboten. Es wird erwartet, daß China und Indien auch die USA in einigen Jahren hinter sich lassen werden, nämlich China um das Jahr 2040 und Indien wenige Jahre später (Abb. 08019, S.86).

In 2007 erklomm die privatisierte PetroChina den Platz als top-dog unter den nach Aktienmarktkapitalisierung größten Unternehmen der Welt. Mit einem Wert von mehr als 1 Billion Dollar ist PetroChina größer als ExxonMobil und General Electric zusammen. Unter den 10 größten Unternehmen der Welt befinden sich nun gleich 5 chinesische und nur 3 amerikanische; auch unter den 100 weltgrößten belegt China bereits den dritten Platz.

Das Wirtschaftswachstum der asiatischen Tigerländer ist seit Jahren exportangetrieben. Dabei spielen sie niedrigste Löhne gepaart mit technologischem Fortschritt und schnell zunehmender Produktivität aus. Vieles an Technologie wurde von den alten Industrieländern abgekupfert oder über Investitionen westlicher Unternehmen ins Land geholt. Die Sozialverhältnisse in China und Indien ändern sich wegen des Riesenreservoirs an billigen Arbeitskräften und den kapitalistischen Arbeitsmarktpolitiken längst nicht so schnell, daß der Wettbewerbsdruck billigster Arbeitskraft - wie seinerzeit bei Japan - in einem überschaubaren Zeitraum nachlassen würde. Die Arbeitskosten in China sind auf Dollar-Basis etwa ein Dreißigstel der amerikanischen oder deutschen. Dabei steigt in China die Produktivität schneller als die Löhne und damit wächst der Wettbewerbsvorteil noch weiter. Die Produktivitätsentwicklung ist nach Feststellungen des Internationalen Währungsfonds in allen Schwellenländer viel höher als in den alten Industrieländern (Abb. 08104). Bei niedrigsten Arbeitskosten erlaubt dies ein häufiges soziales Dumping auf den Märkten der alten Industrieländern, oft noch gekoppelt mit Währungs- und Umweltdumping, wie in Kapitel 5 dargestellt.

Ausgerechnet das Herzstück hinter dem Wachstumsargument der Globalisierungspriester hat immer mehr an Wirksamkeit verloren, nämlich das so genannte Gesetz der komparativen Kostenvorteile. Danach gewinnt jeder von einem stärkeren Güteraustausch. Die weniger entwickelten Länder wachsen in die einfacheren Produktionen hinein und stellen zugleich einen wachsenden Markt für die stärker entwickelten Länder dar, die sich auf technologisch höherwertige Produktionen qualifizieren (trading-up) und so die einfachen ohne Arbeitsplatzverlust abgeben können. Soweit die Theorie. In der Praxis jedoch schaffen die großen Schwellenländer, wie China, Indien und Brasilien, mit hohen Bildungsaufwendungen und Import von Technologie sehr schnell den Aufstieg in die technologisch höherwertigen Produktionen und verbauen so den alten Industrieländern den Ausweg nach oben in die höhere Qualifizierung. Zwei Drittel aller Photokopierer, Mikrowellenöfen, DVD-Spieler und mehr als die Hälfte aller digitalen Kameras, die Hälfte aller PCs, 35 % aller Mobiltelephone, und 30 % aller Fernseher werden heute in China gefertigt. Das Land hat Deutschland vom dritten Platz der Automobilproduzenten verdrängt. Indien wird immer mehr zum Hub für Dienstleistungen im Bereich der Informationstechnologie. Brasilien ist mit Embraer zu einem starken Wettbewerber bei modernen Düsenflugzeugen geworden.

Diese technologische Entwicklung zeigt sich auch im deutschen Handel mit China. China ist nach Frankreich und den Niederlanden und noch vor den USA der drittwichtigste Lieferant für Deutschland geworden. Dabei haben sich die Schwerpunkte unserer Importe aus China stark in Richtung technologisch hochwertigerer Produkte verschoben (siehe Kapitel 5).

Dagegen hat sich der deutsche Export seinerseits nicht ausreichend in Richtung Hightech entwickeln können. Nach der Statistik von Eurostat, dem statistischen Amt der EU, ist nur 15 % des deutschen Exports dem Hightech-Bereich zuzuordnen, und das heißt weniger als im Durchschnitt der EU und viel weniger als beispielsweise bei Großbritannien mit 23 % oder Frankreich mit 20 % oder Niederlande mit 19 % (Abb. 12341). Selbst Irland, bis vor wenigen Jahren ein reines Agrarland, bringt es auf 29 %. Als Hightech werden Güter aus folgenden Bereichen eingeordnet: Luftfahrt, Computer und Büromaschinen, Elektronik und Telekommunikation, Pharma, wissenschaftliche Instrumente, Maschinen, Chemikalien und Rüstungsgüter. Dagegen zählen Kraftfahrzeuge nicht dazu. Auch nach dem Bericht zur technologischen Leistungsfähigkeit Deutschlands des Bundesforschungsministeriums von 2007 hat der deutsche Export einen relativ geringen Anteils an Hightech (Abb. 12548).

Gegenüber all diesen Problemen verweisen die Apologeten einer neoliberalen Einfuhrpolitik auf zweierlei hin: einerseits die enormen Chancen für den deutschen Export und andererseits den Vorteil billiger Importe für die deutschen Verbraucher. Offensichtlich hat sich in vielen deutschen Köpfen festgesetzt, jeder Chinese könnte eine Magnetschwebebahn oder mindestens ein deutsches Auto kaufen. Tatsächlich verkauft Deutschland in den meisten Tigerländern weit weniger als es von dort importiert. So wird das deutsche und Eurozonen-Defizit im Handel mit China immer größer (Abb. 08013, 12972). Ebenso verzeichnet Deutschland im Handel mit allen Tigerländern in Ost- und Südostasien regelmäßig erhebliche Defizite (Abb. 14000). Zwischen 2000 und 2006 schwollen die Importe aus diesen Ländern um 75 % an, und damit etwa dreimal stärker als der deutsche Import aus allen anderen Ländern (ohne Landwirtschaftsprodukte, Rohstoffe und Energie).

Hier geht ein zweites Kernstück hinter dem Wachstumsargument der Globalisierungspriester kaputt, nämlich daß wir immer mehr exportieren können, weil der Lebensstandard und damit die Nachfrage in den Tigerländern (wie in den Entwicklungsländern generell) stark wächst. Wie die OECD in ihrem Employment Outlook von 2007 feststellte, haben jedoch die Lohndisparitäten in China und Indien zugenommen. In den Worten der OECD: „Dies scheint die klassische Handelstheorie zu widerlegen, der zufolge die internationale Integration von Volkswirtschaften mit einer grossen Zahl unqualifizierter Arbeitskräfte zu einem Anstieg des relativen Lohnniveaus dieser Arbeitskräftekategorie führt."

Profitieren wir von den Niedrigstpreisen?

Der immer wieder behauptete Preisvorteil der Billigstimporte ist von sehr zweifelhafter Natur. Denn die Nachfrage der Schwellenländer auf den Weltmärkten für Öl, mineralische Rohstoffe und Nahrungsmittel treibt nun immer mehr das Preisniveau in den alten Industrieländern hoch, so daß man eine Gegenrechnung aufmachen kann. In ihrem Monatsbericht vom Oktober 2007 verweist die Bundesbank auf eine OECD-Studie, wonach sich unter Berücksichtigung der preistreibenden sowie der preisdämpfenden Effekte der Globalisierung der Nettoeffekt auf die Verbraucherpreise für die OECD Länder zwischen 1995 und 2005 in einer Größenordnung von nur 0 bis -0,25 Prozentpunkten pro Jahr bewegt haben könnte. Das macht jedenfalls das Argument, mit einer liberalen Politik gegenüber Dumpingimporten den Verbrauchern dienen zu wollen, so ziemlich kaputt.

Die preistreibenden Wirkungen werden noch erheblich zunehmen. Der Ölpreis hat sich über die letzten fünf Jahre wegen der zusätzlichen Nachfrage und auch aus anderen Gründen bereits fast verdreifacht (Abb. 07198). Allein China und Indien werden nach der Voraussage der Internationalen Energieagentur ihre kombinierte Nachfrage nach Öl von 2005 bis 2030 auf das Zweieinhalbfache anheben. Das ist dann mehr als doppelt so viel, wie das größte Ölland Saudi-Arabien heute produziert oder etwa die Hälfte aller heutigen Weltölimporte.

Ähnlich sieht es bei vielen Nahrungsmittelpreisen aus. Die sind - neben anderen Ursachen - vor allem unter chinesischen Druck gekommen. China hat bei 22 % der Weltbevölkerung nur 7 % der Landwirtschaftsfläche. Die Wasserversorgung der chinesischen Landwirtschaft ist ebenfalls ein Problem, weil pro Kopf nur knapp ein Viertel des Pro-Kopf-Weltdurchschnitts zur Verfügung steht. Hinzu kommt, daß die städtische Bevölkerung, die jedes Jahr um 15 bis 20 Millionen zunimmt, dreimal mehr Fleisch pro Kopf als die Landbevölkerung verbraucht. Bereits 70 % der Getreide- und Soyaproduktion geht in die Verarbeitung zu Tierfutter, wobei 5 bis 7 kg für 1 kg Schweinefleisch gebraucht werden. Man kann sich leicht vorstellen, was diese inflationierende Entwicklung bei den Preisen für die wirklich armen Länder der Welt bedeuten wird, und auch für viele Arme in reichen Ländern.

Die wahren Kosten der Exportweltmeisterschaft: Export und Binnenkonjunktur

Zu einer korrekten Bewertung des Exports gehört, daß man die Karten zu den wahren Kosten der Exportweltmeisterschaft auf den Tisch legt. Tun wir das also:

Die etwa seit dem Jahr 2000 einsetzende schrittweise Integration in die Weltwirtschaft Osteuropas und den großen Schwellenländer China und Indien in Asien mit einer Gesamtbevölkerung von ca. 3 Mrd. Menschen hat das Verhältnis von Kapital und Arbeit grundsätzlich und global für sehr lange Zeiten geändert. Das weltweite Arbeitsangebot pro investivem Kapital ist seitdem dramatisch größer und vor allem billiger geworden. Dabei kann sich bei weitestgehend offenen Handelsgrenzen das Kapital die weltweit billigsten Standorte aussuchen. Computer und Satellitenkommunikation sowie schnelle Flugverbindungen lassen die Welt schrumpfen und erlauben die Verlagerung von industrieller Produktion und Dienstleistungen im großen Stil. In der Folge steigen, wie nicht anders zu erwarten, die Unternehmensprofite und fallen die Arbeitseinkommen. Zwischen 1995 und 2005 ist der Anteil der Industrieproduktion am Bruttoinlandsprodukt in Süd- und Südostasien bei weitem am meisten gestiegen, gefolgt von Osteuropa, während er in den alten Industrieländern zurückgegangen ist (Abb. 07101).

Im Ergebnis drückt die neoliberale Globalisierung überall in den alten Industrieländern die Arbeitseinkommen und damit die Kaufkraft und das Wirtschaftswachstum zurück. Die Statistik der Wirtschafts- und Finanzdirektion der Europäischen Kommission zeigt die Folgen für die Arbeitseinkommen in den alten Industrieländern schon jetzt sehr deutlich. Die gewogene Durchschnittsrate der verbraucherpreisbereinigten jährlichen Steigerung hat sich von 2,7 % in der Periode 1995/2000 auf nur noch 1,2 % für die Periode 2000/2006 mehr als halbiert. Besonders brutal war der Rückgang für Deutschland von 1,6 % auf nur noch 0,1 %. Auch in USA ist die durchschnittliche Wachstumsrate um etwa ein Drittel zurückgefallen.

Deutsche Unternehmen haben sich in diesem Prozeß offensichtlich stärker von ihrer Heimatbasis abgetrennt als die anderer Länder. Mit nur noch 1/3 des Umsatzes in Deutschland ist der Anteil des Heimatmarktes für die deutschen DAX 30 Unternehmen besonders klein (Abb. 12119). In dem vom *Economist* mit dem deutschen Wort „Wanderlust" überschriebenen Transnationalitätsindex der UNCTAD, der den Durchschnitt der Anteile von Auslandsvermögen, Auslandsumsatz und Auslandsbeschäftigung an den entsprechenden Gesamtgrößen der Unternehmen wiedergibt, belegen deutsche Unternehmen, wie Siemens, Volkswagen und Deutsche Telecom hohe Plätze unter den 15 Weltspitzenunternehmen. Siemens z.B. rangiert noch vor Unilever, Sony, Carrefour, Ford, General Electric und General Motors. Entsprechend ist die Bereitschaft, Arbeitsplätze zu verlagern oder wenigstens damit zu drohen, um die deutschen Löhne unter Druck zu halten, gestiegen.

Seit etwa 2000 stagnieren die deutschen Löhne oder entwikkeln sich real nach Abzug der Verbraucherpreisinflation sogar zurück. Deutschland hatte im Jahr 2006 als einziges unter den Alt-EU-Ländern eine negative Entwicklung der Arbeitseinkommen (Abb. 13233). Über den gesamten Zeitraum seit 2000 war kein Land, außer Österreich, stärker auf der Bremse. Dementsprechend hat sich die Nachfrage der privaten Haushalte in Deutschland schlechter als in allen anderen Ländern der Alt-EU entwickelt (Abb.

12912). Der Preis, den Deutschland mit seiner Wirtschaft und seinem Arbeitsmarkt für diese Situation bezahlt ist sehr hoch. Dazu gehört nicht zuletzt die höchste Quote an Langzeitarbeitslosen an der aktiven Bevölkerung in der Alt-EU.

Export und weltwirtschaftliche Unsicherheiten

Unter dem Druck auf die Löhne, Renten, Sozialleistungen und Bezüge im öffentlichen Dienst sowie der damit verbundenen anhaltenden Langzeitarbeitslosigkeit stagniert die Nachfrage der privaten Haushalte als bei weitem wichtigste Einzelkomponente der Konjunktur. Das ist mit mehr Export nicht auszugleichen. Der Außenbeitrag (Export minus Import) zum deutschen Bruttoinlandsprodukt ist zwar gestiegen, liegt aber nur bei knapp 7 % (Abb. 14002). Das heißt drastisch formuliert: Der Schwanz des Außenhandels wedelt mit dem Hund der deutschen Volkswirtschaft.

Und dabei ist der Export den weltwirtschaftlichen Unsicherheiten ausgesetzt. Kein anderes größeres Industrieland hat sich so vom Export abhängig gemacht wie Deutschland. Das kann sich bei einem weltwirtschaftlichen Abschwung sehr schnell rächen, auch auf dem Arbeitsmarkt, wo der größere Teil der neuen Arbeitsplätze auf der Basis jederzeit zu beendender Zeitverträge entstanden ist. So erwartet die Bundesregierung für 2008 vom Export nur noch einen kleinen Beitrag von 0,2 % zum Wirtschaftswachstum.

Verlagerter Export

Der deutsche Export hat zu allem Überfluß auch noch eine Tendenz zum Auswandern entwickelt. Letztes augenöffnendes Beispiel war Nokia in Bochum. Wenn erst einmal die Auslandsmärkte locken, liegt die Verlagerung oder mindestens die Drohung

99

damit nahe. Die Unternehmen sprechen dann von „besserer Positionierung im Wettbewerb". Nach einer Umfrage des Statistischen Bundesamtes von 2008 verlagerten zwischen 2001 und 2006 rund 26 % der Industrieunternehmen und sogar 33 % der Hochtechnologieunternehmen einen Teil ihrer wirtschaftliche Aktivitäten ins Ausland. Ziel der Verlagerung war mit rund 60% der EU-Beitrittsländerbereich und mit 36 % China. Der deutsche Export ist also auf der Rutsche.

Fazit für Dummies:

Export und Exportweltmeisterschaft sind längst nicht so golden, wie man uns täglich weismachen will und sehr unsicher für die Zukunft.

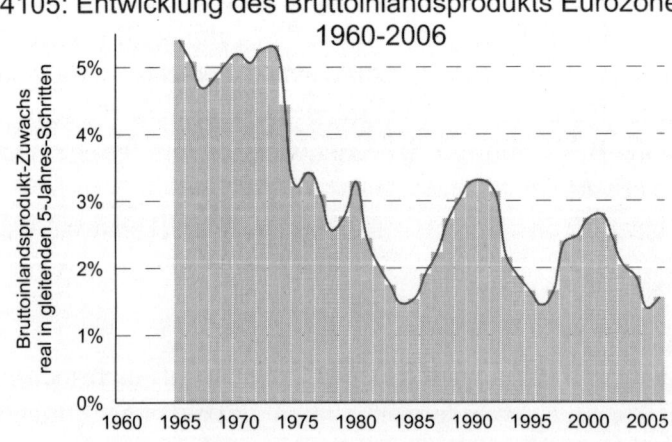

04105: Entwicklung des Bruttoinlandsprodukts Eurozone 1960-2006

Quelle: AMECO (EU DG ECFIN). © Joachim Jahnke - http://www.jjahnke.net/

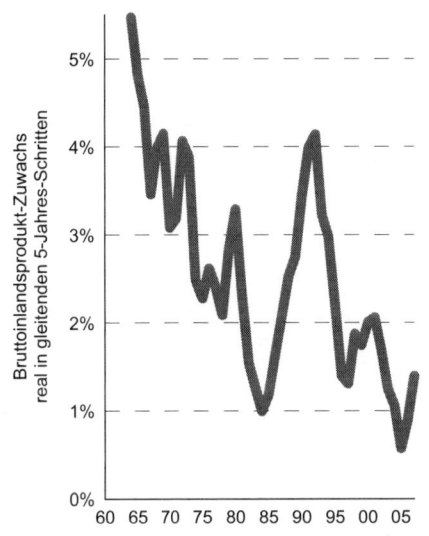

04993: Entwicklung des deutschen Bruttoinlandsprodukts 1960-2007

Quelle: Statistisches Bundesamt.
© Joachim Jahnke -
http://www.jjahnke.net/

04960: Export und Beschäftigung

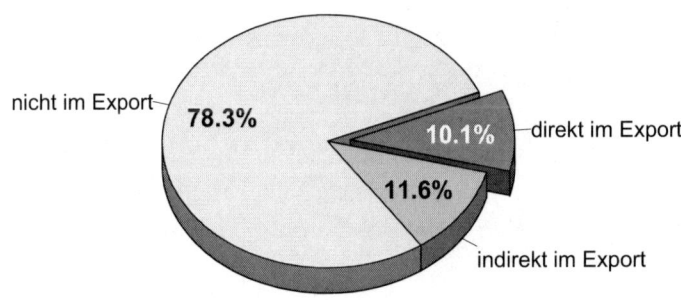

Quelle: Statistisches Bundesamt, 18.09.07. © Jahnke - http://www.jjahnke.net

08104: Produktivitätszuwachs (% in gleitenden 3-Jahres-Schritten)

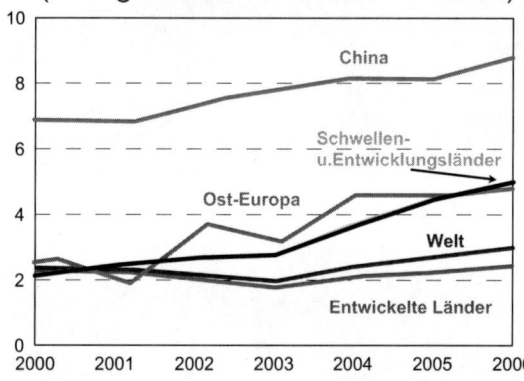

Quelle: IWF, World Economic Outlook, gemessen in realem BIP-Zuwachs durch Bevölkerung im Arbeitsalter. © Jahnke - http://www.jjahnke.net

12341: Anteil von High-tech*) am Export 2004

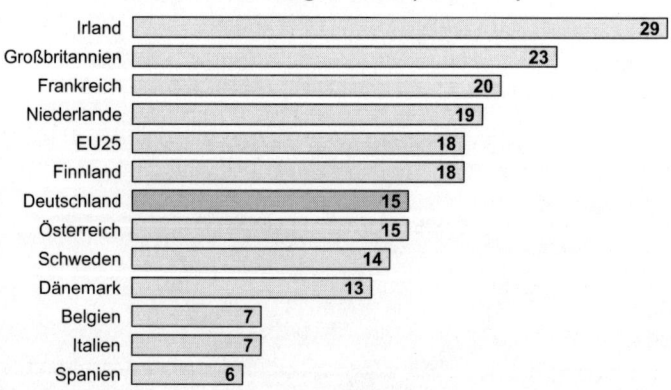

Quelle: Eurostat, 20.11.06; *) = Luftfahrt, Computer und Büromaschinen, Elektronik und Telekommunikation, Pharma, wissenschaftliche Instrumente, Maschinen, Chemikalien und Rüstungsgüter. © Jahnke - http://www.jjahnke.net

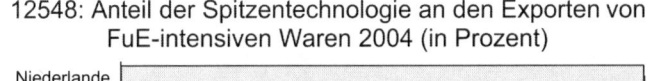

12548: Anteil der Spitzentechnologie an den Exporten von FuE-intensiven Waren 2004 (in Prozent)

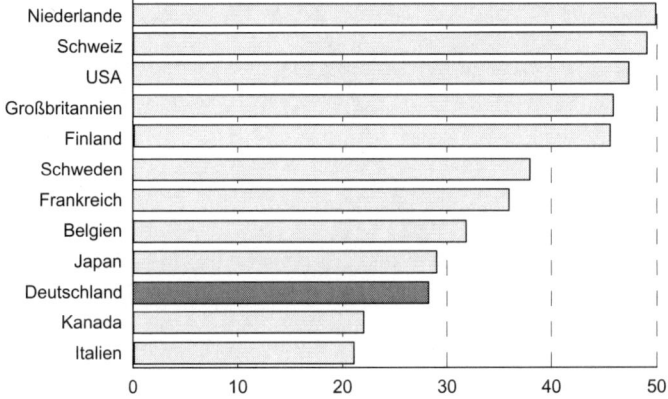

Quelle: Bundesministerium für Bildung und Forschung, Bericht zur technologischen Leistungsfähigkeit Deutschlands 2007. © Jahnke - http://www.jjahnke.net

08013: Deutsch-Chinesischer Handel Mrd Euro

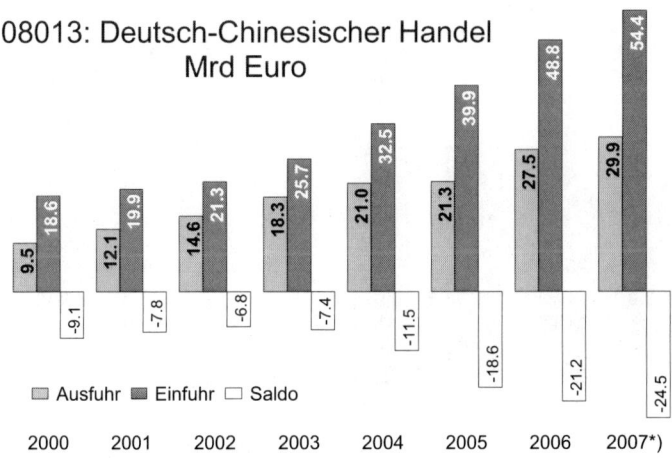

Quelle: Statistisches Bundesamt, *) 11 Monate auf Jahresbasis© Joachim Jahnke - http://www.jjahnke.net/

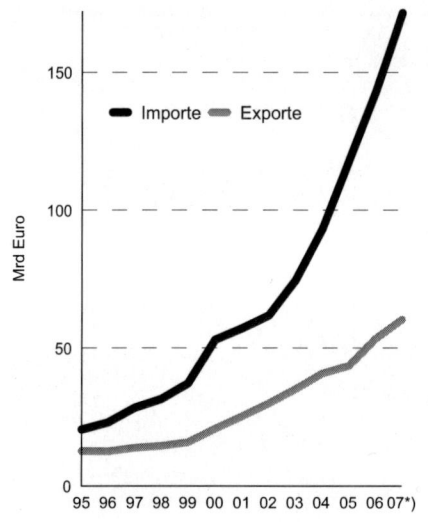

**12972:
Handel der
Eurozone mit
China**

Quelle: Eurostat, *) Hochrechnung
mit 9-Monats-Rate. © Jahnke -
http://www.jjahnke.net

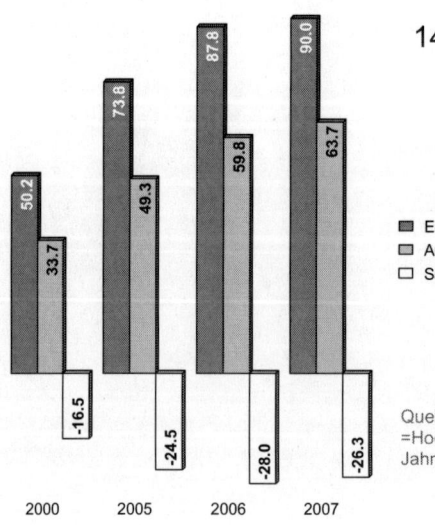

**14000: Außenhandel
mit asiatischen
„Tigerländern"**

Einfuhr
Ausfuhr
Saldo

Thailand, Vietnam,
Indonesien, Malaysia,
Singapur, Philippinen,
Volksrepublik China,
Republik Korea, Taiwan,
Hongkong

Quelle: Statistisches Bundesamt. 2007
=Hochrechnung nach 11 Monaten. ©
Jahnke - http://www.jjahnke.net

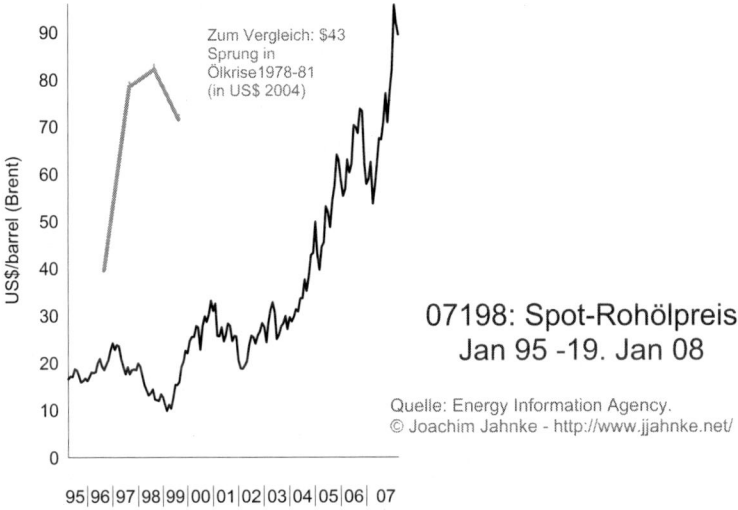

07198: Spot-Rohölpreis
Jan 95 -19. Jan 08

Quelle: Energy Information Agency.
© Joachim Jahnke - http://www.jjahnke.net/

07101: Bruttowert der Industrieproduktion in % von Bruttoinlandsprodukt

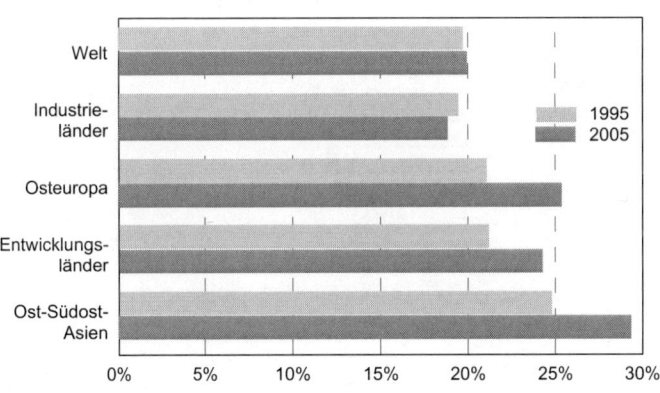

Quelle: Unido. © Jahnke - http://www.jjahnke.net

12119: Umsatzanteile der Großunternehmen

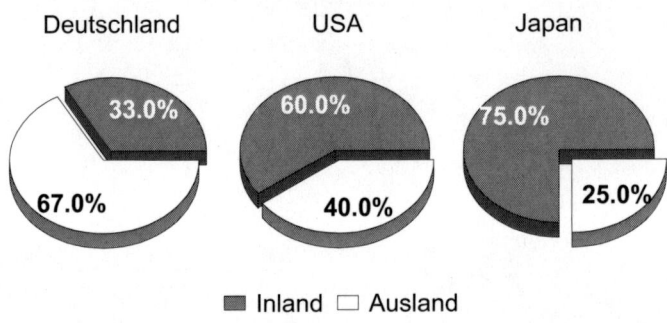

Deutschland USA Japan

Quelle: IXIS, Economist v. 25.02.06.
© Joachim Jahnke - http://www.jjahnke.net/

13233: Zuwachs der Arbeitseinkommen 2005/6

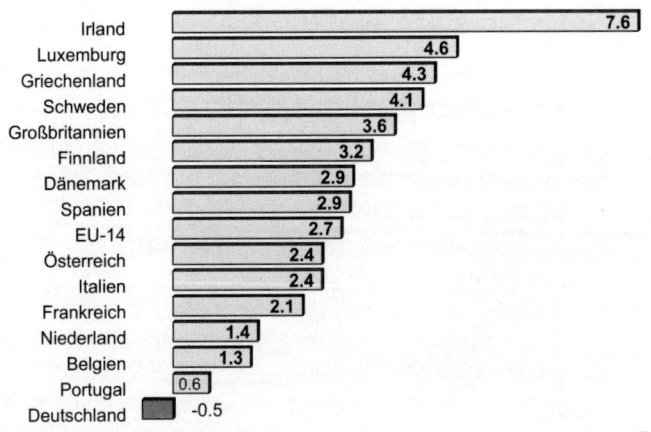

Quelle: Eurostat (real), 29.01.07, verbraucherpreisbereinigt.
© Jahnke - http://www.jjahnke.net/

12912: Entwicklung der Nachfrage privater Haushalte der 13 Alt-EU-Länder*)

Quelle: Eurostat, *) keine Daten für Irland und Griechenland.
© Jahnke - http://www.jjahnke.net

14002: Deutsches Bruttoinlandsprodukt 2007

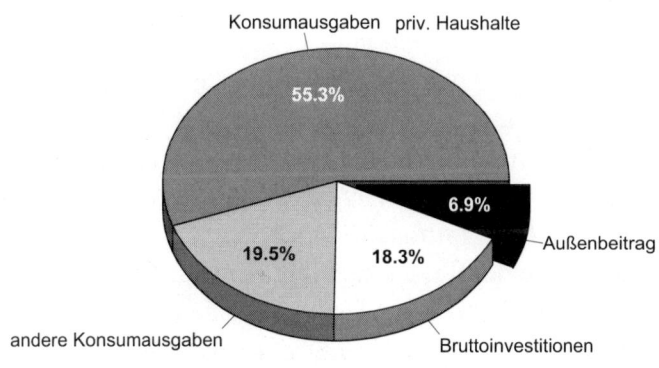

Quelle: Statistisches Bundesamt. © Jahnke - http://www.jjahnke.net

Kapitel 7: Armer Staat gleich arme Bürger - Steuern und die Umverteilung nach oben

Es sind vor allem zwei Fragen, die uns hier beschäftigen müssen: Erstens wird der Staat von unseren Steuern fett und wir deswegen arm oder umgekehrt? Und zweitens, wer zahlt eigentlich den Löwenanteil an Steuern, nur die Reichen, wie oft behauptet wird, und ist es wirklich eine steuerliche Umverteilung nach unten? Bei diesem Thema kann sich die Bundesregierung nicht hinter der EU verstecken, da die Steuerpolitik noch weitestgehend in der nationalen Kompetenz liegt.

I. Zuviel Steuern für einen fetten Staat? Zur Steuerbelastung der Deutschen

Hierzu gibt es in Deutschland eine Dauerdiskussion, die nicht zuletzt *BILD* kräftig anheizt. In einer perfiden Kampagne argumentiert *BILD* für Steuersenkungen, als würde der Staat fett und die Bürger deshalb immer ärmer. So heißt es in einem *BILD*-Kommentar vom Oktober 2007: „Trotz ihres Fleißes und trotz des Wachstums haben die Menschen heute weniger in der Tasche als vor einem Jahr. Weil der Staat ihnen weniger lässt und dann noch bei der Preistreiberei mitmacht. Vater Staat? So handelt nur ein Rabenvater!" Wenige Tage später legt der früheren Chef des Industriellen Verbands BDI, Olaf Henkel, in einem *BILD*-Kommentar gleich noch einmal nach: „Der Staat ist der größte Preistreiber. Das ist der eigentliche Skandal! Es wird höchste Zeit, dass die Regierung endlich Abgaben und Steuern senkt. Nur so kommt der

Aufschwung wirklich bei allen an!". Und dann geht die *BILD*-Kampagne im Januar 2008 weiter: „Deshalb ist jetzt auch der Staat gefordert! Er muss für Entlastung der Bürger sorgen. Sie brauchen mehr Geld im Portemonnaie. Das geht in einer Marktwirtschaft aber nur über sinkende Steuern und Sozialabgaben. Dann würde Einkaufen auch wieder Spaß machen." Natürlich soll damit von der Lohndrückerei der Arbeitgeber abgelenkt werden, die in der *BILD*-Marktwirtschaft ganz offensichtlich keinerlei Einfluß auf die Portemonnaies der Arbeitnehmer haben.

Die Wahrheit sieht stattdessen ganz anders aus. Der deutsche Staat ist im internationalen Vergleich arm, weil die Steuern niedrig sind und vor allem durch die so genannten Steuerreformen niedrig gemacht wurden. Nach der neuesten OECD-Statistik vom Oktober 2007 ist die Steuerlastquote - Steuern ohne Sozialversicherungsabgaben im Verhältnis zum Bruttoinlandsprodukt - in Deutschland erheblich niedriger als in allen anderen wesentlichen Vergleichsländern, bis auf die USA (Abb. 12245). Auch die deutsche Abgabenquote, die die Sozialabgaben mit einbezieht, wird mit 35,7 % nur von wenigen der größeren Vergleichsländer unterboten und liegt erheblich unter dem ungewichteten Durchschnittswert für die Alt-EU (Abb. 12108).

Dafür haben wir dann auch einen armen Staat, der die Mehrheit von uns noch ärmer macht, indem er die von ihm erwarteten Leistungen nicht mehr erbringen kann. Nennen wir hier nur einige der wichtigsten:

» Die Schulen sind im internationalen Vergleich unterfinanziert. Bei den Ausgaben pro Grundschüler und für die Unterstufe der Oberschule liegt Deutschland fast ganz am Ende des internationalen Feldes (Abb. 13092, 13093). Die Unterfinanzierung des Bildungssystems findet also im Wesentlichen bei den Grundschülern und in der Sekundarstufe I statt und damit gerade dort, wo die Kinder aus den weniger wohlhabenden Elternhäusern hängen bleiben. Die Chancengleichheit steht nur auf dem Papier.

» Nur in Deutschland werden die Sozialrenten schon so lange unter der Inflationsrate gehalten. Der Rentenbericht der OECD von 2007 „Pensions at a glance" bringt für Deutschland einige unerfreuliche Wahrheiten. Beim Nettovergleich rangiert Deutschland sehr weit hinten (Abb. 12489 und 12490), brutto ist es noch schlimmer. Besonders schlecht fahren die Renten aus geringeren Arbeitseinkommen, die besonders bei Frauen häufig sind. Wie schaffen z. B. die Dänen eine im Vergleich zu Deutschland so phantastische Rente, vor allem für ärmere Menschen? Die aus Steuermitteln finanzierte Folkepension besteht aus einer Grundrente für alle und seit 2004 einer einkommensabhängigen Zusatzrente für die am schlechtesten gestellten Rentner. Der arme deutsche Staat kann das jedoch nicht leisten.

» Ausgerechnet bei den schwächsten Teilen der Bevölkerung, nämlich den Arbeitslosen, hat der arme Staat starke Einschnitte ins soziale Netz vorgenommen.

» Nun verscherbelt der arme Staat auch noch zunehmend die Kronjuwelen, wie sogar bei der Bundesbahn diskutiert, auf die die Allgemeinheit und besonders die ärmeren Bevölkerungsschichten zum täglichen Transport bitter angewiesen sind, wie auch die deutsche, vom Kraftfahrzeugverkehr schwer geschädigte Umwelt.

» Schließlich wird das jahrelange Einfrieren der Bezüge im öffentlichen Dienst die Qualität der deutschen Beamtenschaft immer mehr absenken. Ein schlechter verwalteter Staat macht uns ebenfalls alle ärmer.

» Angesichts der starken Verschuldung des armen Staates (Abb. 04065), viel mehr als bei den steuerstarken skandinavischen Ländern, kann die Bundesregierung bei Konjunkturab-

schwüngen keine antizyklische Finanzpolitik betreiben, zumal sie
der EU-Stabilitätspakt daran hindert.

Fazit für Dummies:

Die deutsche Steuerbelastung ist im internationalen Vergleich
niedrig. Aber mit einem armen Staat werden wir alle ärmer. Ein
steuerarmer Staat bedeutet, daß die einen, und das sind vor allem
die Wohlhabenden und Besserverdiener weniger Steuern zahlen,
und dafür die anderen, und das ist die Mehrheit, weniger und
schlechtere Leistungen des Staates erhalten, obwohl sie umso mehr
darauf angewiesen sind.

II. Wer zahlt eigentlich die Steuern?

Zunächst eine kleine Geschichte. Linde-Chef und früherer
BMW-Vorstand Reitzle hielt 2007 im *BILD*-Interview ein 500-
fach höheres Gehalt des Chefs verglichen mit dem seiner Mitarbeiter für berechtigt. Auf die *BILD*-Frage „Was ist für Sie Gerechtigkeit? Leisten die Starken bei uns genug?" kam prompt die
Antwort: „Eindeutig ja. Gerade mal 10 Prozent der Arbeitnehmer
zahlen 50 Prozent der Einkommensteuer. Die Leistungsträger stüt-
zen dieses Land und ermöglichen das soziale Netz erst. Manager,
auch ich, arbeiten auf Lohnsteuerkarte und zahlen den höchsten
Steuersatz." Man erinnere sich: Reitzle war 2006 mit 7,366 Millionen Euro (in bar und Aktien-Optionen) der zweitbestbezahlte Manager in Deutschland. Sein Unternehmen hat mit einer Aktienwert-

steigerung um 400 % vor allem von der internationalen Spekulation profitiert.

Reitzles Argumentation ist die typische, gleich doppelte intellektuelle Fehlleistung deutscher Spitzenverdiener. Aber auch viele Politiker, wie der FDP-Vorsitzende Westerwelle, argumentieren ähnlich. Als wenn sich das exorbitante Gehalt der Spitzenverdiener damit rechtfertigen ließe, daß man dann etwas mehr Einkommenssteuer zahlt (soweit die Einkünfte nicht „steuerschonend" in der Karibik und anderen Steueroasen anfallen). Und zweitens konzentriert man sich auf die Einkommenssteuer und vergißt dabei geflissentlich, daß die vielen kleinen Steuerzahler bei den viel wichtigeren Verbrauchssteuern einen viel höheren Anteil ihres so viel kleineren Einkommens berappen als z.B. Reitzle von seinem Arbeitseinkommen an Einkommenssteuer zahlt. Und natürlich fehlt bei BILD-Reitzle auch nicht der moralische „Neidhammel"-Vorwurf für die Kritiker eines unmoralischen Zustands, ein typisch deutsches Todesschlagargument, das man sonst in zivilisierten Ländern nicht findet.

Die unterschiedliche Behandlung der Steuerzahler fängt damit an, daß Otto-Normal-Verdiener oder Erika Mustermann ihre Steuern an der Quelle automatisch abgezogen bekommen. Nichts vom Arbeitseinkommen kann vor der Steuer versteckt werden. Die Vermögenden und Freiberufler haben da bessere Möglichkeiten, da sie ihr Einkommen selbst der Steuer erklären. Aber gehen wir in unserer Bewertung einmal von den amtlichen Steuerzahlen aus und vergessen die vielen Steuerschlupflöcher, die statistisch nicht zu belegen sind.

Da meldete das Statistische Bundesamt im Herbst 2007 sensationell aufgemacht, daß das oberste Zehntel der Einkommensbezieher im Jahre 2003 die Hälfte der Einkommenssteuer in

Deutschland bezahlt hätte, und dies bei einem erklärten Jahreseinkommen ab 66.000 Euro aufwärts. 1 % hatten sogar ein erklärtes Jahreseinkommen ab 162.000 Euro aufwärts. Prompt berichteten die Medien ebenso irreführend, z. B. *WELT*: „Reiche zahlen mehr für die Gesellschaft", *SPIEGEL-online*: „Die Ärmsten überweisen dem Finanzamt verschwindend wenig", *Frankfurter Allgemeine Zeitung*: „Die Reichen zahlen am meisten ins Staatssäckel".

Bevor wir uns vom Statistischen Bundesamt beeindrucken lassen, schauen wir uns erst einmal die Einkommensverteilung an. Nach der DIW-Ermittlung für 2004 hatte die untere Hälfte der Einkommensbezieher nur noch 8,9 % der Einkommen bezogen. Rechnet man mit den Veränderungsraten zwischen 1992 und 2004 weiter, so würde deren Anteil bis 2010 auf 7,3 % fallen (Abb. 04971). Allerdings hat sich seit etwa 2003 eine erhebliche Öffnung der Schere zwischen Unternehmens- und Vermögenseinkommen einerseits und Arbeitseinkommen andererseits ergeben und ebenso zwischen der oberen Gruppe der Bezieher von Arbeitseinkommen, zu denen auch die Top-Manager zählen, und dem Rest. Rechnet man daher die Veränderungen mit der doppelten Rate derer zwischen 1992 bis 2004 auf 2010 hoch und dieoberste Gruppe der Einkommensbezieher dabei mit der dreifachen Rate, so wird das oberste Zehntel mehr als 41 % aller Einkommen beziehen und die untere Hälfte nur noch 5,8 % (Abb. 04972). Wenn das oberste Zehntel die Hälfte der Einkommenssteuern bezahlte, wäre das also gar nicht so weit von der Einkommensverteilung weg und würde durchaus nicht bedeuten, daß dieses oberste Zehntel überproportional betroffen wäre, wie immer behauptet wird.

Vor allem aber: Was sowohl Statistisches Bundesamt wie die Medien unerwähnt gelassen haben: Die Einkommenssteuer stellt nur 35 % des gesamten Steueraufkommens dar (Abb. 04968), wovon das meiste Lohnsteuer ist (Abb. 04969). Die restlichen 65 Prozent sind im Wesentlichen Verbrauchssteuern, die weit überproportional von den weniger verdienenden und sehr viel zahlreicheren Haushalten entrichtet werden, wie z. B. die Mehrwertsteuer auf alle Einkäufe oder die Mineralöl- und die Tabaksteuer. Die Reichen geben dagegen einen viel geringeren Anteil ihrer stark wachsenden Einkommen und Vermögen für den persönlichen Verbrauch aus und sparen auch wesentlich mehr (Abb. 04026). Gemessen daran ist die Konzentration der Betrachtung auf die Einkommenssteuer schlicht irreführend, um nicht zu sagen unseriös.

Nicht zuletzt die verschiedenen schon passierten oder noch vorgesehenen so genannten Steuerreformen, wie die Abgeltungssteuer und die Veränderung der Erbschaftssteuer, haben immer mehr zu einer Umverteilung nach oben geführt oder werden das noch tun. So ist die von der Bundesregierung 2007 vorgenommene drastische Erhöhung der Mehrwertsteuer nach Berechnungen des Deutschen Instituts für Wirtschaftsforschung besonders unsozial (Abb. 04110).

Im internationalen Vergleich liegt bei den Einkommens- und Gewinnsteuern nur noch Japan etwas niedriger (Abb. 12243), bei den Vermögensteuern ist Deutschland negative Spitze (Abb. 12983). Eine besonders drastische Absenkung der Steuersätze hat die Bundesregierung bei den Unternehmenssteuern vorgenommen. Mit einem Steuersatz von nur noch 29,8 % (einschließlich Gewerbesteuer) wird Deutschland den niedrigsten aller G7-Länder haben (Abb. 13131). Im Steuersenkungswettbewerb hat die Bundesrepublik schon in den vergangenen Jahren schneller abgesenkt als die meisten anderen Länder und jedenfalls mehr als der EU-Durchschnitt, so bei den Kapitalgesellschaften von 59,7 % 1993 auf nur noch 38,3 %. Man muß damit rechnen, daß Deutschland mit dem letzten Schritt, mit dem der Steuersatz gegenüber 1993 praktisch halbiert wird, den Steuerwettlauf nach unten nur weiter anheizt. Dabei hat - allen Versprechungen zum Trotz - die Industrie in der Vergangenheit die Steuersatzsenkungen immer kassiert und dennoch die Investitionen in Deutschland in den meisten der letzten Jahre zurückgefahren.

Fazit für Dummies:

Es sind nicht die Reichen und Spitzenverdiener, die den Löwenanteil der Steuerzeche bezahlen und damit, wie immer wieder fälschlich behauptet wird, das soziale Netz in erster Linie alimentieren.

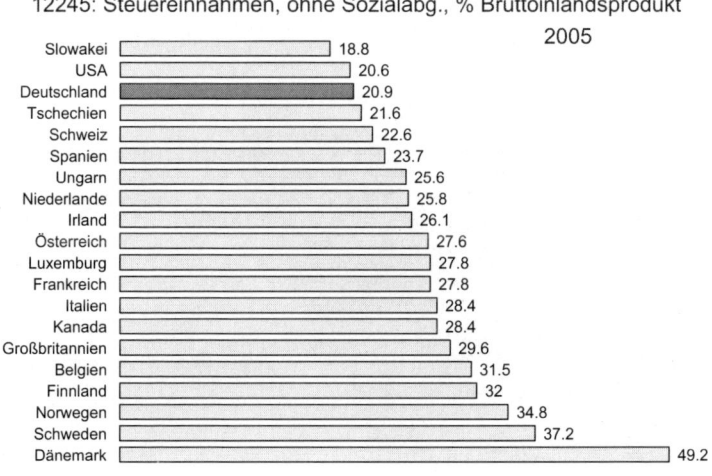

12245: Steuereinnahmen, ohne Sozialabg., % Bruttoinlandsprodukt
2005

Slowakei	18.8
USA	20.6
Deutschland	20.9
Tschechien	21.6
Schweiz	22.6
Spanien	23.7
Ungarn	25.6
Niederlande	25.8
Irland	26.1
Österreich	27.6
Luxemburg	27.8
Frankreich	27.8
Italien	28.4
Kanada	28.4
Großbritannien	29.6
Belgien	31.5
Finnland	32
Norwegen	34.8
Schweden	37.2
Dänemark	49.2

Quelle: OECD, Revenue Statistics 1965-2006, Okt.07. © Jahnke - http://www.jjahnke.net

12108: Steuereinnahmen, inkl.Sozialabg., % von Bruttoinlandsprodukt 2006

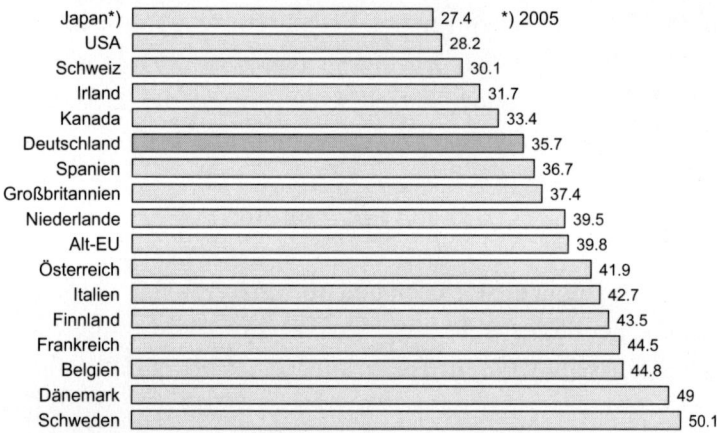

Japan*)	27.4 *) 2005
USA	28.2
Schweiz	30.1
Irland	31.7
Kanada	33.4
Deutschland	35.7
Spanien	36.7
Großbritannien	37.4
Niederlande	39.5
Alt-EU	39.8
Österreich	41.9
Italien	42.7
Finnland	43.5
Frankreich	44.5
Belgien	44.8
Dänemark	49
Schweden	50.1

Quelle: OECD, Revenue Statistics, 17.10.07. © Jahnke - http://www.jjahnke.net

13092: Jährliche Bildungsausgaben pro Grundschüler*) 2004

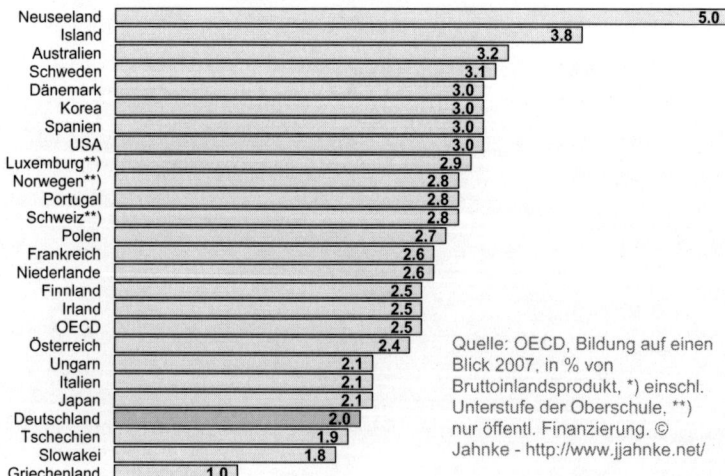

Neuseeland	5.0
Island	3.8
Australien	3.2
Schweden	3.1
Dänemark	3.0
Korea	3.0
Spanien	3.0
USA	3.0
Luxemburg**)	2.9
Norwegen**)	2.8
Portugal	2.8
Schweiz**)	2.8
Polen	2.7
Frankreich	2.6
Niederlande	2.6
Finnland	2.5
Irland	2.5
OECD	2.5
Österreich	2.4
Ungarn	2.1
Italien	2.1
Japan	2.1
Deutschland	2.0
Tschechien	1.9
Slowakei	1.8
Griechenland	1.0

Quelle: OECD, Bildung auf einen Blick 2007, in % von Bruttoinlandsprodukt, *) einschl. Unterstufe der Oberschule, **) nur öffentl. Finanzierung. © Jahnke - http://www.jjahnke.net/

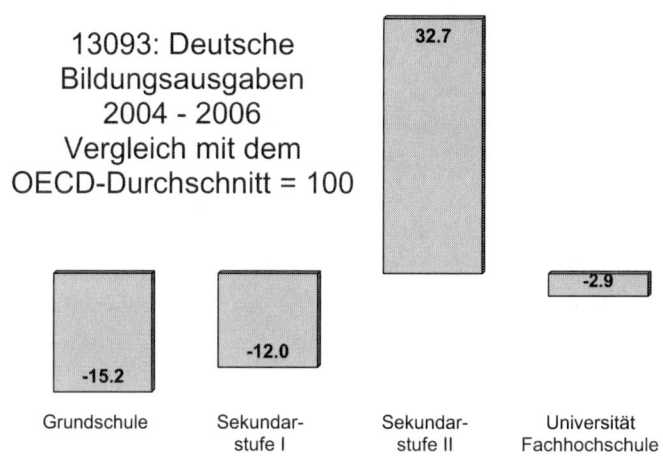

13093: Deutsche
Bildungsausgaben
2004 - 2006
Vergleich mit dem
OECD-Durchschnitt = 100

| Grundschule | Sekundar-stufe I | Sekundar-stufe II | Universität Fachhochschule |

Quelle: OECD Bildung auf einen Blick 2007 (auf US $ Kaufkraftparität).
© Jahnke - http://www.jjahnke.net/

12489: Rentenniveau im Verhältnis zum letzten Arbeitseinkommen
(Halbes Netto-Durchschnittseinkommen)

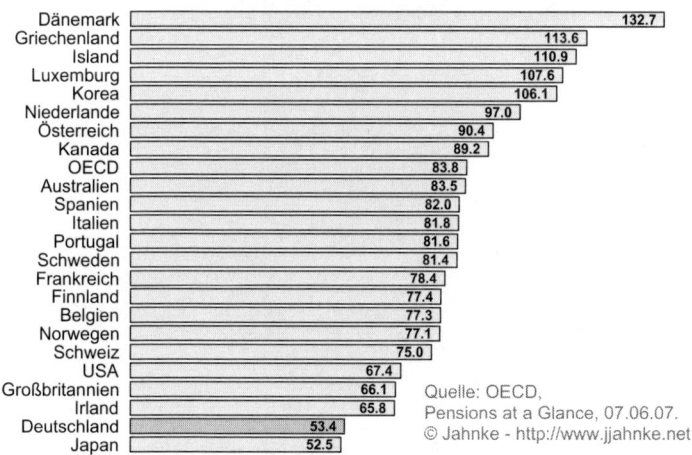

Dänemark	132.7
Griechenland	113.6
Island	110.9
Luxemburg	107.6
Korea	106.1
Niederlande	97.0
Österreich	90.4
Kanada	89.2
OECD	83.8
Australien	83.5
Spanien	82.0
Italien	81.8
Portugal	81.6
Schweden	81.4
Frankreich	78.4
Finnland	77.4
Belgien	77.3
Norwegen	77.1
Schweiz	75.0
USA	67.4
Großbritannien	66.1
Irland	65.8
Deutschland	53.4
Japan	52.5

Quelle: OECD,
Pensions at a Glance, 07.06.07.
© Jahnke - http://www.jjahnke.net

117

12490: Rentenniveau im Verhältnis zum letzten Arbeitseinkommen
(Netto-Durchschnittseinkommen)

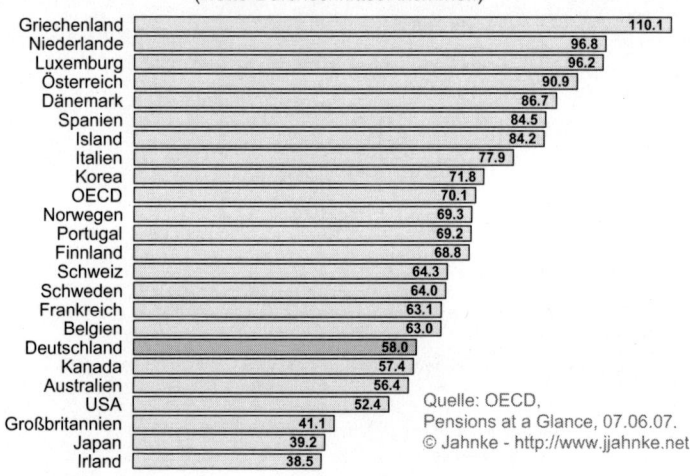

Quelle: OECD,
Pensions at a Glance, 07.06.07.
© Jahnke - http://www.jjahnke.net

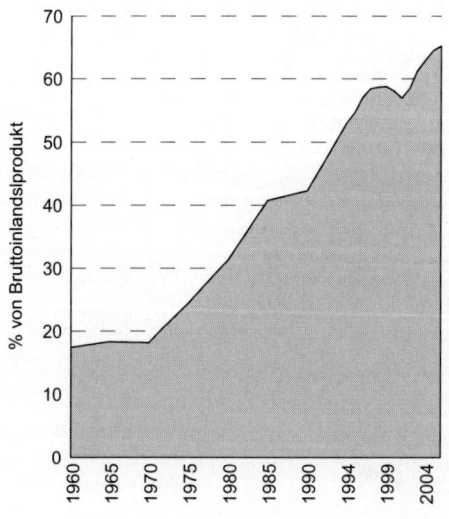

04065: Entwicklung der öffentlichen Schulden bis 2006

Quelle: zu Schulden
Steuerzahlerbund bis 1995,
danach Statistisches
Bundesamt. © Joachim Jahnke -
http://www.jjahnke.net/

04971: Deutsche Einkommensverteilung aus Lohn, Unternehmertätigkeit und Kapital/Vermögen mit Anteilsveränderung wie 1992/04 fortgeschrieben

Einkommensgruppen nach Zehnteln: ■ 5-10 □' 4 □' 3 ■' 2 ■' 1

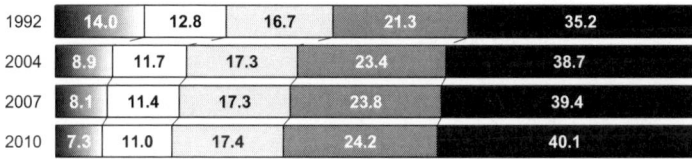

Quelle: DIW, 2007 und 2010 eigene Schätzungen, 1 = oberstes Zehntel.
© Jahnke - http://www.jjahnke.net

04972: Deutsche Einkommensverteilung aus Lohn, Unternehmertätigkeit und Kapital/Vermögen mit doppelter bzw. dreifacher (Gruppe 1) Anteilsveränderung wie 1992/04 fortgeschrieben

Einkommensgruppen nach Zehnteln: ■ 5-10 □' 4 □' 3 ■' 2 ■' 1

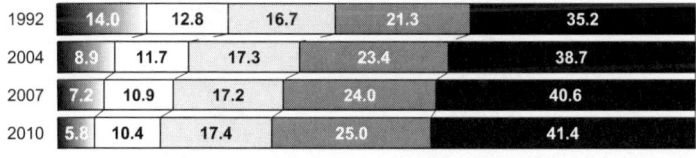

Quelle: DIW, 2007, 2010 eigene Schätzung, 1 = oberstes Zehntel.
© Jahnke - http://www.jjahnke.net

119

04968: Steueraufkommen 2006

Gesamtes Steueraufkommen   Einkommenssteuer

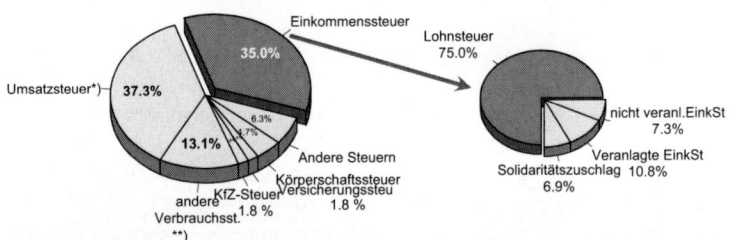

Quelle: Bundesfinanzministerium, *) inkl. Einfuhrumsatzsteuer, **) Tabak-, Kaffee-,
Branntwein-, Alkopo-, Mineralöl- u. Stromsteuer. © Jahnke - http://www.jjahnke.net

04969: Verteilung des Einkommenssteueraufkommens 2006

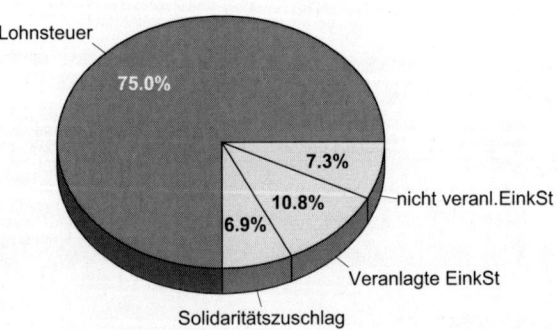

Quelle: Bundesfinanzministerium. © Jahnke - http://www.jjahnke.net

04026: Sparquoten nach Netto-Monatseinkommen in 8 Einkommensklassen

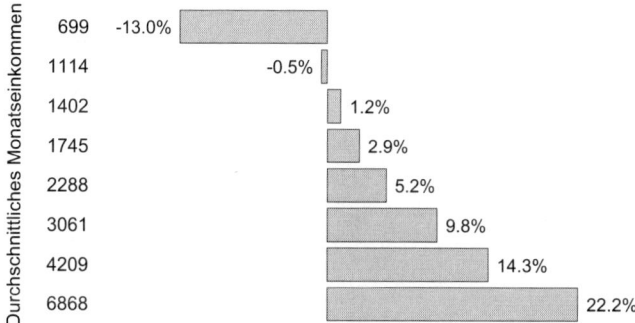

Quelle: StaBuA, Einkommens- u. Verbrauchsstichprobe - Ausgewählte Ergebnisse zu den Einkommen und Ausgaben priv. Haushalte 1. Hj 2003. © Joachim Jahnke - http://www.jjahnke.net/

04110: Einkommensverlust durch Mehrwertsteuererhöhung

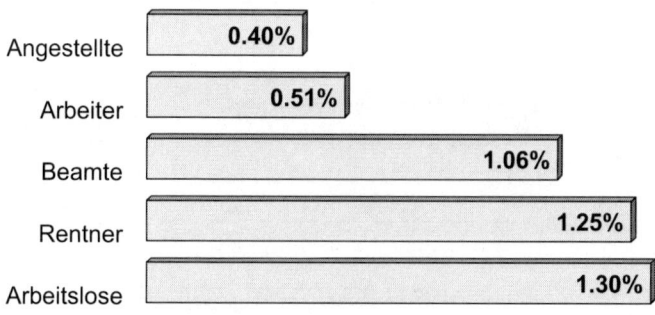

Verluste in Prozent des Einkommens

Quelle:Deutsches Institut für Wirtschaftsforschung DIW – Wochenbericht, Nr. 47/2005. berücksichtigt ist der Anstieg der Rentenbeiträge um 0,4 Prozentpunkte und die Senkung der Beiträge zur Arbeitslosenversicherung um 2 Prozentpunkte.

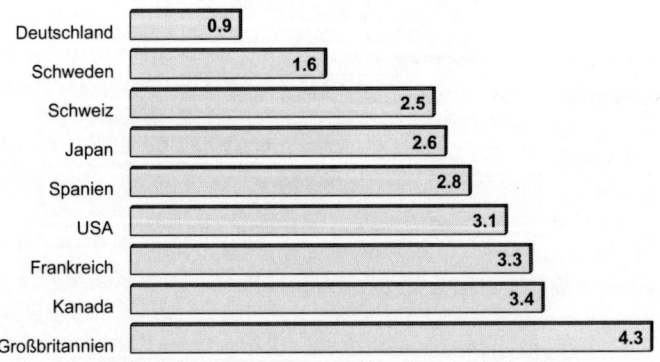

Japan*) — 9.3 *) 2005
Deutschland — 10.8
Frankreich — 10.8
Niederlande — 10.9
Irland — 11.0
Spanien — 11.3
Österreich — 12.2
USA — 13.7
Schweiz — 13.7
Alt-EU — 13.7
Italien — 14.0
Großbritannien — 14.9
Kanada — 16.3
Finnland — 16.6
Belgien — 16.9
Schweden — 19.7
Dänemark — 29.3

12243: Einnahmen aus Einkommens- und Gewinnsteuern % Bruttoinlandsprodukt 2006

Quelle: OECD, Revenue Statistics 1965-2005, 11.10.06. © Jahnke - http://www.jjahnke.net

12983: Steuern auf Vermögen*) in Prozent des Bruttoinlandsprodukts

Deutschland — 0.9
Schweden — 1.6
Schweiz — 2.5
Japan — 2.6
Spanien — 2.8
USA — 3.1
Frankreich — 3.3
Kanada — 3.4
Großbritannien — 4.3

Quelle: OECD, 2006, *) Grundsteuer, Erbschafts- und Schenkungsteuer, Kapitalverkehrssteuern, Grunderwerbsteuern, persönliche Vermögensteuern.
© Jahnke - http://www.jjahnke.net

13131: Unternehmenssteuerbelastung in G7-Ländern
(nominale Steuersätze)

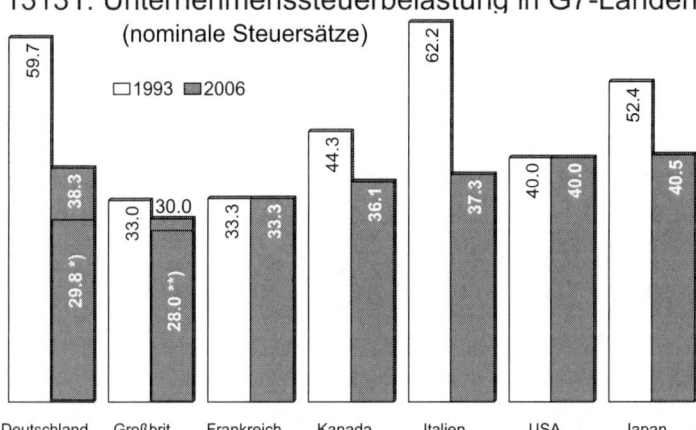

□1993 ■2006

| Deutschland | Großbrit. | Frankreich | Kanada | Italien | USA | Japan |

Quelle: KPMG, International, 2006, *) geplant 2009, **) im Haushalt 2007. © Jahnke - http://www.jjahnke.net

Kapitel 8: Neoliberal wirtschaften wir unsere Umwelt kaputt

Alle sind für die Umwelt. Wer will schon dagegen sein. Zu schwer wiegen inzwischen die Beweise für ihre Zerstörung. Und zu bewußt ist uns, daß eine kaputte Umwelt auch eine kaputte Menschheit bedeutet. Mehr noch, die Erde wird am Ende überleben, die Menschheit nur noch stark reduziert. Über die bereits eingetretene Zerstörung kann man schon dicke Bücher schreiben. Konzentrieren wir uns daher auf die drohendste Katastrophe, den Klimakollaps.

Wollen wir unseren Lebensstil wirklich ändern?

Diese Betrachtung könnte auch überschrieben sein: „Vom amerikanischen Lebensstil zur globalen Kultur und Umweltvernichtung". Der amerikanische Resourcenverbrauch ist engstens in den dortigen Lebensstil und die politische Mehrheitsmeinung eingewoben. Freiheit und Mobilität sind besondere Synonyme. Die traditionell starke Öllobby hat dem noch ein zusätzliches ökonomisches Rückrad eingezogen. Der weltweite Siegeszug der Massenwerbung der großen Multis für den Massenkonsum von Konsumgütern hat in USA seinen Ursprung genommen. Die USA finden auch nichts dabei, sich weit überproportional Resourcen vom Rest der Welt anzueignen.

Über Werbung, Medien und Film strahlt der resourcenintensive amerikanische Lebensstil bis in die letzten Ecken Deutschlands und des Globus überhaupt und wird - gestützt von englischer

Sprache und angelsächsischem Wirtschaftskonzept - zu einer globalen Kultur. Fast Food mit dem hohen umweltschädlichen Fleisch-
konsum ist vielleicht ihr stärkster Ausdruck. Die meisten weltweit
grassierenden Schnellrestaurants gehören zu amerikanischen Ket-
ten.

Wie erreichen die USA die Welt mit ihrem Lebensstil? Sie
dominieren nach einer Übersicht der UNESCO die weltweite Produktion und den Handel mit Kulturgütern. Dieser Handel hat sich
über die achtziger und neunziger Jahre des vergangenen Jahrhunderts etwa vervierfacht und nimmt weiter zu. Mehr als die Hälfte
der fünfzig weltgrößten Produzenten von audiovisuellen Produk-
ten sitzen in USA, und 85 Prozent aller in der Welt gedrehten Fil-
me entstehen in Hollywood. Zum ersten Mal überholten 1996
Kulturgüter die klassischen amerikanischen Exportprodukte, wie
Kraftfahrzeuge, Agrargüter, Flugzeuge oder Rüstungsgüter.

An der Spitze der audiovisuellen Produktion stehen mit AOL-
TimeWarner, Disney und News Corporation riesige Konglomera-
te. Gleichzeitig beherrschen die USA die Technologien, die hinter
der Verbreitung von Kulturgütern stehen, vor allem das Internet
und das Satellitenfernsehen. Von den vierzehn Top-Internetunter-
nehmen sollen dreizehn amerikanische sein, das vierzehnte britisch.
Amerikanische Unternehmen sollen fast zwei Drittel des globalen
Geschäfts mit Informationstechnologie und drei Viertel dessen mit
Software besetzt haben. Man darf sich nicht wundern, wenn sich
mehr oder weniger jedes Land der Erde, das sich das leisten kann,
auf die amerikanische neoliberale Spur setzt. Das gilt bei China
sogar wörtlich: Die chinesischen Kraftfahrzeuge werden die amerikanischen der Zahl nach um 2030 weit hinter sich gelassen haben
(Abb. 07030).

Inzwischen verstärkt sich jedoch global die Erkenntnis, daß wir zur Rettung der Umwelt unseren Lebensstil ändern müssen. Nach einer Umfrage von Globe Scan im Auftrag der BBC, die 2007 unter mehr als 22.000 Bürgern in 21 Ländern vorgenommen wurde, halten das fast die Hälfte aller Befragten für unbedingt nötig.

Weniger Umweltbewußtsein in Deutschland?

Doch in Deutschland hat Dank der neoliberalen Wende das einst vorbildliche Umweltbewußtsein offensichtlich nachgelassen. Hier glauben nur wenig mehr als ein Drittel an die zwingende Notwendigkeit, den Lebensstil zu ändern. In allen anderen europäischen Ländern, wo die Umfragen stattfand, sind die Werte höher, z.B. 68 % in Spanien oder 53 % in Großbritannien. Selbst in USA liegt der Welt mit 48 % höher (Abb. 07199). 12 % glauben in Deutschland sogar, daß eine solche Veränderung sicher bzw. wahrscheinlich nicht notwendig ist (Abb. 07202). Deutschland war der Einstellung nach mal das grünste aller alten Industrieländern und hatte die größte Umweltpartei.

Dabei muß sich Deutschland besonders an die Umweltbrust fassen. Es ist das einzige Land, wo der Gasfuß die volle Freiheit auf den Autobahnen hat. Die Pkw-Flotten französischer und italienischer Hersteller stoßen einer Studie des europäische Umweltverbands Transport and Environment (T&E) zufolge im Schnitt deutlich weniger Kohlendioxid aus als jene von Daimler und Konsorten. Im Jahr 2006 ist der durchschnittliche Kohlendioxidausstoß deutscher Neuwagen laut Bericht von T & E um 0,6 Prozent auf 173 Gramm pro Kilometer angestiegen; dagegen hätten französische und italienische Hersteller die CO_2-Emissionen ihrer Neuwagen um 1,6 Prozent auf durchschnittlich 144 Gramm pro Kilometer gesenkt. Die japanischen Autobauer erzielten im vergangenen Jahr sogar eine Verminderung um 2,8 Prozent auf jetzt noch 161 Gramm pro Kilometer.

Nun hat das Umweltbundesamt eine zügige Einführung von Tempo 120 gefordert. Nach seiner Schätzung ließen sich so annähernd drei Millionen Tonnen klimaschädigendes Kohlendioxid im Jahr einsparen. Dies wären etwa zehn Prozent aller auf Autobahnen entstehenden Emissionen, keine Kleinigkeit also. Bei stark steigendem Ölpreis wird die Freiheit maximaler Geschwindigkeit ohnehin immer mehr zum Privileg derer, die den Gasfuß ohne Rücksicht auf den Geldbeutel herunterdrücken können. Doch gegen ein Tempolimit stänkert nicht nur seit ewig der ADAC sondern maulen auch viele Medien, vorneweg *BILD*. Laut *BILD* braucht die deutsche Autoindustrie die freie Fahrt, damit deutsche Autos Tag für Tag den Beweis erbringen können, dass sie auch bei hohem Tempo sicher sind. Ein bekloppteres Argument kann man sich kaum vorstellen, als wenn Autos aus Japan oder Frankreich erheblich unsicherer wären.

Und deutsche Kraftwerke stoßen mehr CO2 aus als die der europäischen Nachbarn. Deutschland liegt innerhalb von Europa vorn sowohl bei der absoluten Menge an CO2-Emissionen als auch bei den Top 10 der klimaschädlichsten Kraftwerke. Die zwei größten CO2-Schleudern der Alten Welt stehen im nordrhein-westfälischen Niederaußem und brandenburgischen Jänschwalde.

Die Bundesregierung gehört zu den Neoliberalen. So wehrt sie sich denn auch in Brüssel gegen die vorgeschlagenen schärferen Emissionsgrenzen für großvolumige Fahrzeuge und muß sich aus Brüssel anweisen lassen, den deutschen Energieversorgungsunternehmen keine langfristigen Garantien für Emissionen zu geben. Hier lädt die deutsche Politik schwere Verantwortung auf sich. Es reicht nicht aus, als G7-Gastgeber vom Klima zu reden.

Überzeugung ja, aber wo bleiben die Taten?

Leider reicht die Überzeugung von der Notwendigkeit eines Wechsels im energieintensiven Lebensstil allein nicht aus. Die Menschheit muß dazu gezwungen werden: entweder von der Natur, wenn es dann schon zu spät sein wird, oder gerade eben noch durch regulierende Politiken. Gegen die sind natürlich die Neoliberalen, vor allem in USA, dem pro Kopf bei weitem emissionsschmutzigsten Land. Die neoliberale amerikanische Regierung lehnt internationale Vereinbarungen zur Emissionsbegrenzung vom Kyototyp ab, und die chinesische dann erst recht. Pro Kopf betragen die US-Emissionen das 5-Fache des Weltdurchschnitts. Aber auch die deutschen erreichen noch das 2½-Fache. Besonders beunruhigend: Bis auf kleinere Rückgänge bei USA (-2,3 %) und Deutschland (-0,7 %), die beide Spitzenpositionen in den Pro-Kopf-Emissionen einnehmen, haben alle Länder zwischen 2000 und 2005 ihren Pro-Kopf-Ausstoß weiter verstärkt (Abb. 07076).

Einstweilen expatriieren die Neoliberalen immer mehr emissionsstarke Industrieproduktion nach China, wo keine Beschränkungen greifen und pro Einheit an Bruttoinlandsprodukt bis zu zweimal so viel CO_2-Emission erzeugt wird wie in der Eurozone (Abb. 07062), bei bis zu fast dreimal soviel Verwendung von „schmutziger" Kohle auf der Basis meist veralteter Kraftwerkstechnik in der Stromerzeugung. Ein Teil der hohen chinesischen Emissionen wäre also eigentlich Ländern, wie Deutschland oder USA, zuzurechnen. Umweltbewußte Politiker, wie die französische Regierung oder die amerikanischen Demokraten, plädieren daher für Umweltklauseln in der Welthandelsorganisation und Abwehrzölle gegen Umweltdumping, schon um nicht einseitig nur die europäischen Unternehmen zu belasten. Doch die neoliberale Brüsseler Mehrheit lehnt dies ab, einschließlich des Handelskommissars Mandelson, und wahrscheinlich auch die Bundesregierung.

Der französische Vorschlag zielt auch auf eine Berücksichtigung der CO_2-Emissionen bei Transporten um den Globus herum ab, praktisch also auf eine Anrechnung auf die gesamte Umweltschädlichkeit. Am deutschen Beispiel hat jetzt das Statistische Bundesamt ausgerechnet, wie der Transport von Außenhandelsgütern nach und von Deutschland die CO_2-Emissionen hochtreibt. 2005 sind beim Transport von deutschen Import- und Exportgütern außerhalb der deutschen Grenzen rund 61 Millionen Tonnen CO_2 entstanden. Das sind rund 5 Millionen Tonnen mehr, als beim gesamten Gütertransport im Inland mit circa 56 Millionen Tonnen entstehen (Abb. 07203). 1995 lagen die CO_2-Emissionen der internationalen Gütertransporte mit rund 42 Millionen Tonnen dagegen noch deutlich unter denen der Inlandstransporte (50 Millionen Tonnen). Sie sind seit 1995 durch die Ausweitung des Handels um 45 % gestiegen. Der Wert von 61 Mio Tonnen ist erheblich, wenn man ihn mit den gesamten CO_2-Emission aus der Produktion von Industriegütern in Deutschland vergleicht, nämlich etwa 700 Mio Tonnen. Hier zeigt sich allein am deutschen Beispiel, wie die Globalisierung mit dem Transport von Massengütern um den Globus herum den Treibhauseffekt verstärkt.

Warnungen gibt es nun genug

Ein australisches Wissenschaftler-Team hat 2007 seine Ergebnisse einer Berechnung der CO_2-Emissionen auf der Basis zweier amerikanischer regierungsamtlichen Quellen (Carbon Dioxide Information Analysis Center und Energy Information Agency) vorgestellt. Danach haben sich die CO2-Emissionen plötzlich um das Jahr 2000 gewaltig beschleunigt. In den 90er Jahren wuchsen sie noch um 1,1 % pro Jahr, zwischen 2000 und 2004 (dem Endjahr der Studie) waren es schon 2,5 %. Diese Rate liegt in der Nähe der schlimmsten Annahmen unter den schon vor Jahren erarbeiteten Szenarien, wenn nicht noch darüber. Das auf der Basis von weiterer intensiver Verbrennung fossiler Energiestoffe ausgerichtete A1F1 Szenario des Intergovernmental Panel on Climate Change sagt eine Erhöhung der Temperatur bis 2100 um 4 Grad voraus und damit doppelt so hoch, wie der von der EU angesteuerte Grenzwert (Abb. 07167).

Die Wissenschaftler schlossen aus verschiedenen Daten, daß der Grund nicht bei der Bevölkerungsentwicklung der Welt liegt sondern in einer Verschlechterung der Energieeffizienz. Zwischen den 70er und 90er Jahren stieg die Energieeffizienz, aber dieser Trend drehte sich im Jahr 2000 um. Die Entwicklungsländer kamen für 73 % des Zuwachses in 2004 auf. Die Forscher fanden vor allem bei China die größte Steigerung der Treibhausgasemissionen. Tatsächlich hat sich die Energieeffizienz Chinas in den letzten Jahren noch verschlechtert.

Dramatisch fallen die Projektionen für die Entwicklung der Emissionen bis 2030 aus. Nach dem OECD-Energieausblick kommen die Entwicklungsländer für über drei Viertel des erwarteten Anstiegs der Emissionen zwischen 2004 und 2030 auf. Sie überholen die westlichen Industrieländer (OECD-Raum) als Hauptverschmutzer um 2012 (Abb. 07100). Ihr Anteil an den Welt-Emissionen wird vom 39 % auf 52 % ansteigen. Dabei steigen die Emissionen schneller als der Energieverbrauch, weil der zusätzliche Verbrauch mehr als in den anderen Regionen auf Kohle beruht. China allein ist für 39 % des globalen Anstiegs an Emissionen verantwortlich und wird die USA bereits 2008 als Hauptumweltverschmutzer von CO2 überholen.

Die Prognosen der US Energy Information Agency von 2007 per 2030 zeigen das stark wachsende Gewicht vor allem von China mit einer Verfünffachung der C02-Emissionen gegenüber 2030 (Abb. 07165, 07166)

Auch das World Watch Institute hat auf der Basis des Resourcenverbrauchs und der Emissionen errechnet, daß China und Indien beim heutigen japanischen Pro-Kopf-Niveau bereits 2030 einen extra Planeten von der Größe der Erde brauchten, um ihre Bedürfnisse abzudecken. China z.B. würde den heutigen japanischen Pro-Kopf-Emissionswert bereits mit einer jährlichen Zuwachsrate an Emission von nur 5 % bis 2030 erreichen - seine Wirtschaft wächst nun bereits seit Jahren um rund 10 % jährlich, wobei bei 10 % BIP-Zuwachs derzeit die Emissionen um 6 % pro Jahr wachsen.

Bisher war die Klimakatastrophe als eine Gefahr für die nächsten Generationen und das nächste Jahrhundert gesehen worden. Doch der neue UN-Klimabericht hat die Zeitachse vorverlegen müssen. Er sieht erhebliche Auswirkungen bis 2050 und bereits im Zeitraum der nächsten drei Jahre das Risiko von 50 Millionen Klimaflüchtlingen als Ergebnis von Trockenheit, Überflutungen, Wirbelstürmen, Bränden, zunehmendem Mangel an Trinkwasser und stärkerer Verbreitung von Krankheiten. Nach einigen Schätzungen sollen schon jetzt etwa so viele Menschen auf der Flucht vor dem Klima wie vor den traditionellen Bedrohungen der Menschen sein. Zeichen des schon stattfindenden Wechsels sind die Vergrösserung der Gletscherseen, die wachsende Instabilität der Permafrostböden, die Vorverschiebung der Jahreszeiten, die Deplatzierung von Tieren und Pflanzen.

Die 400 Wissenschaftler, die den neuen Umweltbericht des Umweltprogramms der Vereinten Nationen von 2007 erarbeitet haben, sehen die Menschheit bedroht (Abb. 07192, 07193). Die Geschwindigkeit, mit der die Menschheit die Ressourcen der Erde während der letzten 20 Jahre verbraucht habe, habe das „Überleben der Menschheit" infrage gestellt. Politischer Wille und Führungskraft seien erforderlich, um die dringenden Probleme zu lösen - doch die politische Antwort derzeit sei „beklagenswert inadäquat". Der Bericht nennt nicht nur den Klimawandel als Problem von „globaler Priorität", sondern auch den Rückgang der globalen Trinkwasserreserven und der Fläche an fruchtbarem Land, die Schrumpfung der Fischbestände und den Verlust an Artenvielfalt. Betroffen seien vor allem Kinder: Zehn Millionen sterben schon jetzt jedes Jahr weltweit an den Folgen der Umweltzerstörung.

Nur noch acht Jahre bis zum „point of no return"?

Der Weltklima-Rat hat 2007 den dritten Teil seines Berichts vorgelegt, der anspricht, was zu geschehen hat, wenn die Klimakatastrophe vermieden werden soll. Wieder hat die Zensur der Regierungsvertreter erhebliche Änderungen erzwungen. Vor allem die USA, China und Saudi-Arabien haben vereint Abschwächungen zu den Kosten und Begrenzungen erreicht, auch wenn sie sich nicht überall durchsetzen konnten. Allein China hatte 1.500 Änderungsvorschläge eingebracht. Nach Ansicht der Wissenschaftler kann die Klimakatastrophe noch verhindert werden. Allerdings muß dafür bereits ab 2015, also in gerade einmal sieben Jahren, ein

Wendepunkt im Anstieg von Emissionen erreicht werden. Bis 2050 muß der Kohlendioxid-Ausstoß um 50 bis 85 Prozent gesenkt werden. Nur so wird sich die durchschnittliche globale Erwärmung bis zum Jahr 2100 auf zwei Grad Celsius begrenzen lassen. Wie wahrscheinlich ist das, da Länder wie China und Indien schon wegen ihrer wirtschaftlichen Entwicklung zu den neuen Giganten der Weltwirtschaft noch dramatisch an Emissionen zulegen werden? Bei einer Erwärmung von mehr als zwei Grad aber wird ein Abschmelzen der Polkappen und ein dramatischer Anstieg des Spiegels der Weltmeere mit verheerenden Folgen erwartet.

Selbst an der eisgepanzerten Antarktis nagt nun der Treibhauseffekt. Nach einer Satellitenuntersuchung hat sich allein zwischen 1996 und 2006 der jährliche Eisverlust um 75 % erhöht, wobei sich die Geschwindigkeit der Eisbewegung zum offenen Meer entsprechend beschleunigte. Die Verlustrate in 2006 von 132 Milliarden Tonnen Eis wäre genug, um die gesamte britische Bevölkerung für 33 Jahre mit Trinkwasser zu versorgen.

Al Gore bei der leider ziemlich ergebnislosen Umwelt-Ministerkonferenz in Bali: „Ich erinnere mich, vor Jahren Wissenschaftler gehört zu haben, die Schnee und Eis untersuchten und die Möglichkeit andeuteten, daß die Erde gegen Ende des 21. Jahrhunderts die gesamte Eiskappe am Nordpol verlieren könnte. Ich erinnere mich, daß sie vor nur drei Jahren, als sie ihre Schätzungen revidierten, befürchteten, es könnte schon um 2050 passieren. Ich erinnere mich, daß ich zu Beginn dieses Jahres schockiert war, als ich sie sagen hörte, es könnte in so wenig wie 34 Jahren passieren, und nun, in dieser Woche, sagen sie uns, die Eiskappe könne in nur fünf bis sieben Jahren verschwinden. Ein Gefühl der Dringlichkeit, das für diese Herausforderung angebracht ist, ist in sich selbst eine Herausforderung an unsere eigene moralische Vorstellung."

Die Erde kann auch ohne uns

Der britische Umweltforscher James Lovelock hat die so genannte Gaia-Theorie entwickelt. Sie besagt, daß die ganze Erde im übertragenen Sinne ein Lebewesen aus selbststeuernden Prozessen ist. Dereguliert der Mensch diese Prozesse, so muß und wird ihn die Erde abwerfen, um zu ihrem normalen Gleichgewicht zurückzufinden. Lovelock sagt nun voraus, die Erde werde den Klimaschock immer noch mit 25 % der Menschheit überleben können.

Fazit für Dummies:

Die Neoliberalen wirtschaften unsere Umwelt kaputt, und uns mit ihr. Von allen Auswirkungen der neoliberalen Globalisierung ist dies wahrscheinlich die schlimmste und gefährlichste. Wenn die Erde uns nicht abwerfen soll, müssen wir Vernunft annehmen, so wir noch solche haben.

07030: Entwicklung des Welt-KfZ-Bestands (Millionen)

2030 - Mehr Fahrzeuge in China als in USA

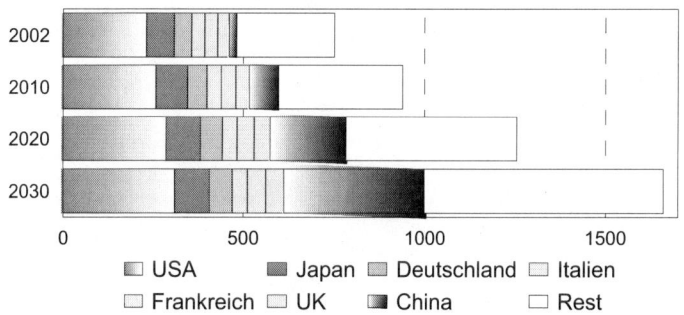

■ USA   ■ Japan   ■ Deutschland   □ Italien
□ Frankreich   □ UK   ■ China   □ Rest

Quelle: United Nations Yearbook; and IMF staff calculations in IWF World Economic
Outlook, April 2005 © Joachim Jahnke - http://www.jjahnke.net/

07199: Sind Änderungen im Lebensstil nötig, um die Treibhausgas-Emissionen zu vermindern?

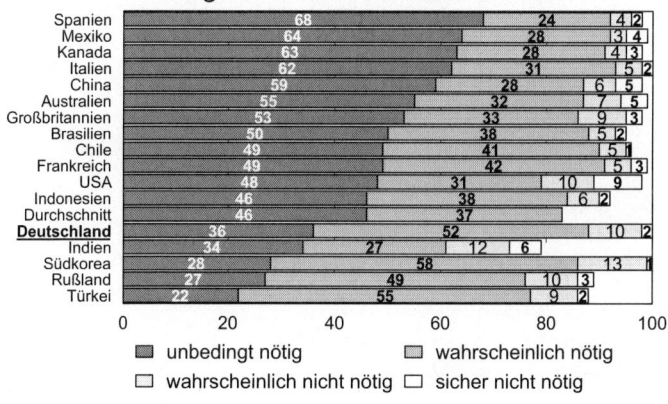

■ unbedingt nötig   ■ wahrscheinlich nötig
□ wahrscheinlich nicht nötig   □ sicher nicht nötig

Quelle: BBC-Umfrage2007. © Jahnke - http://www.jjahnke.net

135

07202: Sind Änderungen im Lebensstil nötig, um die Treibhausgas-Emission zu vermindern?

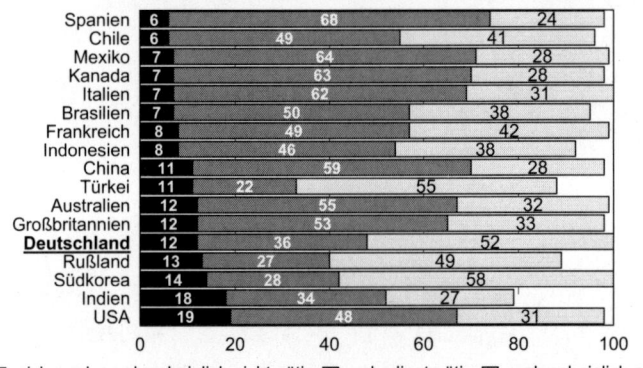

Quelle: BBC-Umfrage2007. © Jahnke - http://www.jjahnke.net

07076: 12 Spitzen-Länder in CO2-Emissionen 2005

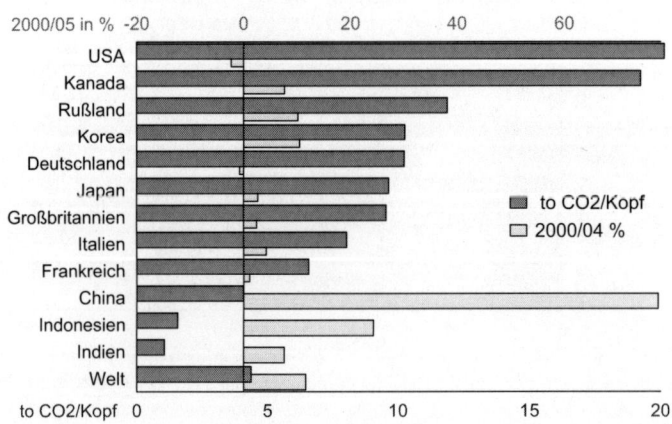

Quelle: US Energy Information Administration. © Jahnke - http://www.jjahnke.net/

07062: Treibhauseffekte der Industrieverlagerung nach China und Indien

CO2-Emission pro BIP-Einheit (2000 Kaufkraft$/kg Ölequivalent)

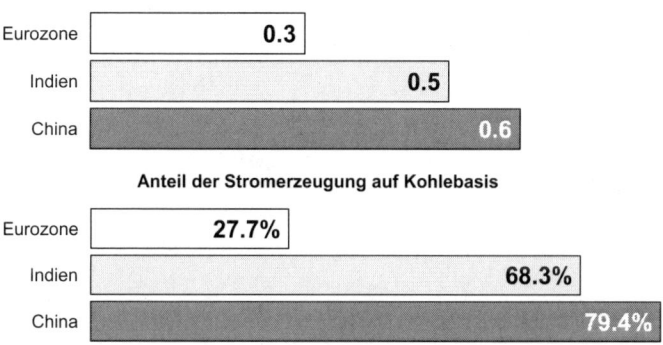

Quelle: Weltbank, Little Green Data Book 2006. © Joachim Jahnke -
http://www.jjahnke.net/

7203: Emissionsbelastungen durch den Transport der Außenhandelsgüter in Mio t CO2

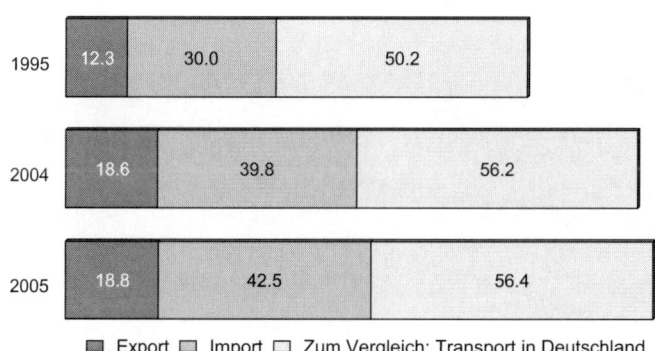

■ Export □ Import □ Zum Vergleich: Transport in Deutschland

Quelle: Statistisches Bundesamt, Nov.07. © Jahnke - http://www.jjahnke.net

07167: CO2-Emissionen und IPCC-Szenarien

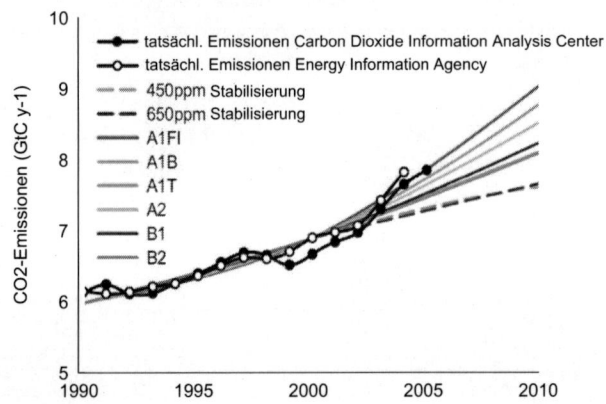

Quelle: Australian Commonwealth Scientific and Industrial Research Organisation.
© Jahnke - http://www.jjahnke.net

07100: Energie-CO2-Emissionen nach Regionen

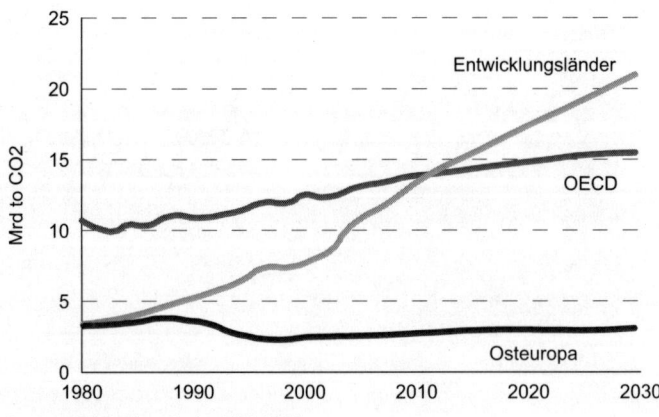

Quelle: OECD, Energie-Ausblick 2006.

07165: CO2-Emissionen (ab 2004 Prognose)

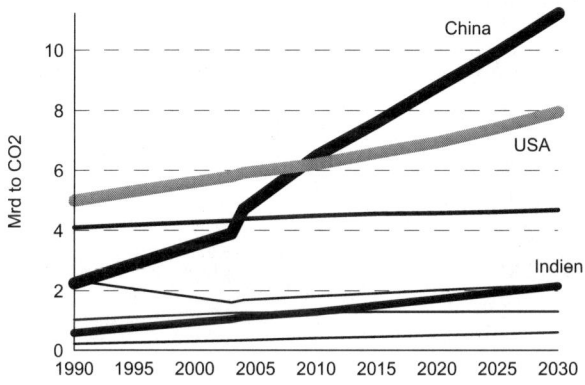

Quelle: US Energy Information Administration, International Energy Outlook 2007,
21.05.07. © Jahnke - http://www.jjahnke.net

07166: CO2-Emissionen (ab 2004 Prognose)

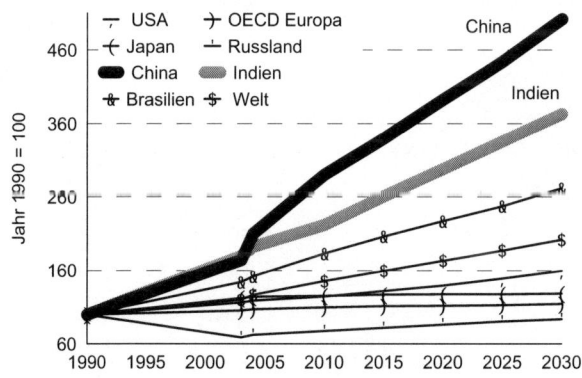

Quelle: US Energy Information Administration, International Energy Outlook 2007,
21.05.07. © Jahnke - http://www.jjahnke.net

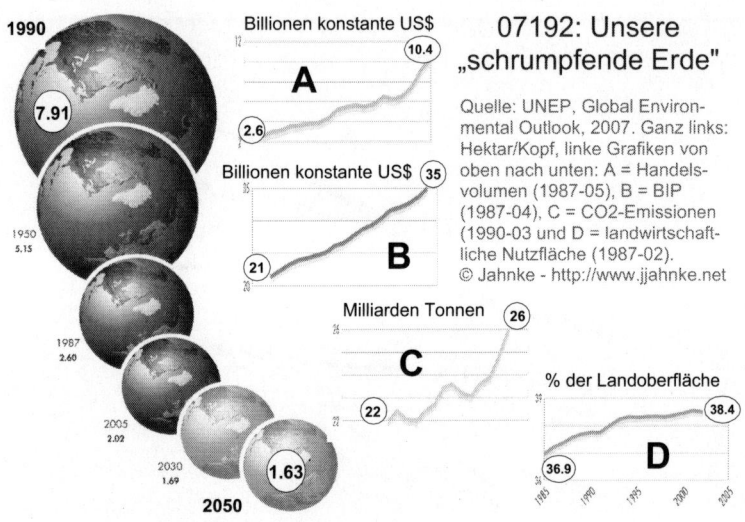

07192: Unsere „schrumpfende Erde"

Quelle: UNEP, Global Environmental Outlook, 2007. Ganz links: Hektar/Kopf, linke Grafiken von oben nach unten: A = Handelsvolumen (1987-05), B = BIP (1987-04), C = CO2-Emissionen (1990-03 und D = landwirtschaftliche Nutzfläche (1987-02).
© Jahnke - http://www.jjahnke.net

07193: Living Planet Index

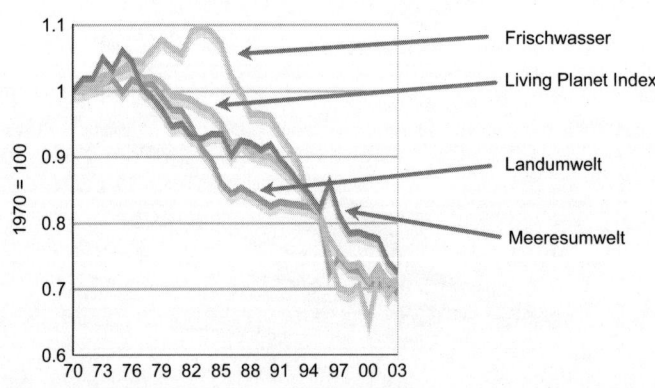

Quelle: UNEP, GLOBAL ENVIRONMENT OUTLOOK. © Jahnke - http://www.jjahnke.net

Kapitel 9: Kein Ende der Geschichte sondern immer neue Krisen

Als die Berliner Mauer fiel und das sowjetische Imperium zusammenbrach, sah der amerikanische Politologe Francis Fukuyama in seinem Buch mit dem Titel „The End of History and the Last Man" das Ende der Geschichte gekommen. Mit dem Sowjetsystem sei der letzte große Widersacher der liberalen Demokratie verschwunden. Nun würden sich weltweit wirtschaftlich-politische Verhältnisse nach Art der USA durchsetzen - als „end point of mankind's ideological evolution" und „final form of human government". Inzwischen sind die Anhänger dieser These zusammengeschmolzen. Zu offensichtlich sind die neuen politischen Verwerfungen in vielen Teilen der Welt. Die neoliberal globalisierte Weltwirtschaft ist erheblich krisenanfälliger geworden. Ihre Ungleichgewichte nehmen ständig zu.

Es sind vor allem drei Formen von Ungleichgewichten:

» erstens, der überall wachsende Graben zwischen Armen und Reichen,

» zweitens, die Spannungen zwischen großen Überschuß- und Defizitländern oder Ländern im Dollarverbund und Ländern außerhalb desselben und schließlich

» drittens, das stark wachsende Mißverhältnis zwischen Ölangebot und - nachfrage oder zwischen Ölförder- und Ölimportländern bei dramatisch steigendem Ölpreis.

Nimmt man alles zusammen, wobei die Ungleichgewichte in mehrfacher Hinsicht verbunden sind, so ergibt sich eine Sicht auf die Widersprüche der neoliberalen Globalherrschaft.

I. Fast alle Gesellschaften zerreißen immer mehr in obszön Reich und bitter Arm

Wenden wir uns zunächst der globalen Situation zu. In einem zweiten Schritt nehmen wir dann die sich in Deutschland vertiefenden sozialen Gräben ins Visier.

Die Gräben um den Globus herum: obszöner Reichtum

Die Forbes-Liste der Milliardäre von 2007 zeigt, wie sich der Reichtum in der Welt immer mehr konzentriert. Die fast 1.000 Milliardäre konnten 35 % mehr Vermögen auf sich konzentrieren als die Milliardäre des Vorjahres, nämlich die unglaubliche Zahl von umgerechnet 2,7 Billionen Euro. Wer das nachvollziehen will, muß in deutsche Nettolöhne und -gehälter umrechnen. Alle 37 Millionen deutschen Arbeitnehmer zusammen müßten 4,4 Jahre ihr gesamtes Arbeitseinkommen sparen, um den Wohlstand von weniger als 1.000 Menschen aufzutürmen.

Die Welt teilt sich mit rasanter Geschwindigkeit in Reich und Arm. Und die Reichen teilen sich nochmal in Einfach-Reiche und Super-Reiche. Der englische Begriff „High Net Worth Individuals" oder HNWI bezeichnet Menschen mit mehr als 1 Million Dollar investierbares Kapital, d.h. ohne ihre Hauptimmobilie und Verbrauchsgüter. Daneben gibt es noch die Kategorie der Ultra-Super-Reichen mit mehr als 30 Millionen Dollar Vermögen. Hier ein Überblick aus dem ziemlich obszönen 2007 Welt Reichtum-Bericht von Merrill Lynch und Capgemini: Die Zahl der Super-Reichen ist 2006 auf 9,5 Millionen Menschen gestiegen. Ihr Vermögen beträgt nun 37,2 Billionen $, ein Plus von 11,4 % gegen Vorjahr, rund 4 Milliarden Dollar pro Kopf, wovon etwa ein Fünftel in Off-shore-Zentren unversteuert weggebunkert worden ist (Abb. 03608).

Das Vermögen der 400 reichsten Amerikaner liegt bei über 1,25 Billionen Dollar. Ein einziger davon auf Platz 3 verdiente als Kasinobesitzer in den letzten zwei Jahren pro Stunde rund 1 Million Dollar. Das obere Fünftel der Amerikaner bezog schon vor drei Jahren mehr als die Hälfte aller Einkommen. Die reichsten 1 Prozent haben 2005 18 Prozent des Einkommens der Gesamtbevölkerung verdient und damit ein Einkommen, das noch 37 Prozent höher ist, als das der ärmsten 20 Prozent der Bevölkerung. Anders ausgedrückt: Das reichste 1 Prozent der Haushalte nahm 2005 durchschnittlich 465.000 Dollar mehr als 2003 ein. Das Einkommen der ärmsten 20 Prozent stieg dagegen nur um 200 Dollar, das der mittleren 20 Prozent um 2.400 Dollar. Jeden Tag wird dieser soziale Graben ein kräftiges Stück tiefer und breiter.

Wer ist der reichste Mensch der Welt? Bill Gates? Nein, der Mexikaner Mr. Slim mit einem geschätzten Vermögen von 41 Mrd Euro oder fast 7 % der Wirtschaftsleistung seines Landes. Rockefeller kam dagegen zu seinen Zeiten nur auf 2 % der amerikanischen Wirtschaftsleistung. Sollte Mr. Slim jährlich eine durchaus normale Verzinsung seiner Kapitals von 6 % erreichen, so wären das 3,6 Mrd Dollar. Das entspräche dem Einkommen von 3 Millionen Mexikanern im unteren Einkommens-Zehntel der Bevölkerung. Wie ist Mr. Slim so reich geworden? Mr. Slim hat mit guten Beziehungen zugeschlagen, als die staatliche Telekommunikationsgesellschaft privatisiert wurde, und verfügt seitdem über das Monopol für Landverbindungen, praktisch eine Lizenz zum Gelddrucken.

Mr. Slim ist kein Einzellfall des neuen obszönen Reichtums in vielen so genannten Schwellenländern. Von den 100 reichsten Menschen der Welt sind 39 Amerikaner. Doch ihr Reichtum erreicht nur 4,5 der Wirtschaftsleistung der USA. Dagegen haben die 14 Russen unter den 100 reichsten Menschen der Welt einen Reichtum zusammengerafft, der 26 % der Wirtschaftsleistung des Landes entspricht. Auch sie haben zugeschlagen, als das Staatseigentum privatisiert wurde.

Nicht viel anders, nur noch schlimmer ist die Situation in China. In keinem der größeren Länder der Welt ist der Graben zwischen Arm und Reich seit 1994 so aufgerissen wie in China. Die Zahl der Dollar-Millionäre wächst im Jahresdurchschnitt um 15 % und damit um die Hälfte schneller als die chinesische Volkswirtschaft insgesamt (Abb. 08092). Nach einem neuen Bericht der Chinese Academy of Social Sciences ist der Gini-Koeffzient, bei dem die Ziffer 1 maximale Ungleichheit ausdrückt, in 2006 auf 0,496 gestiegen, ein erheblich höherer Wert als in USA und knapp unter Brasilien (Abb. 07103).

Doch nun hat China alle Chancen, sich an Brasilien vorbei an die Spitze der Liga in Ungleichheit zu setzen. Zwischen dem untersten und dem obersten Fünftel der Einkommensbezieher klafft schon ein Graben von 1 zu 12 (zum Vergleich: Japan 1: 2,3 - siehe Abb. 13341). Seit Deng Xiaoping in den 80er Jahren erklärte: „Laßt erst mal einige Leute reich werden", ist China immer kapitalistischer geworden. Heute gibt es in keinem Land der Welt, außer USA, so viele Milliardäre wie in China. Die Hurun Rich List für 2007 zählt davon 106 (gegenüber nur 15 im Vorjahr) mit einem Gesamtvermögen von 243 Milliarden Dollar, außerdem 800 Millionäre mit je mehr als 100 Millionen Dollar und durchschnittlich einer halben Milliarde Dollar. Ein Drittel der 800 gehören der Partei an, 38 sind sogar im Nationalen Parlament vertreten.

In den chinesischen Buchläden werden zur Nachahmung zahlreiche Biografien der Reichen angeboten. Der reichste Chinese - eine Frau - nennt 3,4 Milliarden Dollar ihr eigen. Einer der Milliardäre, der praktischerweise Bauunternehmer ist, hat sich das französische Château de Maisons-Laffitte nachgebaut. Die schon 320.00 Dollar-Millionäre bekommen jetzt ihre eigene Staatsbank, deren erste zwei Filialen schon in Peking und Schanghai eröffnet wurden. Und damit es richtig profitabel wird, hilft die Royal Bank of Scotland mit ihren Erfahrungen in der Betreuung von Superreichen in den alten Industrieländern. Die chinesischen Superreichen erhalten Vorzugsangebote für exklusive Investmentfonds oder Vorkaufsrechte bei Börsengängen chinesischer Unternehmen und werden von erfahrenen Experten in speziell für sie eingerichteten Räumen beraten, die dem Durchschnittskunden nicht zur Verfügung stehen. 2006 fand auch bereits die erste Millionärsmesse Asiens in Schanghai statt.

Indien hat nach China die meisten Milliardäre Asiens. Der Stahlindustrielle Mittal, der weltweit Stahlunternehmen zusammenkauft, ist ein bekanntes Beispiel, doch bei weitem nicht das einzige. Es gibt in Indien bereits eine große 60 Millionen starke wohlhabende Oberschicht. Diese Klasse soll sich über die nächsten 25 Jahren nach Prognosen von McKinsey noch auf 600 Millionen verzehnfachen.

Die Gräben um den Globus herum: bittere Armut

Vor 150 Jahren konnten allenfalls Sklaven verschifft, nicht aber konnte die Weltindustrieproduktion um den Globus herum bei offenen Grenzen auf die billigsten „Arbeitssklaven" verteilt werden. Das hat nun zwar in Ländern, wie China, hunderte Millionen Menschen aus bitterster Armut geholt, aber hunderte Millionen andere darin zurückgelassen. Hier nur zwei kurze Beschreibungen der Armut in China und Indien.

Besonders schlecht ist es um den sozialen Status der chinesischen Landbevölkerung bestellt, die mit 780 Millionen der 1,3 Milliarden Menschen die industrielle Reservearmee des Landes abgibt. Nach offiziellen chinesischen Angaben leben 26 Millionen selbst für chinesische Verhältnisse in absoluter Armut. Die Landbevölkerung insgesamt lebt auf dem Niveau der chinesischen Stadtbevölkerung von vor 15 Jahren. Nur 10 % der Landbevölkerung hat beispielsweise eine medizinische Versorgung (42 % in den Städten). Auf dem Lande steigen die Einkommen weit weniger als in den Städten und werden inzwischen von der Inflation überholt (Abb. 08080).

Noch schlimmer leben die Armen in Indien. Nach der internationalen Definition waren es nach den neuesten Zahlen für 2004 nicht weniger als 34 % der Bevölkerung. Am schlimmsten sind dabei die unterernährten Kinder dran. 6 % aller Kleinkinder sterben vor ihrem ersten Geburtstag. Nach dem Bericht des Nobelpreisträgers Prof. Amartya Sen „Focus on Children Under Six", der 2004 in sechs indischen Staaten zusammengestellt wurde, ist die Hälfte dieser Kinder Unterernährung ausgesetzt und leidet eine ganze Generation indischer Kinder an schlechter Gesundheit, geringer Bildung und Armut. Die meisten Kinder sind sich bis zum Alter von sechs Jahren, bis sie in die Schule gebracht werden, selbst überlassen. Nach dem letzten UN-Bericht hat Indien den höchsten Anteil unterernährter Kinder, zusammen mit Bangladesch, Äthiopien und Nepal. Auch nach dem letzten Weltbankbericht für 2005 ist die Lage nicht viel besser geworden (Abb. 08120).

Und wenn Kinder in Indien erst einmal arbeiten können, beginnt der nächste Akt der Misere. In keinem anderen Staat werden so viele Kinderarbeiter gezählt. Einer Unicef-Studie zufolge gibt es mehr als 35 Millionen Kinderarbeiter, 15 Prozent davon jünger als 14 Jahre. Inoffizielle Schätzungen gehen von weit höheren Gesamtzahlen zwischen 60 bis sogar 125 Millionen aus.

Um den Globus herum treffen stark steigende Preise für Energie und Nahrungsmittel besonders die Armen. Diese Entwicklung ist noch immer relativ neu und wird sich weiter verstärken. Ein Grund ist die sprunghaft steigende Nachfrage aus einigen Schwellenländern, besonders China und Indien.

Und nun zu Deutschland

In Deutschland ist die Zahl der Super-Reichen mit mindestens 30 Millionen Dollar disponiblem Kapital auf 798.000 Menschen gestiegen. Das ist mit großem Vorsprung vor dem Rest nach den USA die zweithöchste Zahl. Auch unter den Millionären hat Deutschland unter den einzeln ausgewiesenen Ländern nach Australien und zusammen mit USA den höchsten Anteil (Abb. 03609). Ebenso hat Deutschland mit 55 die in der Welt dritthöchste Konzentration an Milliardären mit einem Vermögen von 178 Milliarden Euro, fast ein Drittel der jährlichen Nettolöhne und -gehälter aller 37 Millionen deutscher Arbeitnehmer. Oder anders ausgedrückt: Ein durchschnittlicher deutscher Arbeitnehmer müßte sein gesamtes Einkommen 185.000 Jahre voll zur Seite legen, um das Durchschnittsvermögen eines der deutschen Milliardäre zu erreichen. Abb. 13262 zeigt das starke Übergewicht deutscher Milliardäre in der Europäischen Union. Sie stellen ein Drittel der EU-Milliardäre.

Nach dem neuesten Bericht des Deutschen Instituts für Wirtschaftsforschung von 2007 verfügten 10 % der deutschen Bevölkerung bereits 2002 über fast 60 % des deutschen Vermögens. Vier Jahre zuvor waren es noch 44 % des Vermögens gewesen (Abb. 04994). Die oberen 20 % kommen zusammen sogar auf rund 80 % (Abb. 04997). Seitdem ist die Konzentration des Reichtums noch erheblich weitergegangen.

Andererseits besaßen 2002 mehr als die Hälfte der Bürger über 17 Jahren so gut wie nichts. Sie nutzen ihr gesamtes Einkommen für den Konsum oder die Schuldentilgung. Der Grund für diese Entwicklung: Der Kapitalanteil am Volkseinkommen ist in Deutschland von 1996 bis 2006 um vier Prozentpunkte gestiegen und beträgt heute 33,8 Prozent, während der Lohnanteil zurückgeht (Abb. 14007). Die Zahl der neuen Verbraucherkonkurse erreicht inzwischen jährlich die Zahl einer Großstadt.

Nach dem neuen Jahresbericht der Wirtschaftsauskunftei Creditreform über die Schulden-Lage der deutschen Privathaushalte von 2007 stehen mehr als sieben Millionen Deutsche vor dem Ruin (Abb. 04999). Schon mehr als jeder zehnte Erwachsene kann demnach seinen Zahlungsverpflichtungen nicht mehr nachkommen. Über die letzten drei Jahre ist die Zahl der Überschuldeten um mehr als 12 % angesprungen. Die angeblich bessere Wirtschaftsentwicklung hat den Anstieg nicht verlangsamt. Erklärung der Creditreform: Viele der neu geschaffenen Arbeitsplätze seien im Niedriglohnbereich angesiedelt. Die Betroffenen verschwänden damit zwar aus der Arbeitslosen-Statistik. Die Überschuldungsgefahr verringere sich jedoch wenig, da der Verdienst oft nicht zu einem normalen Leben reiche. Außerdem werde vielen einkommensschwachen Haushalten zum Verhängnis, daß die

Reallohn-Entwicklung in den vergangenen Jahren nicht mit dem Preisanstieg mitgehalten habe.

Laut Bericht des Kinderschutzbundes von 2007 leben 2,6 Millionen Kinder bis zum Alter von 18 Jahren auf Hartz-IV-Niveau (208 Euro pro Kind). Die Zahl erhöht sich auf etwa 5 Millionen Kinder, wenn man die Familien dazurechnet, die nur knapp oberhalb der Hartz-IV-Grenze leben. Mehr als 1,9 Millionen Kinder auf Sozialhilfe-Niveau sind jünger als 15 Jahre. Nach Statistischem Bundesamt haben wir 15,3 Millionen Kinder bis 18 Jahre in Deutschland. Ein Drittel aller Kinder lebt also auf Hartz-IV-Niveau von 208 Euro pro Monat oder knapp darüber.

Die Hartz-Reformen haben sehr zur Verarmung der Langzeitarbeitslosen beigetragen. Im internationalen Vergleich rangiert Deutschland nun beim Arbeitslosengeld mit Sozialleistungen der mehr als 60 Monate Arbeitslosen - gemessen am letzten Nettolohn von Alleinverdienern - hinter Dänemark, Irland, Österreich, Niederlande, Belgien, Schweden, Schweiz, Finnland, Luxemburg und Großbritannien, zum Teil mit erheblichem Abstand (Abb. 14025). Kein Land hat seit 2001 auch nur annähernd so stark gekürzt wie Deutschland. Die Hälfte der 14 Länder hat aufgestockt oder den Stand gehalten (Abb. 14026). Auch bei anderen Familientypen liegt etwa die gleiche Anzahl an Ländern vor Deutschland.

Am deutlichsten zeigt sich der soziale Graben in dem seit etwa 2002 immer stärkeren Auseinanderklaffen der Arbeitseinkommen und der Unternehmens- sowie Vermögenseinkommen (Abb. 14045, 14047). Hinzu kommt ein weiter Graben bei den Arbeitseinkommen selbst zwischen den Besserverdienern, vor allem den Spitzenverdienern unter den Angestellten von Ackermann abwärts, und den Otto-Normal-Verdienern.

Wo soll diese Entwicklung eigentlich noch hinführen, bevor in Deutschland, wie anderen Ländern, schwere soziale Spannungen und rechtspopulistische Bewegungen aufkommen? Die Demokratie wird stark wachsende Armutsklassen nicht vertragen. Auch wird durch die Habgier der Besserverdiener und Vermögenden der Verteilungskampf um den Globus herum ständig angeheizt. Dabei können sie ihre Einkünfte längst nicht mehr über normalen Konsum oder Investitionen in die Volkswirtschaften zurückschleusen und so nach unten tröpfeln lassen. Statt dessen landet vieles davon im Kasino der internationalen Finanzmärkte und verstärkt die Ungleichgewichte, über die noch zu reden sein wird.

Exkurs: Die neuen Herren des deutschen Universums: Heuschrecken-Manager

Es gibt die Heuschrecken-Fonds. Daneben wächst als eine andere Gattung von Heuschrecken eine Managerschicht mit den Supereinkommen hoch. Sie lassen für die Arbeitnehmereinkommen keinen Raum mehr. Es ist das übliche Theater in Deutschland im Dezember 2007. Die Bosse haben sich mal wieder massiv selbst bereichert, noch mehr als schon bisher. Die Aufregung ist groß. In nur 4 Jahren haben sie 62 % mehr in die Tasche bekommen und das noch ohne ihre stattlichen Aktienoptionen (Abbildung 14023). Dagegen stiegen alle Bruttolöhne und -gehälter (einschließlich dieser Überflieger) vor Verbraucherpreisinflation nur um 2 %. Allein 10 Bosse haben einschließlich Aktienoptionen im vergangenen Jahr durchschnittlich 6,2 Millionen Euro eingesackt, mit Ackermanns 13 Mio an der Spitze (Abbildung 14021), und erhöhten ihr ohnehin schon enormes Salär um weitere rund 30 % gegenüber Vorjahr, während für den Durchschnitt der Arbeitnehmer nur Brosamen von 0,9 % von ihren Tischen fielen (Abbildung 14022).

150

Die Deutschen und ihr Gefühl von sozialer Gerechtigkeit

Ausgerechnet drei neoliberal orientierte Stiftungen, nämlich Bertelsmann Stiftung, Heinz Nixdorf Stiftung und Ludwig-Erhard-Stiftung, stoßen in einer neuen Studie, für die im August 2007 insgesamt 2026 Menschen befragt worden waren, auf das tiefe Gefühl sozialer Ungerechtigkeit in Deutschland. Nur 15 Prozent der Befragten sagen, der Aufschwung komme tatsächlich bei ihnen an und enthalten dementsprechend die Verteilung für gerecht (Abb. 14017). Dies ist ein historischer Tiefstand: Noch im Jahr 2006 hatten 28 Prozent der Bundesbürger erklärt, das Einkommen sei gerecht verteilt. Das Ergebnis der Umfrage ist ein Schlag ins Gesicht der Regierungskoalition, die immer wieder behauptet, daß die wirtschaftliche Erholung auch bei der breiten Masse der Bevölkerung ankomme.

Stark angeknackst ist das Gefühl von Chancengleichheit, dem Grundprinzip der sozialen Marktwirtschaft, das die Menschen für besonders wichtig nehmen (Abb. 14018). Allerdings wissen 21 % der Befragten nicht, was getan werden müßte, um die Situation zu verbessern. Das spricht für Frustration und Unwissenheit gleichermaßen.

Am wenigsten realisiert ist nach Auffassung der Befragten die Verteilungsgerechtigkeit. Nur knappe 20 % sehen sie voll oder überwiegend realisiert. Dabei nennen die Deutschen mit 74 Prozent die Bekämpfung der Kinderarmut als höchste Priorität (Abb. 14019). Nahezu gleichauf liege mit 72 Prozent der Wunsch nach stärkerer steuerlicher Entlastung von Geringverdienern. Es folgen die Sicherung eines Mindesteinkommens durch Mindest- oder

Kombilöhne (69 Prozent) sowie die Abschaffung von Steuer-schlupflöchern.

II. Spannungen zwischen großen Überschuß- und Defizitländern bzw. Ländern im Dollarverbund und Ländern außerhalb desselben

Die Welt von sieben großen Ländern der Weltwirtschaft ist zweigeteilt. Einerseits strangulieren drei Länder, nämlich China, Deutschland und Japan, die Nachfrage ihrer privaten Haushalte, bauen hohe Sparquoten auf und fahren gleichzeitig riesige Über-schüsse in ihren Leistungsbilanzen hoch (Abb. 12382, 12933). Dazu kommen die hohen und stark expandieren Überschüsse der Ölländer.

Andererseits machen vier andere Länder genau das Gegen-teil, nämlich die USA, Großbritannien, Australien und Spanien. Be-sonders in USA ist die Netto-Sparrate dramatisch auf Minuswerte gefallen (Abb. 12043). Es sind die gleichen Länder, in denen ein ziemlich künstlicher Boom der Immobilienpreise der Bevölkerung wachsenden Wohlstand vorgegaukelt hat - eine Entwicklung, die mit der weltweiten Kreditkrise nun plötzlich zu Ende geht und die Immobilienblase platzen läßt. (Abb. 03016).

Die Welt ist immer mehr aus dem Gleichgewicht geraten. Auf der einen Seite stehen Länder mit irrsinnigen Devisenreserven, das relativ arme China mit den bei weitem größten der Welt, und bau-en staatliche Heuschrecken-Fonds auf, um sich weltweit profita-bel einzukaufen (Abb. 03695). Auf der anderen Seite sind die USA, die Führungsnation der Industrieländer, zum größten Schuldner-land der Welt geworden, wozu die explosive private und öffentli-che Verschuldung geführt hat (Abb. 0301). Die enormen Defizite der USA wurden vor allem von China, Japan und den Ölländern durch Aufkauf niedrig verzinster amerikanischer Staatspapiere finanziert. Doch jetzt, wo der Dollar schwach wird, dürfte die Bereitschaft zu einem solchen Kredit nachlassen und den Dollar weiter in den Keller treiben.

Die andere Quelle waren die Wohlhabenden und institututionellen Anleger (z.B. Pensionsfonds) um den Globus herum, die in ihrer Profitsucht von internationalen Banken geschneiderte höher verzinste amerikanische Papiere kauften, die zu einem großen Teil mit minderwertigen amerikanischen Hypotheken oder anderen Unternehmenswerten gedeckt waren. Das hat in 2007 zu der enormen globalen Kreditkrise der Banken und Finanzinstitutionen geführt. Man rechnet mit einem Abschreibungsbedarf in der gigantischen Höhe von 400 Mrd Dollar, dem ein Kernkapital der Banken in USA und der EU von etwa 2.000 Milliarden Dollar gegenübersteht. Wahrscheinlich ist der Betrag nun noch weit höher anzunehmen. Hier zeigt sich, wie das Ungleichgewicht in der Vermögensverteilung in spekulativer Anlage das Ungleichgewicht zwischen einzelnen Ländern befördert hat.

Parallel zum Ungleichgewicht zwischen Überschuß- und Defizitländern hat sich eine Spaltung in der Währungssituation ergeben. Einerseits steht der Dollarblock, dem alle Länder angehören, die ihre Währung in der Nähe des Dollars halten, vor allem China, Japan und viele Ölländer. Auf der anderen Seite stehen die Eurozone und andere, vor allem europäische Länder, die ihre Währungen völlig frei gegenüber dem Dollar schwimmen lassen. Das führt nun immer mehr zu einem Kampf der Währungen, bei dem bisher der Euro fast allein den Anpassungsdruck aus dem fallenden Dollar verkraften muß. So sind auch chinesischer Renminbi und japanischer Yen gegenüber dem Euro erheblich gefallen (Abb. 13309).

III. Wachsende Mißverhältnisse zwischen Ölangebot und - nachfrage oder zwischen Ölförder- und Ölimportländern

Die letzte schwere Ölkrise, die die Ölimportländer erschütterte, liegt nun bereits mehr als ein viertel Jahrhundert zurück. Damals stieg der Preis pro Faß innerhalb von zwei Jahren um 43 Dollar auf 82 Dollar an. Zu Beginn des Jahres 2008 pendelt der Ölpreis über 90 Dollar, nachdem er zwei Jahre zuvor noch um 34 Dollar niedriger gelegen hatte (Abb. 07198). Über die letzten fünf Jahre hat er sich fast verdreifacht. Allein seit Beginn des Jahres 2007 stiegt er um mehr als 60 %.

Schuld sind regionale Krisenherde, wie um den Iran, aber auch langfristige Faktoren wie der bei zurücklaufender heimischer Förderung steigender Importbedarf der USA und Europas (versiegendes Nordsee-Öl) sowie der besonders stark steigende Importbedarf der Elefantenländer China und Indien. Der Preisanstieg wird sich daher über die nächsten Jahre mit Sicherheit fortsetzen. Allein China und Indien werden nach der Voraussage der Internationalen Energieagentur ihre kombinierte Nachfrage nach Öl von 2005 bis 2030 auf 1,1 Mrd Tonnen Öläquivalent oder auf das Zweieinhalbfache anheben. Das ist mehr als doppelt so viel, wie das größte Ölland Saudi-Arabien heute produziert oder etwa die Hälfte aller heutigen Weltölimporte. Der Welt-Bestand an PKW expandiert geradezu gespenstisch (Abb. 07047).

Wir kommen dem immer wieder hinausgeschobenen Ende des Ölzeitalters näher. Biotreibstoffe begegnen noch immer großen Zweifeln, neuerdings wegen der damit weltweit hochgetriebenen Preise für Nahrungsmittel und auch wegen des sich global verschärfenden Wassermangels. Damit werden die Verteilungskämpfe um den Globus herum zunehmen. So sichert sich China jetzt schon ein großen Teil seines Ölbedarfs in Schwarzafrika und unterstützt dabei menschenrechtsfeindliche Regime. Andererseits haben sich die Leistungsbilanzüberschüsse der Länder des Mittleren Ostens und Rußlands in nur vier Jahren zwischen 2002 und 2006 fast versechsfacht (Abb. 07201). Kein Zweifel das damit auch Veränderungen im globalen Feld der Wirtschaftskräfte verbunden sind. Kein Zweifel auch, daß der Preisanstieg die sozialen Spannungen zwischen Reich und Arm überall in der Welt verschärft.

Fazit für Dummies:

Soziale Spannungen verschärfen sich um den Globus herum. Die Gesamtsituation der Leistungsbilanzen, Zahlungsströme, Währungen und der Versorgung mit Energie, Rohstoffen und Nahrungsmitteln wird immer instabiler. Wenn die Überschußländer mit dem Instrument staatlicher Riesen-Heuschrecken nun auch noch anfangen, strategisch wichtige Unternehmen in aller Welt aufzukaufen, kann der Teufel los sein. Und erst recht, wenn der Dollar in einer Flut unkontrollierter Spekulation untergehen sollte, was derzeit niemand ausschließen kann.

Wir erleben leider kein idyllisches Ende der Geschichte à la Fukuyama. Zu offensichtlich sind die neuen politischen und wirtschaftlichen Verwerfungen in vielen Teilen der Welt. Die neoliberal globalisierte Weltwirtschaft ist erheblich krisenanfälliger geworden. Ihre Ungleichgewichte nehmen ständig zu. Bitte anschnallen und das Faltblatt für Notlandungen aufschlagen. Eine weiche Landung hängt besonders von Sofortmaßnahmen zur Eindämmung der sozialen Spaltung der Gesellschaften ab. Leider stehen die Chancen dafür schlecht. Also für alle Fälle schon mal üben: Füße zusammenstellen und Hände vor den Kopf.

03608: Verteilung des Super-Reichtums in Billionen US Dollar

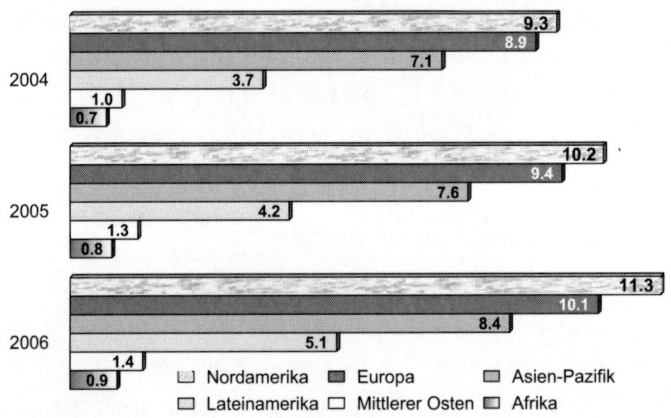

Quelle: Merrill Lynch/Capgemini, World Wealth Report 2007. © Jahnke - http://www.jjahnke.net

08092: Zuwachs chinesischer Dollar-Millionäre

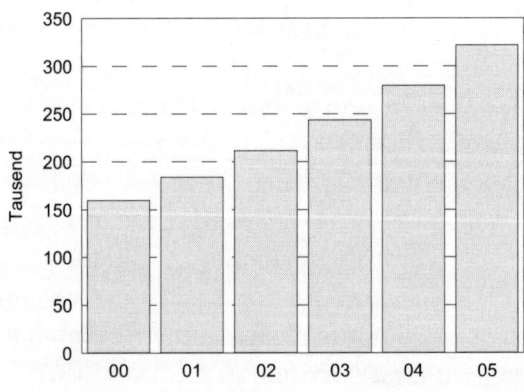

Quelle: Offizielle chinesische Mitteilung. © Jahnke - http://www.jjahnke.net

07103: Gini-Koeffizienten China u.a.

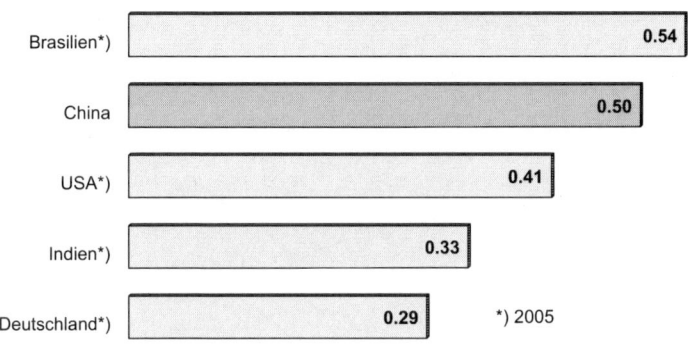

Brasilien*)	0.54
China	0.50
USA*)	0.41
Indien*)	0.33
Deutschland*)	0.29 *) 2005

Quellen: Für China Chinese Academy of Social Sciences 2006. © Jahnke - http://www.jjahnke.net

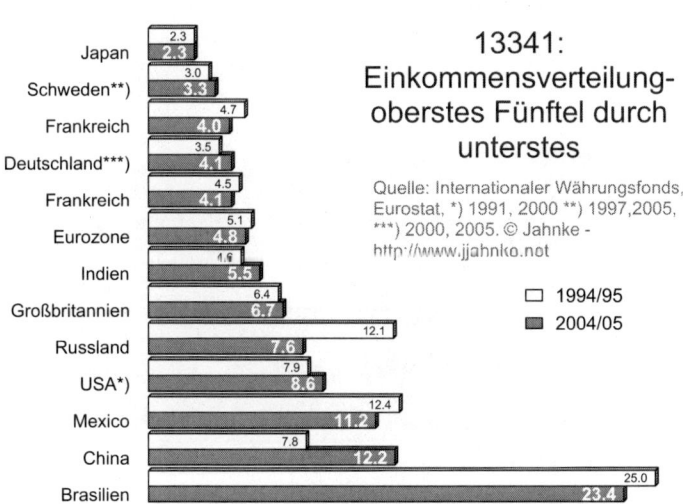

13341: Einkommensverteilung- oberstes Fünftel durch unterstes

Quelle: Internationaler Währungsfonds, Eurostat, *) 1991, 2000 **) 1997,2005, ***) 2000, 2005. © Jahnke - http://www.jjahnke.net

☐ 1994/95
■ 2004/05

	1994/95	2004/05
Japan	2.3	2.3
Schweden**)	3.0	3.3
Frankreich	4.7	4.0
Deutschland***)	3.5	4.1
Frankreich	4.5	4.1
Eurozone	5.1	4.8
Indien	4.9	5.5
Großbritannien	6.4	6.7
Russland	12.1	7.6
USA*)	7.9	8.6
Mexico	12.4	11.2
China	7.8	12.2
Brasilien	25.0	23.4

157

08080: Jahreseinkommen in China in 1.000 Yuan (nominale Entwicklung)

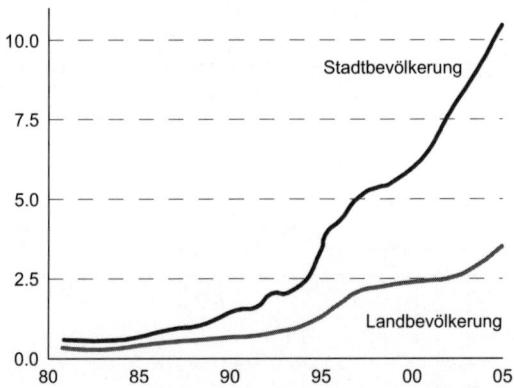

Quelle: Nationales Amt für Statistik, China. © Jahnke - http://www.jjahnke.net

08120: Anteil unterernährter Kinder in %

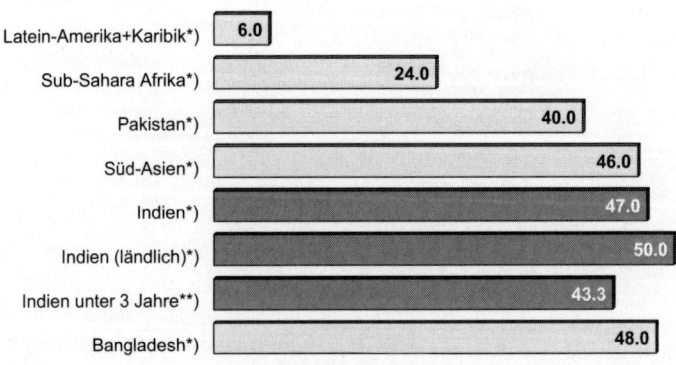

Quelle: Weltbank, *) 2000, **) 2005 (OECD). © Jahnke - http://www.jjahnke.net

03609: Anteil der Super-Reichen an der Bevölkerung

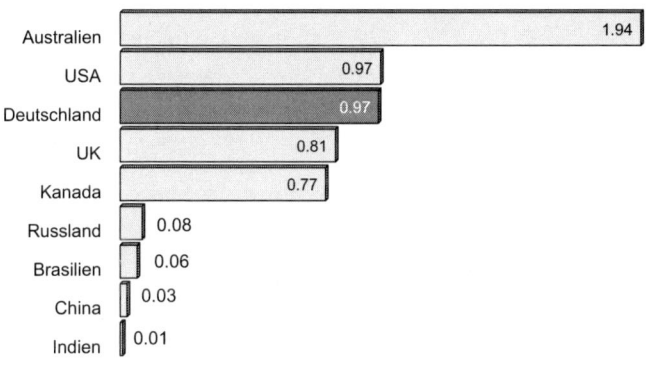

Australien — 1.94
USA — 0.97
Deutschland — 0.97
UK — 0.81
Kanada — 0.77
Russland — 0.08
Brasilien — 0.06
China — 0.03
Indien — 0.01

Quelle: Merrill Lynch/Capgemini, World Wealth Report 2007. © Jahnke - http://www.jjahnke.net

13262: Verteilung der Milliardäre in der EU (und Schweiz)

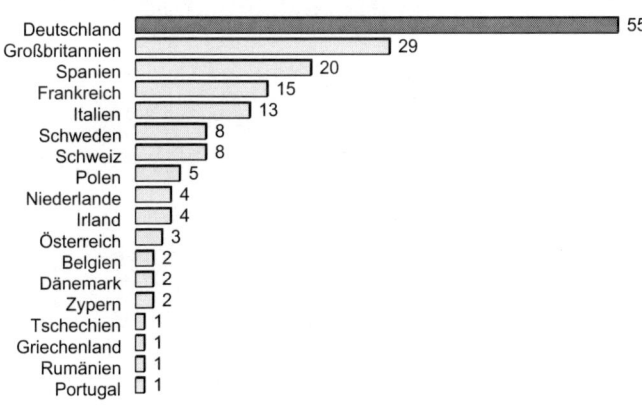

Deutschland — 55
Großbritannien — 29
Spanien — 20
Frankreich — 15
Italien — 13
Schweden — 8
Schweiz — 8
Polen — 5
Niederlande — 4
Irland — 4
Österreich — 3
Belgien — 2
Dänemark — 2
Zypern — 2
Tschechien — 1
Griechenland — 1
Rumänien — 1
Portugal — 1

Quelle: Forbes 09.03.07. © Jahnke - http://www.jjahnke.net

1998

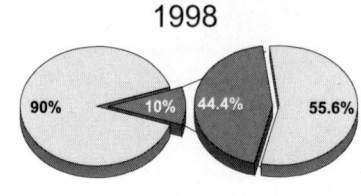

90%   10%   44.4%   55.6%

04994: Obere 10 %
der Haushalte
verfügen über fast
60 % des
deutschen
Vermögens

2002

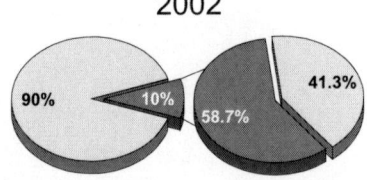

90%   10%   41.3%   58.7%

Quelle: Für 1998 Armutsbericht der
undesregierung von 2004, für 2002
Deutsches Institut für
Wirtschaftsforschung, 2007. ©
Jahnke - http://www.jjahnke.net

04997: Individuelles Netto-Vermögen nach Dezilen
in Deutschland 2002

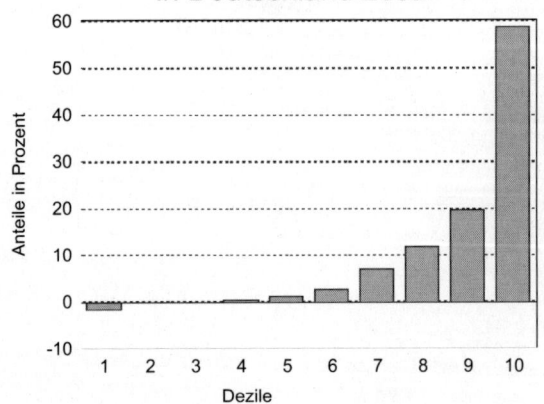

Quelle: Deutsches Institut für Wirtschaftsforschung, Wochenbericht 45/2007 v. 7.11.07

14007: Arbeitseinkommens- und Lohnquote 1955 - 2007 (in % von Volkseinkommen)

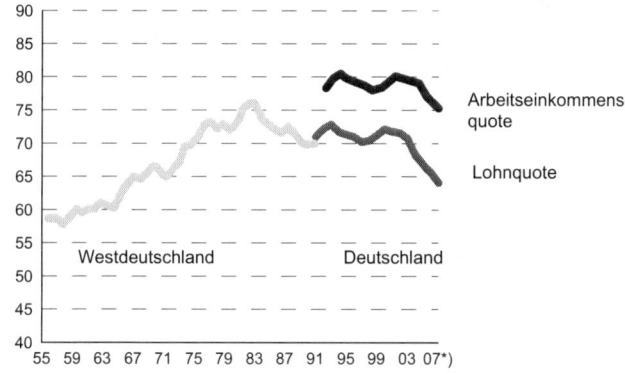

Qelle: Statistisches Bundesamt, Arbeitseinkommensquote (inklusive Selbständiger und mithelfender Familienangehörige) DIW, *) 3. Quartal © Jahnke - http://www.jjahnke.net

04999: Überschuldete Personen in Deutschland in Millionen

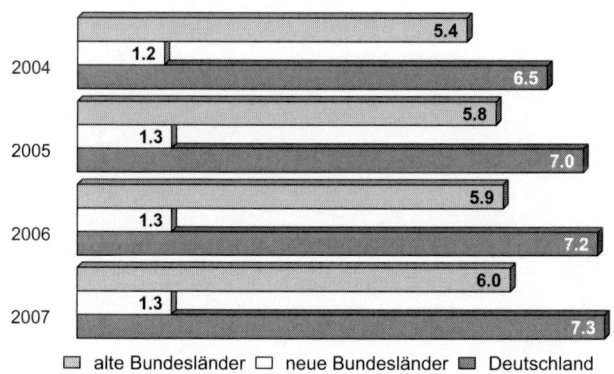

Quelle: Jahresbericht der Wirtschaftsauskunftei Creditreform, Nov.07.
© Jahnke - http://www.jjahnke.net

14025: Arbeitslosengeld: Anteil vom letzten Nettolohn

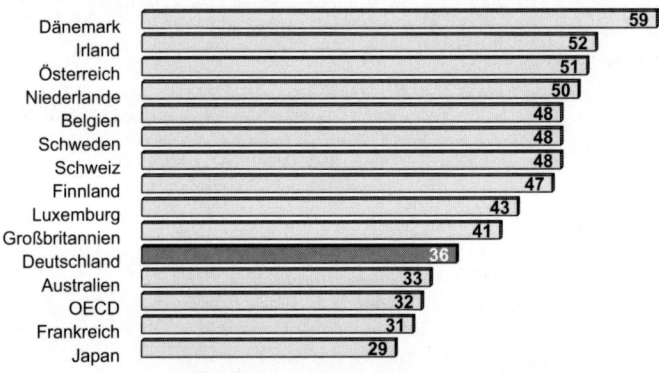

Dänemark	59
Irland	52
Österreich	51
Niederlande	50
Belgien	48
Schweden	48
Schweiz	48
Finnland	47
Luxemburg	43
Großbritannien	41
Deutschland	36
Australien	33
OECD	32
Frankreich	31
Japan	29

Quelle: OECD, Encouraging employment - OECD countries balance benefits, wages and taxes. Nach Steuer einschl. Arbeitslosengeld, Sozialhilfe, Familien- und Wohnhilfen. Ungewichtete Durchschnitte Alleinverdiener nach 60 Monaten Arbeitslosigkeit.
© Jahnke - http://www.jjahnke.net

14026: Arbeitslosengeld: Veränderung in Prozentpunkten 2001 bis 2005

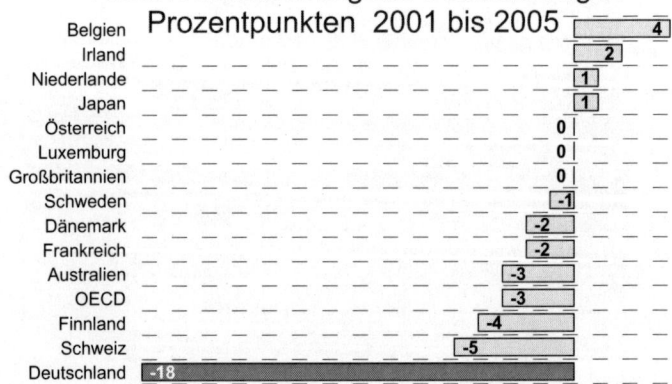

Belgien	4
Irland	2
Niederlande	1
Japan	1
Österreich	0
Luxemburg	0
Großbritannien	0
Schweden	-1
Dänemark	-2
Frankreich	-2
Australien	-3
OECD	-3
Finnland	-4
Schweiz	-5
Deutschland	-18

Quelle: OECD, Encouraging employment - OECD countries balance benefits, wages and taxes. Nach Steuer einschl. Arbeitslosengeld, Sozialhilfe, Familien- und Wohnhilfen. Ungewichtete Durchschnitte Alleinverdiener nach 60 Monaten Arbeitslosigkeit.
© Jahnke - http://www.jjahnke.net

14045: Arbeitnehmerentgelt sowie Unternehmens- u.Vermögenseinkommen

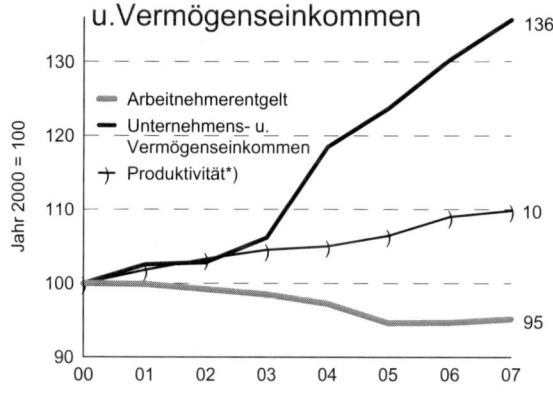

Quelle: Stat.Bundesamt, 15.01.08, Arbeitnehmerentgelt mit Verbraucherpreis-, Unternehmens- und Vermögenseinkommen mit BIP-Inflator bereinigt, *) je Erwerbstätigenstunde. © Jahnke - http://www.jjahnke.net

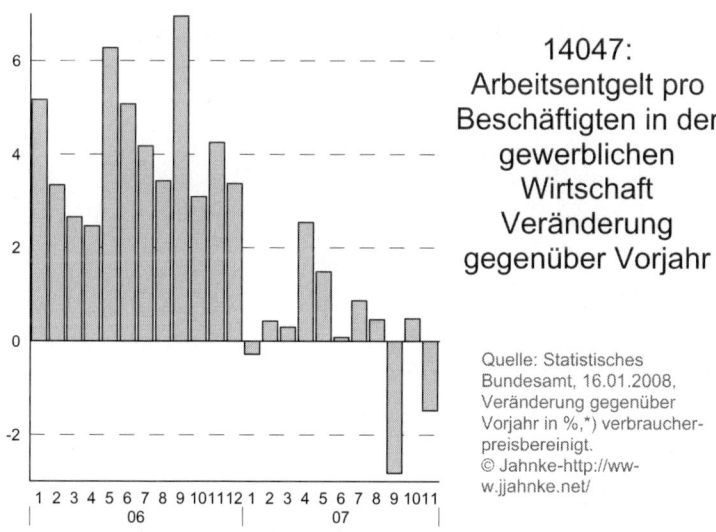

14047: Arbeitsentgelt pro Beschäftigten in der gewerblichen Wirtschaft Veränderung gegenüber Vorjahr

Quelle: Statistisches Bundesamt, 16.01.2008, Veränderung gegenüber Vorjahr in %,*) verbraucherpreisbereinigt. © Jahnke-http://www.jjahnke.net/

163

14023: Einkommenssteigerung Veränderung gegenüber 2002 in %

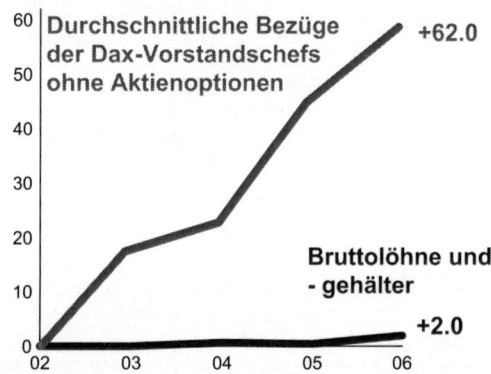

Quelle: Manager Magazin, Statistisches Bundesamt. © Jahnke - http://www.jjahnke.net

14021: Gehälter einschl. Aktienoptionen 2006 Mio Euro

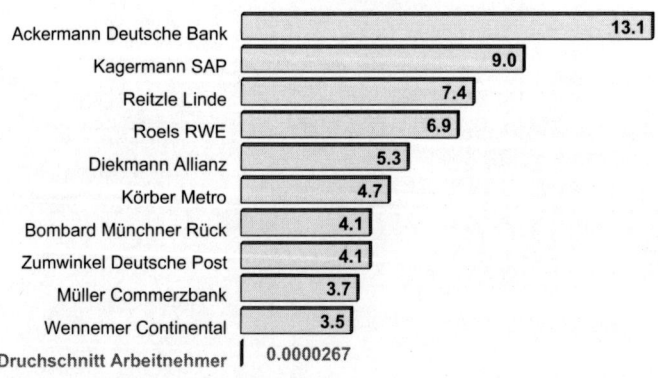

Quelle: Manager Magazin. © Jahnke - http://www.jjahnke.net

14022: Gehälter einschl. Aktienoptionen 2006 Veränderung zum Vorjahr in %

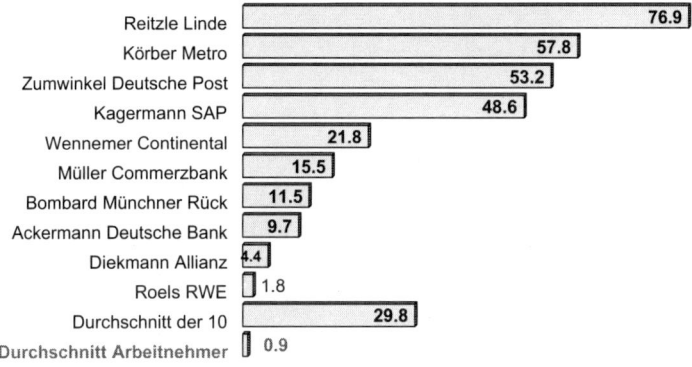

Quelle: Manager Magazin. © Jahnke - http://www.jjahnke.net

14017: Halten Sie die wirtschaftlichen Verhältnisse in Deutschland noch für gerecht?

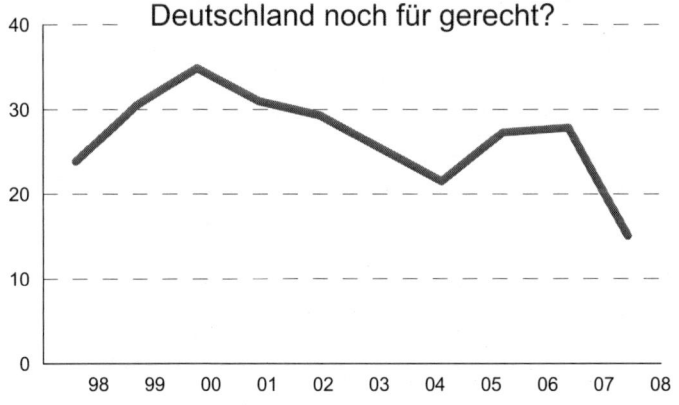

Quelle: Bertelsmann Stiftung, Soziale Gerechtigkeit 2007, 10.12.07.
© Jahnke - http://www.jjahnke.net

14018: Was verstehen Sie unter sozialer Gerechtigkeit?

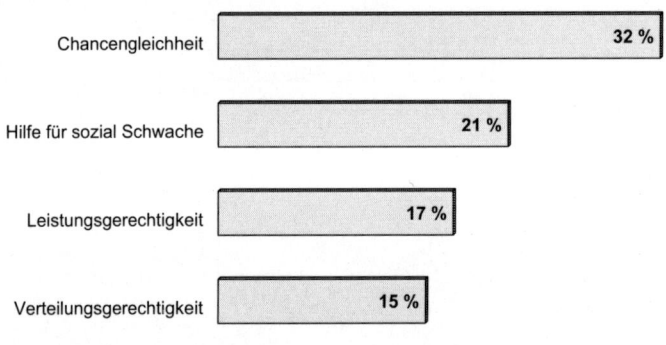

Quelle: Bertelsmann Stiftung, Soziale Gerechtigkeit 2007, 10.12.07.
© Jahnke - http://www.jjahnke.net

14019: Was sollte der Staat tun, um die Verteilungsgerechtigkeit zu verbessern?

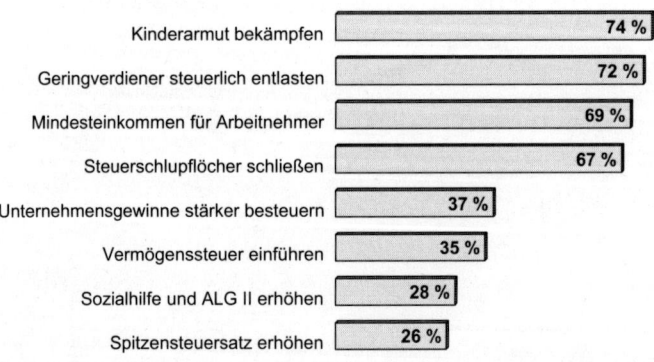

Quelle: Bertelsmann Stiftung, Soziale Gerechtigkeit 2007, 10.12.07,
Mehrfachnennungen möglich. © Jahnke - http://www.jjahnke.net

12382: Leistungsbilanz als %-Anteil am BIP

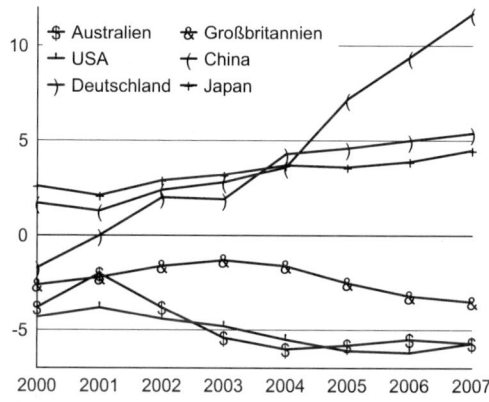

Quelle: IWF, Global Outlook Databank. © Joachim Jahnke - http://www.jjahnke.net/

12933: Leistungsbilanzen in Mrd Dollar

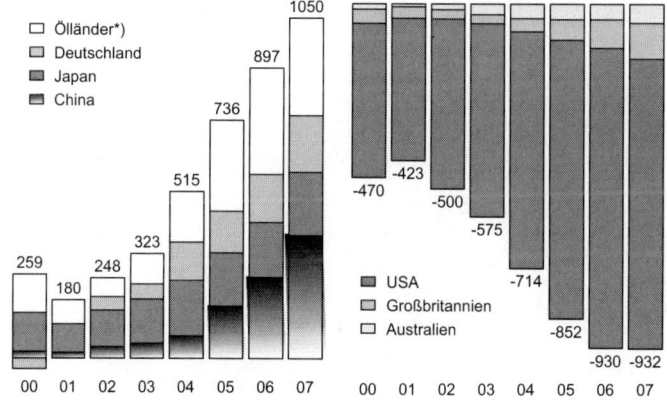

Quelle: IWF, Global Outlook Databank, *) Mittlerer Osten und Rußland.
© Joachim Jahnke - http://www.jjahnke.net/

12043: Absturz der amerikanischen Sparquote

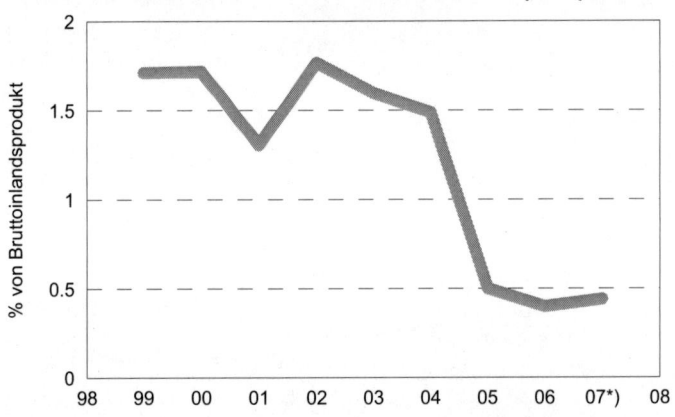

Quelle: US Department of Commerce, Bureau of Economic Analysis. Sparen der privaten Haushalte, 3 Quartale. © Joachim Jahnke - http://www.jjahnke.net/

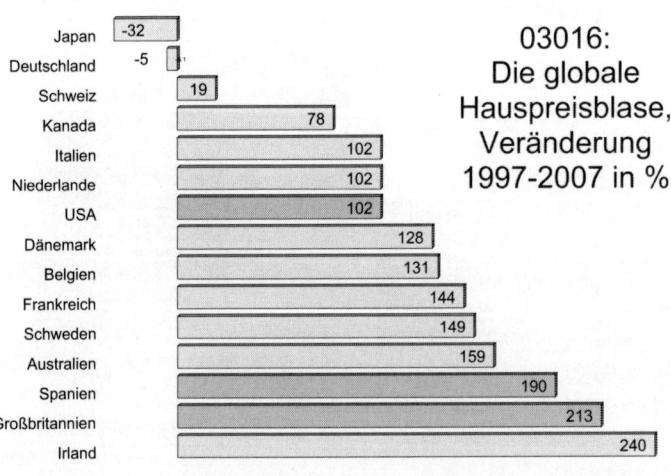

03016:
Die globale
Hauspreisblase,
Veränderung
1997-2007 in %

Japan	-32
Deutschland	-5
Schweiz	19
Kanada	78
Italien	102
Niederlande	102
USA	102
Dänemark	128
Belgien	131
Frankreich	144
Schweden	149
Australien	159
Spanien	190
Großbritannien	213
Irland	240

Quelle: Economist, 6. Dez. 2007. © Joachim Jahnke - http://www.jjahnke.net/

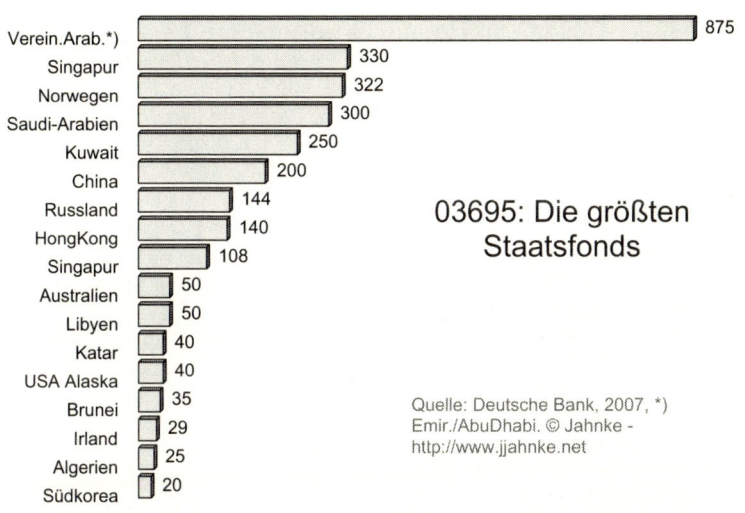

03695: Die größten Staatsfonds

Quelle: Deutsche Bank, 2007, *) Emir./AbuDhabi. © Jahnke - http://www.jjahnke.net

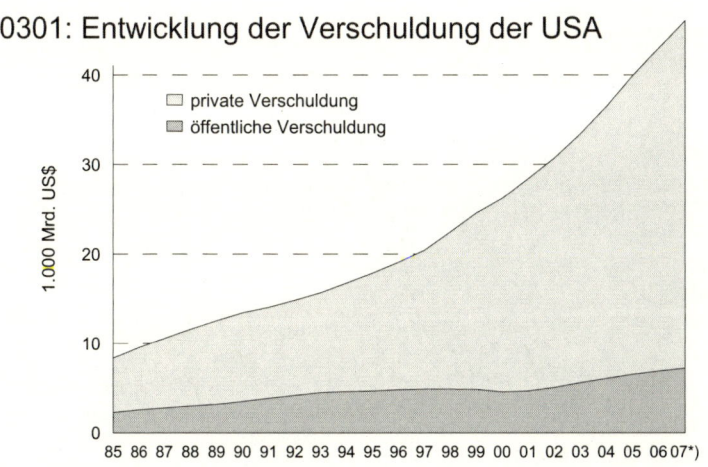

0301: Entwicklung der Verschuldung der USA

Quelle: Private Verschuldung: Federal Reserve, Flow of Funds Accounts, *) 3. Quartal.
© Joachim Jahnke - http://www.jjahnke.net/

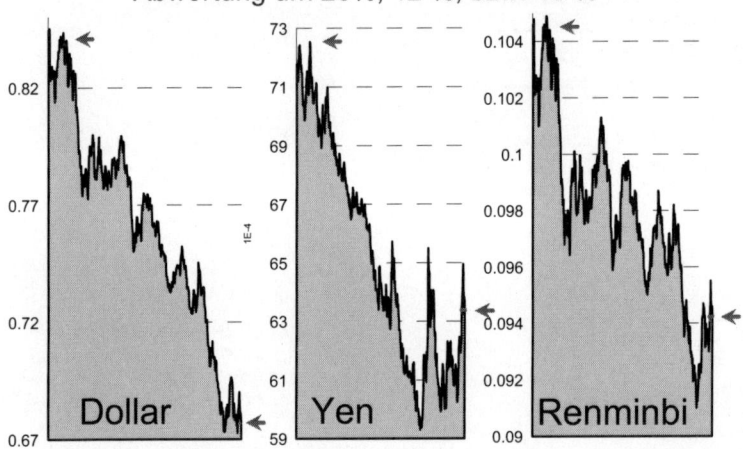

13309: Dollar/Yen/Renminbi-Euro 01.01.06 - 30.01.08
Abwertung um 20%, 12 %, bzw. 10 %

07198: Spot-Rohölpreis
Jan 95 -19. Jan 08

Quelle: Energy Information Agency.
© Joachim Jahnke - http://www.jjahnke.net/

07047: Entwicklung des Welt-Bestands an PKW 1950-2004

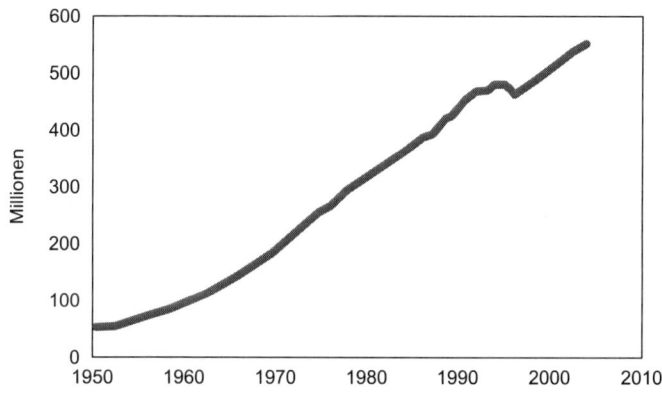

Quelle: World Watch Institute, Vital Signs Facts, 2005.

07201: Leistungsbilanz-überschüsse Mittlerer Osten und Rußland

329.1

281.1

156.2

94.4

59.4

2002 2003 2004 2005 2006

Quelle: IWF, Global Outlook
Databank. © Joachim Jahnke -
http://www.jjahnke.net/

171

Kapitel 10: Raum ohne Volk: Die neoliberale Kindervermeidungsgesellschaft

I. Bestandsaufnahme

Als der Versailler Vertrag den Deutschen Teile des Landes und die Kolonien abschnitt, brach in vielen Köpfen Platzangst aus. Seit 1920 arbeitete Hans Grimm an seinem monumentalen Werk „Volk ohne Raum", das am Ende nahezu 1300 Seiten umfasste und zu den am häufigsten verkauften Büchern in der Weimarer Republik zählte. Bis zur „Machtergreifung" im Jahr 1933 wurden etwa 200.000 Exemplare verkauft. Grimms Werk wurde schon mit seinem Titel zur literarischen Personifikation des „Blut- und Boden"-Mythos und stellte mit seinem Inhalt die propagandistische Rechtfertigung der aggressiven Eroberungspolitik des nationalsozialistischen Deutschland.

Wie anders ist die Situation heute. Das Statistische Bundesamt meldet eine immer mehr fallende Geburtenrate, seit dem Jahr 2000 von 1,4 Kindern pro Frau auf nur noch 1,3 im Jahr 2006 (Abb. 04579). Dabei ist die Geburtenrate bei jüngeren Frauen besonders stark gefallen und in die höheren Altersgruppen verdrängt worden, wo die Fruchtbarkeit ohnehin geringer ist (Abb. 14008). Besonders zurück geht auch die Zahl der Mütter mit mehreren Kindern (Abb. 04785).

Der negative Trend hält schon seit der Jahrtausendwende an. Dabei war das Gesamtbild zunächst durch die Erholung der Entwicklung in den Neuen Ländern von sehr tiefem Niveau „verschönt".

Der Wert für das Altbundesgebiet ist dagegen erheblich gefallen, gegenüber dem Jahr 2000 bereits um 5 % (Abb. 04950).

Die Konsequenzen liegen auf der Hand. Deutschland wird ein Raum mit immer weniger Volk. Nach der 11. Koordinierten Bevölkerungsvorausberechnung von 2006 wird die Gesamtbevölkerung Deutschlands bis 2050 um etwa 15 Millionen abnehmen (Abb. 04631). Dabei verdoppelt sich der Altenberg im Verhältnis zu denen im Erwerbsalter - auch dies keine gute Perspektive. Neben den finanziellen Belastungen wird der Hauptnachteil einer so stark alternden Bevölkerung in dem Verlust an Risikobereitschaft und Kreativität, den der Altersprozeß unvermeidbar mit sich bringt, zu befürchten sein.

Zu allem Überfluß wird der Bevölkerungsrückgang und Altersaufbau auch noch recht ungleichmäßig verteilt sein. Er trifft die neuen Bundesländer (NBL) ganz besonders. Schon im Zeitraum zwischen 1991 und 2006 sind 1,4 Millionen Menschen oder fast 10 % der Bevölkerung aus den NBL nach Westen abgewandert (netto nach Zuwanderung). Im Jahr 2006 zogen erneut 136.000 Personen in die alten Länder und nur 82.000 Menschen in die umgekehrte Richtung.

Nach einer 2005 veröffentlichten Studie der Kreditanstalt für Wiederaufbau (KfW) gehören die meisten Abwanderer den jüngeren Generationen an, was die Situation noch verschlimmert (Abb. 10011). 2004 waren mehr als die Hälfte der Abwanderer zwischen 18 und 30 Jahre alt. Der Anteil der Frauen ist besonders hoch, besonders auch in Altersgruppen, in denen Familien gegründet werden (Abb. 10007). Die Abwanderung ist außerdem bei denen mit der besseren Schulbildung konzentriert (Abb. 10008).

Nach den ergänzenden Daten zur 11. Bevölkerungsvorausberechnung von 2007 werden die NBL bis 2050 fast die Hälfte der Bevölkerung im Erwerbsalter verlieren (Abb. 10021). Der Altenquotient wird auf 80 %, der Jugend- und Altenquotient auf 105 % steigen (Abb. 10027), d.h. auf jeden Erwerbstätigen werden etwas mehr Alte und Junge kommen, die von ihm unterhalten werden müssen. Laut der Studie der Kreditanstalt für Wiederaufbau wird für viele Betriebe der Mangel an gut qualifizierten Menschen zur Existenzfrage, für ausländische Investoren zu einem Standortnachteil. Zu ähnlichen Ergebnissen kommt das Institut für Arbeitsmarkt- und Berufsforschung der Bundesagentur für Arbeit in einem Kurzbericht vom Oktober 2005 (Abb. 10006).

II. Was sagt uns ein Blick über die Grenzen in Westeuropa?

Im internationalen Vergleich liegt die deutsche Geburtenziffer am absoluten Ende, auch wenn bei den meisten Ländern die Geburtenrate nachgelassen hat (Abb. 04047). Wie geburtenunfreundlich Deutschland geworden ist, zeigt besonders der Blick über den Rhein nach Frankreich, wo der französische Wert um mehr als die Hälfte höher liegt. Auch der Blick über die 10 Jahre 1997 - 2006 ergibt das gleiche traurige Bild (Abb. 12935).

Abb. 12353 zeigt, wie als Folge der besonders niedrigen Geburtenrate der Anteil derer unter 30 Jahren in Deutschland mit wenig über 30 % erheblich niedriger ausfällt als in fast allen anderen EU-Ländern und der Schweiz.

III. Warum die Funkstille in deutschen Betten?

Nun gibt es in Deutschland seltsame Stimmen, die die bedrückenden demographischen Daten als Stimmungsmache der Versicherungsindustrie beiseite schieben. Doch keiner, der sich damit seriös befassen will, kommt daran vorbei, nach anderen Erklärungen zu suchen. Eigenartigerweise paßt der internationale Vergleich über die Jahre recht gut zu entsprechenden Darstellungen in der Wirtschafts- und Sozialentwicklung, z. B. zur Entwicklung der Nachfrage der privaten Haushalte, des Einzelhandelsumsatzes, der Arbeitskosten oder der Stücklohnkosten. Überall fällt Deutschland unten heraus. Es scheint so, als pfeife der neoliberale Wind besonders scharf durch deutsche Betten. Besorgte, verängstigte, gehetzte, oder arbeitslose Menschen verlieren ihre Fruchtbarkeit schneller als anderswo.

Trotz aller Sprüche aus der Politik ist Deutschland eine Kindervermeidungsgesellschaft geworden. Das beweist nicht zuletzt das Schicksal eines großen Teils der Kinder, die noch in Deutschland geboren werden. Kinder sind die Zukunft der Gesellschaft. Doch diese Zukunft sieht nach dem Kinderreport Deutschland 2007 des Kinderhilfswerks, mit dem die Entwicklung seit 1965 nachgezeichnet wird, schlimm aus. Vor 42 Jahren war nur jedes 75. Kind unter sieben Jahren zeitweise oder dauerhaft auf Sozialhilfe angewiesen, 2006 war es jedes sechste Kind. Die materielle Armut von Kindern hat sich damit etwa alle zehn Jahre verdoppelt. Die Zahl der armen Kinder ist innerhalb von 40 Jahren um das 16-Fache gestiegen.

Besonders ungünstig haben sich die Hartz-IV-Gesetze als Teil der Schröder'schen Reformen auf die Situation der Kinder ausgewirkt: Die Zahl der auf Sozialhilfe angewiesenen Jungen und Mäd-

chen hat sich dadurch auf mehr als 2,5 Millionen verdoppelt. Laut
Report gelten nun schon 14 Prozent aller Kinder offiziell als arm.
Schätzungsweise 5,9 Millionen leben in Haushalten mit einem Jahreseinkommen der Eltern von bis zu 15.300 Euro - das sind rund
ein Drittel aller kindergeldberechtigten Kinder.

Sozial benachteiligte Kinder ernähren sich ungesünder, bewegen sich weniger, bleiben immer häufiger in isolierten Wohn-
vierteln unter sich, ohne gute Schulen, Ausbildungsmöglichkeiten
und ausreichend soziale Unterstützung. Gerade die vielfach fehlen-
den Bildungschancen sind ein Problem, das „Armutskarrieren" pro-
grammiert. Schon jedes dritte Kind wies bei seiner Einschulung
2004 therapiepflichtige Entwicklungsstörungen oder Verhaltensauf-
fälligkeiten auf. Jedes vierte Schulkind hat die Schule „ohne Be-
herrschung des Mindestmaßes an Kulturtechnik" verlassen, die
selbst Hilfsarbeiten voraussetzen - mit stark steigender Tendenz.
Deutschland nimmt dem Bericht zufolge wegen seiner Familien-
und Bildungsverarmung im Kreis der Industrienationen eine negative Spitzenstellung ein. Auch der amtliche Familienbericht von 2006
zeigt das. Danach machten die öffentlichen Ausgaben für Familien
in Deutschland 1,9 Prozent des Bruttoinlandsprodukts, im EU-
Durchschnitt dagegen 2,1 Prozent aus (Abbildung 12934).

Eine neue vergleichende Studie der OECD „Babies and Bosses, Reconciling Work and Family Life" erlaubt einen weiteren
wichtigen Einblick in die wirtschaftlichen Hintergründe. Dabei wurden Fruchtbarkeitsraten, Beschäftigungsraten der Frauen,
Beschäftigungsraten der Alleinerzieher, Kindergartenbesuch,
Kinderarmut und die Minderentlohnung der Frauen international
verglichen. Viermal schneidet Deutschland unterdurchschnittlich ab,
zweimal durschnittlich und niemals überdurchschnittlich (Abb.
12947). Ich habe das mal in Punkte umgerechnet: Deutschland

liegt vor Italien am Ende des Vergleichsfeldes, und berücksichtigt man die Entwicklung der Kinderarmut seit dem Vergleichsjahr 2000, die besonders wegen Hartz IV sehr ungünstig verläuft, mit Sicherheit am absoluten Ende (Abb. 12948). Man beachte die exzellente Platzierung der Skandinavier.

Nun habe ich mir den makabren Spaß erlaubt und diesen Punktekatalog gegen die Geburtenrate gespiegelt. Das meiste läuft in der Tat synchron, wenn man mal die beiden Ausrutscher Irland (immer schon sehr kinderstark) und Großbritannien (viele Kinder in der kopfstarken Unterklasse mit einer mehr als doppelt so hohen Geburtenrate von minderjährigen Müttern wie in Deutschland) übersieht (Abb. 12950). Sollte da nicht was zusammenhängen?

In den Finanzaufwendungen für Familien gemessen als Anteil am Bruttoinlandsprodukt liegt Deutschland übrigens auf Platz 11 von 19, davon bei den Barleistungen erst auf Platz 12 (Abb. 12949). Besonders schlecht schneidet Deutschland beim Beschäftigungsanteil von Alleinerziehern (Abb. 12951) und bei den Kindergartenplätzen für Kinder unter drei Jahren ab (Abb. 12952). Wenn es noch weiterer Beweise für die wirtschaftliche und soziale Verankerung der Kindervermeidungsgesellschaft bedurft hätte, hier sind sie.

Fazit für Dummies:

Man kann die Zukunft Deutschlands nicht besser verspielen als mit einer neoliberalen Sozial- und Familienpolitik.

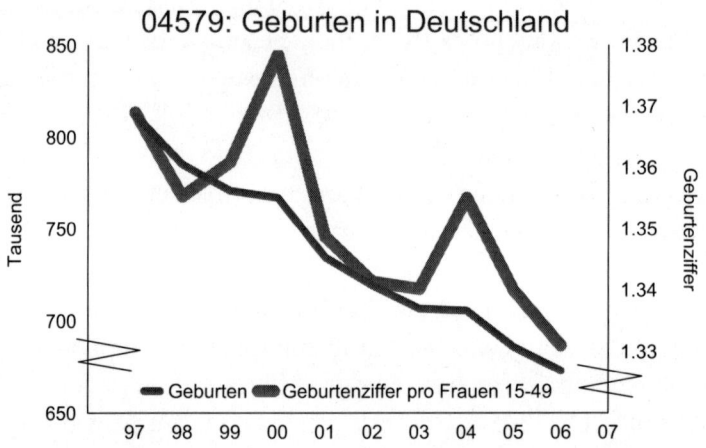

Quelle: Statistisches Bundesamt 19.11.07, *) 1. Quartal 07. © Jahnke - http://www.jjahnke.net/

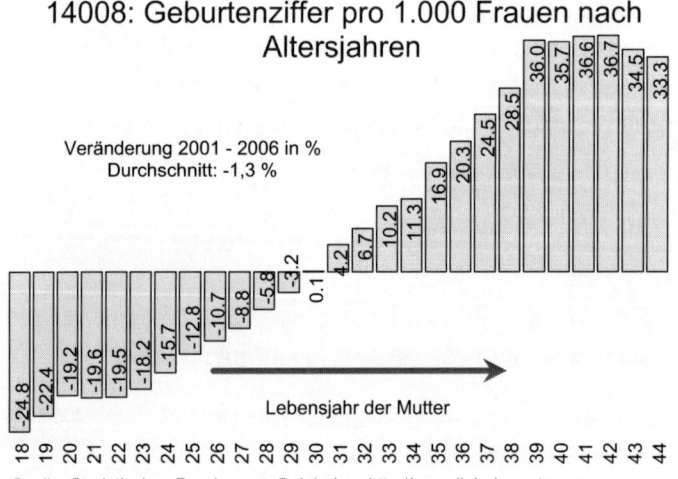

Quelle: Statistisches Bundesamt. © Jahnke - http://www.jjahnke.net

178

04785: Immer weniger Mütter mit Kleinkindern

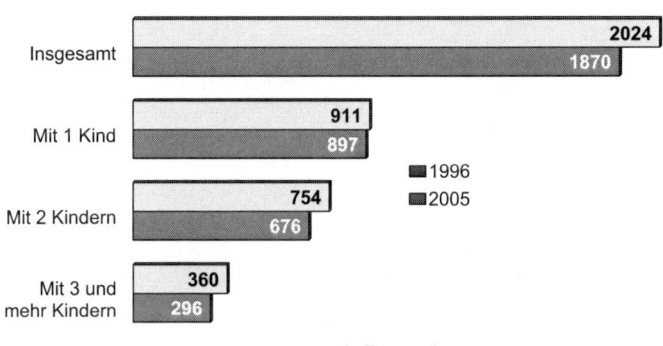

in Tausend

Quelle: Statistisches Bundesamt, 11.05.07, Mütter im erwerbsfähigen Alter mit
jüngstem Kind unter 3 Jahren nach Zahl der Kinder. © Jahnke -
http://www.jjahnke.net

04950: Zusammengefaßte Geburtenziffer

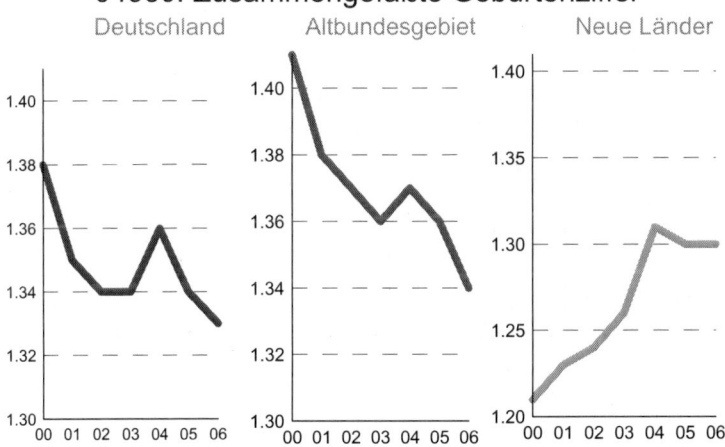

Quelle: Statistisches Bundesamt, 10.09.07. © Jahnke - http://www.jjahnke.net

04631: Entwicklung der Bevölkerungszahl in Deutschland

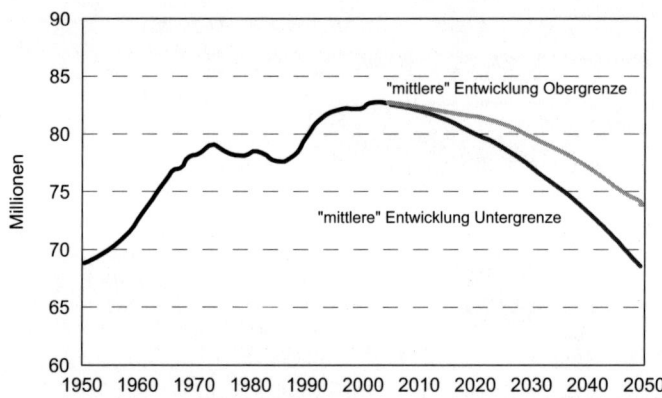

Quelle: Statistisches Bundesamt, 11. Koordinierte Bevölkerungsvorausberechnung 2006

10011: Abwanderer aus den NBL nach Altersgruppen 1991 - 2004 (ohne Berlin)

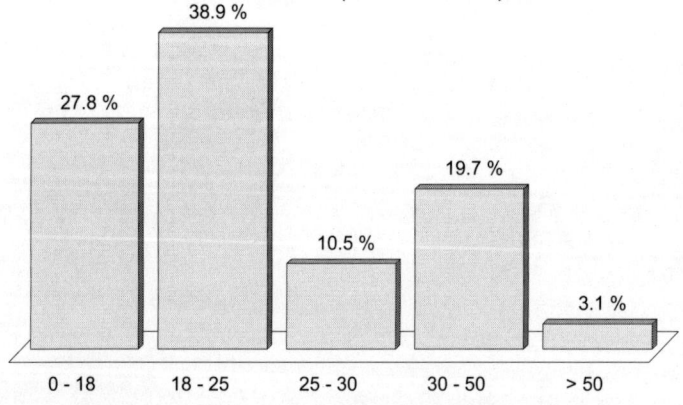

Quelle: KfW-Studie: 15 Jahre Deutsche Einheit. © Joachim Jahnke -
http://www.jjahnke.net/

10007: Abwanderer aus den NBL - Frauenanteil 1991 - 2004 (ohne Berlin)

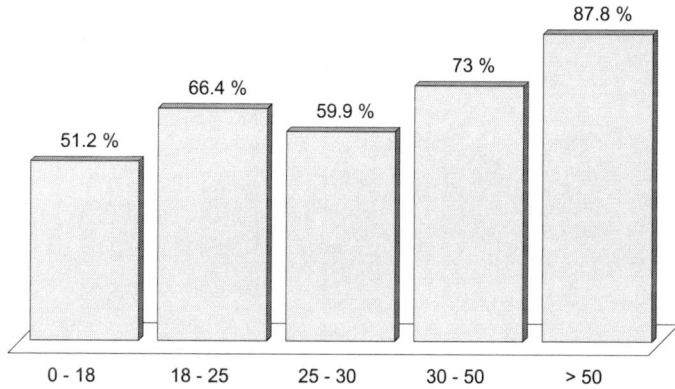

Quelle: KfW-Studie: 15 Jahre Deutsche Einheit. © Joachim Jahnke -
http://www.jjahnke.net/

10008: Schulbildung der Abwanderer am Beispiel Sachsens

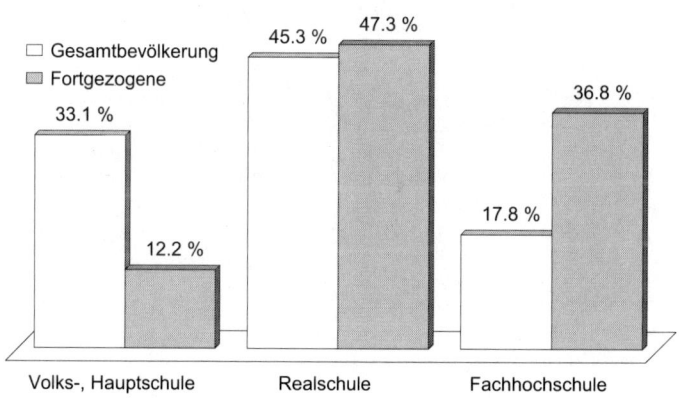

Quelle: KfW-Studie: 15 Jahre Deutsche Einheit. © Joachim Jahnke -
http://www.jjahnke.net/

10021: NBL -11. Bevölkerungsvorausberechnung

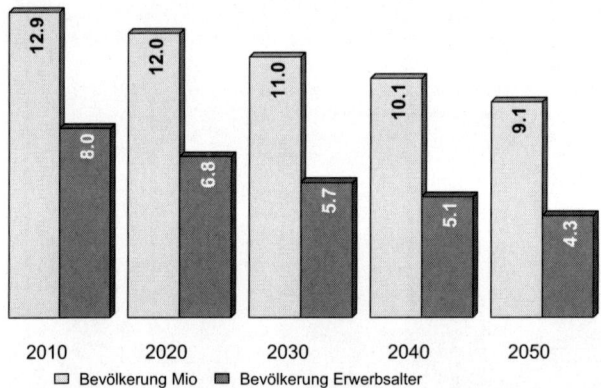

Quelle: Statistisches Bundesamt, Pressemitteilung 22.05.07.
© Jahnke - http://www.jjahnke.net

10027: NBL -11. Bevölkerungsvorausberechnung

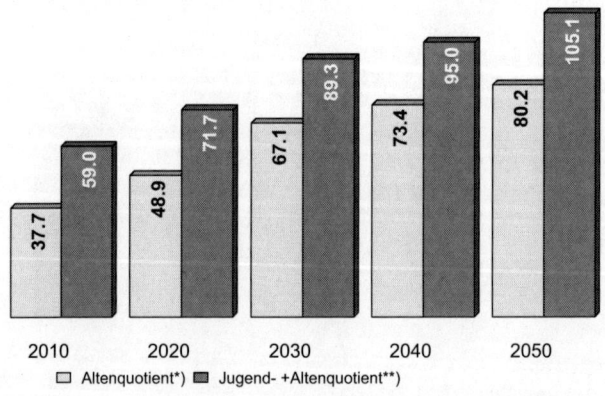

Quelle: Statistisches Bundesamt, Pressemitteilung 22.05.07, *) 65 Jahre und mehr
auf 100 Personen im erwerbsfähigen Alter, **) dasselbe einschl. unter 20 Jahre .
© Jahnke - http://www.jjahnke.net

10006: Erwerbsbevölkerung in den Neuen Bundesländern

Quelle: Institut für Berufsforschung der Bundesagentur für Arbeit, 28. Oktober 2005.
© Joachim Jahnke - http://www.jjahnke.net/

04047: Fruchtbarkeitsraten (Kinder pro Frau) 2006

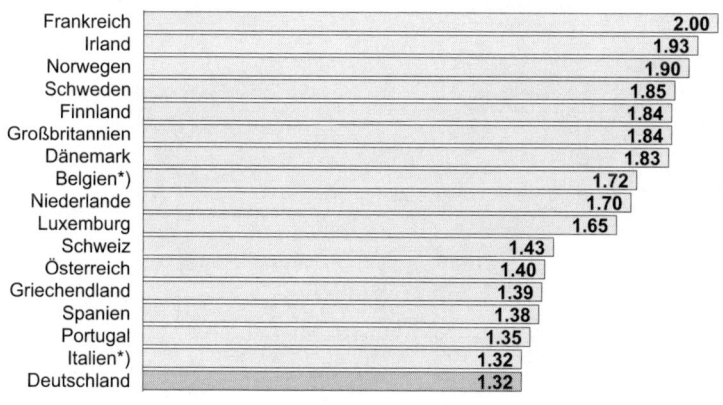

Quelle: Eurostat, *) 2005. © Jahnke - http://www.jjahnke.net/

183

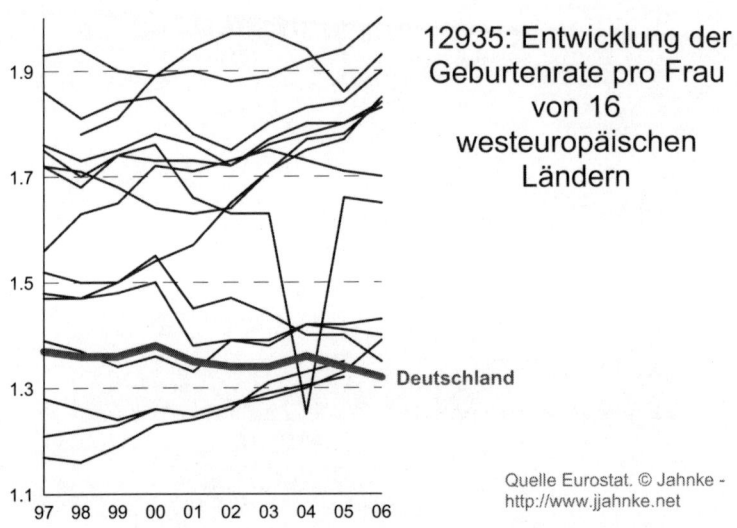

1.9
1.7
1.5
1.3
1.1

97 98 99 00 01 02 03 04 05 06

12935: Entwicklung der
Geburtenrate pro Frau
von 16
westeuropäischen
Ländern

Deutschland

Quelle Eurostat. © Jahnke -
http://www.jjahnke.net

12353: Anteil derer unter 30 an Gesamtbevölkerung in % 2006

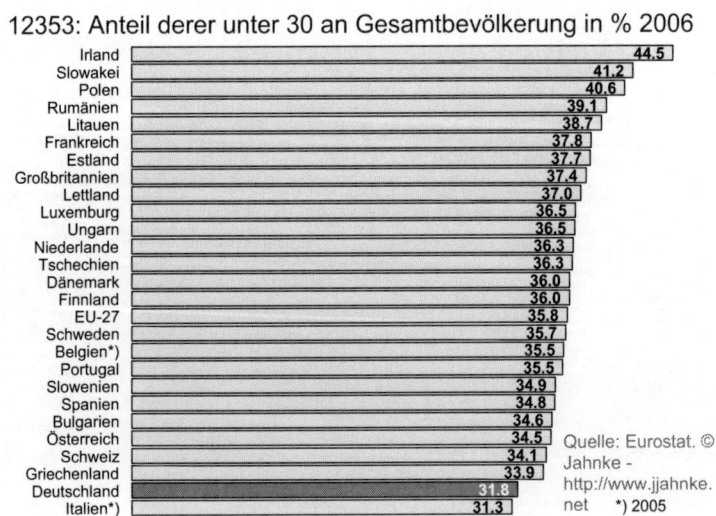

Irland	44,5
Slowakei	41,2
Polen	40,6
Rumänien	39,1
Litauen	38,7
Frankreich	37,8
Estland	37,7
Großbritannien	37,4
Lettland	37,0
Luxemburg	36,5
Ungarn	36,5
Niederlande	36,3
Tschechien	36,3
Dänemark	36,0
Finnland	36,0
EU-27	35,8
Schweden	35,7
Belgien*)	35,5
Portugal	35,5
Slowenien	34,9
Spanien	34,8
Bulgarien	34,6
Österreich	34,5
Schweiz	34,1
Griechenland	33,9
Deutschland	31,8
Italien*)	31,3

Quelle: Eurostat. ©
Jahnke -
http://www.jjahnke.
net   *) 2005

12934: Öffentliche Ausgaben für familienbezogene Leistungen in ausgewählten EU-Ländern als Prozentanteil des Bruttoinlandsprodukts

Land	Prozent
Dänemark	3.8
Schweden	2.9
Frankreich	2.8
Großbritannien	2.2
EU-19	2.1
Deutschland	1.9
Niederlande	1.0

Quelle: Bundesregierung, 7. Familienbericht, 2006.
© Jahnke - http://www.jjahnke.net

12947: OECD-Vergleich

○ durchschnittlich　　◖+ besser als Durchschnitt　　◑- schlechter als Durchschnitt

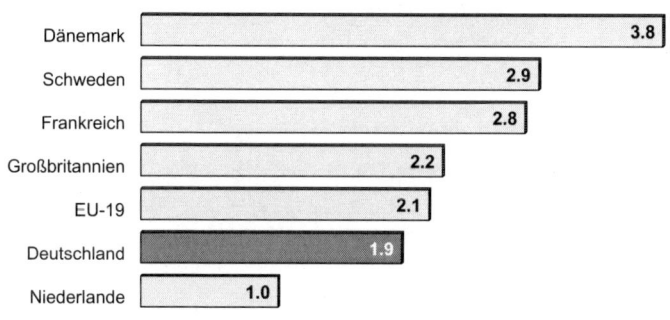

	Fruchtbarkeits-rate 05	Beschäftigungs-rate Frauen 06	Beschäftigungsrate Alleinerzieher 05/06	Kindergartenbe-such <3 J. 04/06	Kinderarmut 2000	Minderentloh-nung Frauen 04
Österreich	◑-	◖+	○	◑-	○	○
Belgien	○	○	◑-	◖+	◖+	◖+
Dänemark	◖+	◖+	◖+	◖+	◖+	◖+
Finnland	◖+	◖+	○	◖+	◖+	○
Frankreich	◖+	○	○	○	◖+	◖+
Deutschland	◑-	○	◑-	◑-	○	◑-
Irland	◖+	○	◑-	○	◑-	○
Italien	◑-	◑-	◖+	◑-	◑-	
Japan	◑-	○	◖+	○	○	◑-
Luxemburg	○	○	◖+	○		
Niederlande	○	◖+	◑-	○	○	○
Norwegen	◖+	◖+	○	◖+	◖+	
Spanien	◑-	○	◖+	○	◑-	○
Schweden	○	◖+	◖+	◖+	◖+	○
Schweiz	◑-	◖+	◖+	○	◖+	○
Großbritannien	◖+	◖+	◑-	○	◑-	○
USA	◖+	◖+	○	◖+	◑-	○

Quelle: OECD, Babies and Bosses - Reconciling Work and Family Life, 29.11.07.
© Jahnke - http://www.jjahnke.net

185

12948: Punkte bei durchschnittl.=2, besser=3, schlechter=1

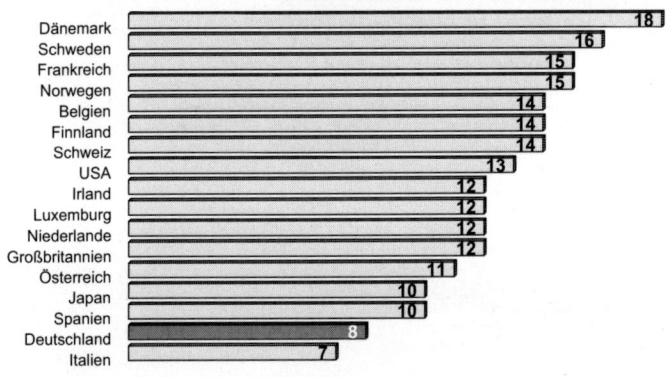

Quelle: OECD, Babies and Bosses - Reconciling Work and Family Life, 29.11.07.
© Jahnke - http://www.jjahnke.net

12950: Fruchtbarkeitsraten - Länder geordnet nach Fürsorgepunkten

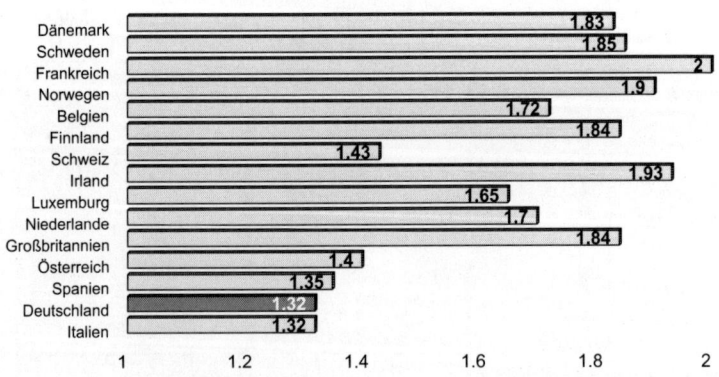

Quelle: Eurostat. © Jahnke - http://www.jjahnke.net

12949: Familienausgaben in % des BIP 2003

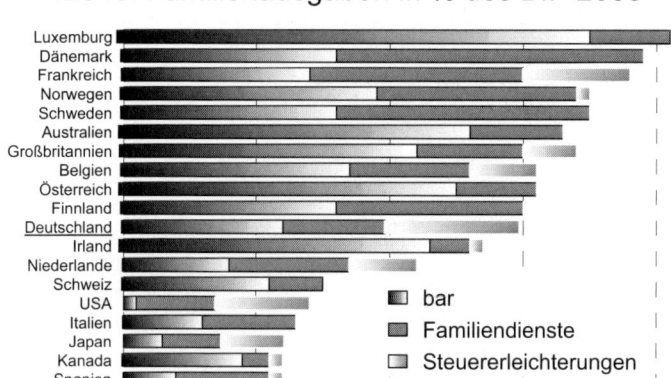

Quelle: OECD, Babies and Bosses - Reconciling Work and Family Life, 29.11.07.
© Jahnke - http://www.jjahnke.net

12951: Beschäftigungsraten der Alleinerzieher

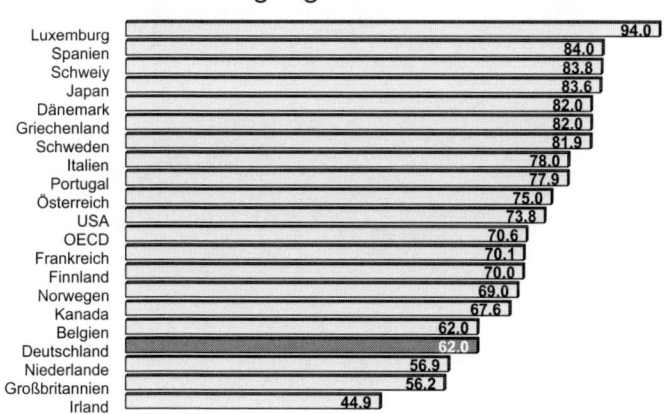

Quelle: OECD, Babies and Bosses - Reconciling Work and Family Life, 29.11.07.
© Jahnke - http://www.jjahnke.net

12952: Anteil der Kinder unter 3 Jahren mit Kindergartenplatz

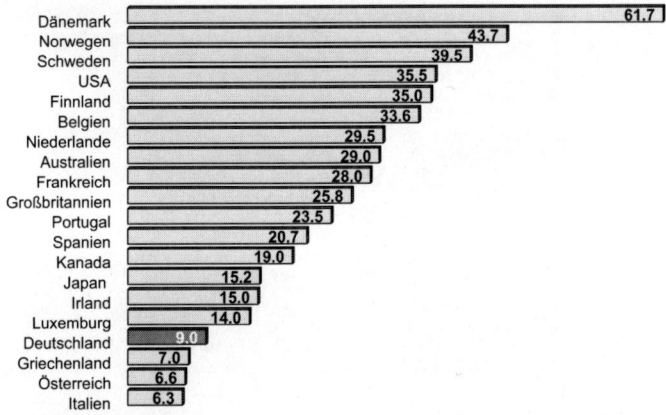

Dänemark	61.7
Norwegen	43.7
Schweden	39.5
USA	35.5
Finnland	35.0
Belgien	33.6
Niederlande	29.5
Australien	29.0
Frankreich	28.0
Großbritannien	25.8
Portugal	23.5
Spanien	20.7
Kanada	19.0
Japan	15.2
Irland	15.0
Luxemburg	14.0
Deutschland	9.0
Griechenland	7.0
Österreich	6.6
Italien	6.3

Quelle: OECD, Babies and Bosses - Reconciling Work and Family Life, 29.11.07.
© Jahnke - http://www.jjahnke.net

Kapitel 11: Bildung neoliberal - nur noch für Kinder von Besserverdienern?

Ich ging in den fünfziger Jahren in Berlin zur Schule. Damals kam es zu der ersten Welle an großer Bildungsreform für eine Breitenbildung jenseits der sozialen Schranken. Eltern aus einfacheren Verhältnissen wurden in großer Zahl durch Hausbesuche und anders animiert, ihren Kindern bei Eignung die Chancen besserer Schulbildung einzuräumen. Schulbücher wurden kostenfrei gemacht, und es gab auch andere Unterstützungen. Bildung war auf einmal nicht mehr das Privileg der Wohlhabenden und Besserverdiener.

Vieles von dem, was in langen Jahren an Chancengleichheit aufgemacht wurde, wird heute wieder zurückgedreht. Deutschland spart anders als die meisten Vergleichsländer auch an der Finanzierung der Bildung. Studiengebühren werden wieder eingeführt. Die Bildungsspur wird immer enger. Die Politiker reden noch von Chancengleichheit, schon weil die Vermögens- und Einkommensverhältnisse mit staatlicher Unterstützung immer ungleicher werden. Doch jenseits des Lippenbekenntnisses sieht die neoliberale Wirklichkeit schon ganz anders aus.

Dies geschieht ausgerechnet zur gleichen Zeit, da der Kampf um wirtschaftlichen Wohlstand und relative Vorteile im internationalen Wettbewerb verstärkt über Investitionen ins Bildungssystem ausgetragen wird. Vor allem die Länder Asiens werfen enorme Mittel in ihre Bildungssysteme und greifen damit den Rest der Welt in der Konkurrenz nicht nur am unteren Ende der einfachen Produkte sondern auch in Hightech und wertvollen Dienstleistungen an. Allein in China und Indien kommen jedes Jahr 4 Millionen Hochschulabsolventen dazu, schon jetzt wesentlich mehr als die 3,2 Millionen in Europa; für ganz Asien sind es ca 7,5 Millionen.

In dieser Situation ist der OECD-Bildungsbericht vom September 2007 aufrüttelnd. Er zeigt deutlich, wie Deutschland seine Zukunft verspielt. Hier einige Zitate von Angel Gurría, Generalsekretär der OECD, bei der Vorstellung des Berichts in Berlin:

»» Vergleicht man aber die Gesamtheit der tertiären Bildungsabschlüsse (Studium) der Generation, die sich dem Rentenalter nähert, mit dem Qualifikationsniveau der 25- bis 34-Jährigen, so ist Deutschland von Rang 10 auf Rang 22 zurückgefallen, und zwar vor allem deshalb, weil die Abschlussquoten im tertiären Bildungsbereich andernorts so viel rascher gestiegen sind. In den letzten zehn Jahren haben die Immatrikulationen für tertiäre Bildungsgänge OECD-weit um durchschnittlich 41 % und die Ausgaben für die Tertiärbildung um 55 % zugenommen. Demgegenüber sind die Immatrikulationen in Deutschland um gerade einmal 5 % und die Ausgaben um 12 % gestiegen.

»» Zu der ohnehin geringen Bildungsbeteiligung im Hochschulsektor kommt noch hinzu, daß ein großer Teil der Studierenden die Ausbildung ohne Abschluß abbricht. Bei den traditionellen fünf- bis sechsjährigen Studiengängen in Deutschland wird mit 35% eine hohe Abbrecherquote verzeichnet.

»» Deutschland gibt pro Studierenden im Tertiärbereich weniger aus als der OECD-Durchschnitt und weniger als die Hälfte des Betrags, den die Vereinigten Staaten hierfür aufbringen.

»» Deutschland gehört zu den Ländern, in denen der soziale Hintergrund den größten Einfluss auf die Bildungsbeteiligung im Tertiärbereich hat: So haben nur 16 % der Studierenden in Deutschland einen Vater, der Arbeiter ist. Bereits im Alter von zehn Jahren werden Schulkinder auf die verschiedenen Zweige des Schulsystems verteilt, wobei Kinder aus sozial benachteiligten Familien häufig an Zweige verwiesen werden, in denen die Leistungserwartungen niedriger sind. Das zeigt sich auch an den schwachen schulischen Leistungen von Schülerinnen und Schülern mit Migrationshintergrund.

»» Die Mehrheit der deutschen 15-Jährigen zieht eine Hochschul- oder Berufsausbildung im tertiären Bereich nicht einmal mehr ernsthaft in Betracht: Lediglich 21 % der Mädchen und 18 % der Jungen streben einen tertiären Bildungsabschluss an. Diese Zahlen sind Besorgnis erregend. In Korea streben nahezu 80 % der 15-Jährigen einen tertiären Bildungsabschluss an. Der OECD-Durchschnitt liegt immer noch über 50 %.

Für uns Dummies geht es bei unserer Analyse um dreierlei: die Finanzierung der Bildung, ihre Qualität und vor allem ihre soziale Durchlässigkeit. Dabei wollen wir im Auge behalten, welchen Beitrag die Bildung zur sozialen Spaltung des Landes leistet, statt die Gräben zuzuschütten.

I. Die Finanzierung der Bildung

Nach der Erhebung durch die OECD schneidet Deutschland bei den Bildungsausgaben in US $ zu Kaufkrafteinheiten pro Schüler/Student nicht besonders gut ab (Abb. 13322). Auch im Verhältnis zum Bruttoinlandsprodukt rangiert Deutschland weit unten und noch unter dem OECD-Durchschnitt (Abb. 13004).

Bei den besonders kritischen Ausgaben pro Grundschüler und für die Unterstufe der Oberschule liegt Deutschland fast ganz am Ende des internationalen Feldes (Abb. 13092, 13093). Die Unterfinanzierung des Bildungssystems findet damit vor allem bei den

Grundschülern und in der Sekundarstufe I statt, also gerade dort, wo die Kinder aus den weniger wohlhabenden Elternhäusern hängen bleiben.

II. Die Qualität der Bildung

Die OECD vergleicht regelmäßig die Bildungssysteme ihrer Mitgliedsländer. Ihre sog. „PISA-Studien" haben in Deutschland wegen des relativ schlechten Abschneidens Schockwellen ausgelöst. Das gilt vor allem im Vergleich zu den vorzüglich abschneidenden skandinavischen Ländern. Im neuesten PISA-Vergleich rangiert Deutschland unter den Industrieländern trotz geringfügiger Verbesserungen bei Lesen (Platz 13 aus 21, Abb. 13359) und Rechnen (Platz 12 aus 22, Abb. 13358) weiter im Mittelfeld, bei Lesen eher im unteren Mittelfeld. Auffällig ist dabei die in Deutschland relativ hohe Leistungsvarianz zwischen Schulen, die sich von dem einheitlicheren Bild z. B. der skandinavischen Länder unterscheidet.

Problematisch ist in Deutschland auch die Situation bei den Hochschulabschlüssen. Während Deutschland bei der Abschlußquote im Sekundärbereich noch relativ gut abschneidet, sieht es mit den Hochschulabschlüssen viel schlechter aus. Deutschland liegt hier mit einer Hochschulabschlußquote von nur 20 % des Jahrgangs weit unter dem OECD-Durchschnitt von 36 % so ziemlich am Ende des Vergleichsfeldes (Abb. 13001). Anders als die meisten anderen Länder hat Deutschland die Abschlußquote zwischen 2000 und 2004 kaum verbessern können. Weniger Akademiker als in Deutschland werden nur noch in einem OECD-Staat ausgebildet: in der Türkei. „Wenn man berücksichtigt, dass künftig geburtenschwache Jahrgänge die Schule verlassen, wird Deutschland den steigenden Bedarf an gut ausgebildeten Fachkräften so nicht befriedigen können", so schon die Studie des vorangegangenen Jahres. Das sei mit Blick auf die Bevölkerungsentwicklung Besorgnis erregend.

Schlimm sieht es bei den natur- und ingenieurwissenschaftlichen Hochschulabschlüssen aus. Niedrige Abschlußquoten in den 80er und 90er Jahren schlagen sich auch in einem niedrigen Anteil von naturwissenschaftlichen Hochschulabsolventen in der Erwerbsbevölkerung nieder. Beim Anteil der naturwissenschaftlichen Absolventen der Hoch- und Fachhochschulen in der Altersgruppe der 25- bis 34-Jährigen liegt Deutschland unter den 28 OECD-Staaten mit vergleichbaren Daten nur an 21. Stelle (Abb. 13002).

Besonders augenöffnend ist ein Vergleich der Anteile von Hochschulabsolventen in der Gruppe der Jüngeren von 25 bis 35 Jahren, also des akademische Nachwuchses. Hier landet Deutschland auf einem der hintersten Plätze (Abb. 13088).

III. Die soziale Durchlässigkeit der Bildung

Die dritte PISA-Studie von 2006 hat erneut belegt, daß in keinem anderen vergleichbaren Industriestaat der Welt der Schulerfolg so abhängig vom Familieneinkommen und der Vorbildung der Eltern wie in Deutschland ist. Das ist im Übrigen auch das Ergebnis des Armutberichts der Bundesregierung von 2004, dem zufolge Kinder von Gutverdienern eine mehr als siebenfach größere Chance, ein Studium aufzunehmen, haben als Kinder aus einem Elternhaus mit niedrigem sozialem Status, relativ wenig Chancengleichheit also.

Nach der OECD-Berechnung entscheidet der soziale Status über das Abschneiden in den Naturwissenschaften deutlich stär-

193

ker als anderswo und nur in vier Länder ist der Zusammenhang noch stärker (Abb. 13356). Der Unterschied in der Leseleistung ist nur in einem einzigen Land noch mehr davon abhängig, ob der Vater das Abitur hat oder nicht (Abb. 13357). Ebenso ist die Wahrscheinlichkeit, keinen Hochschulabschluß zu erreichen, 3,1-mal größer (Abb. 13317). Das ist fast doppelt so hoch wie in Finnland und wird nur noch von Ungarn übertroffen.

Auch weisen Studenten in Deutschland viel häufiger Väter auf, die ebenfalls studiert haben, als es deren Anteil an der Gesamtgeneration entspricht (Abb. 13321).

Ein besonders finsteres Kapitel in Deutschland, das auch die Gesamtsituation beeinflußt, betrifft die Bildung von Immigrantenkindern. Im internationalen Vergleich ist der Anteil der im Ausland geborenen Bevölkerung relativ hoch und wird schon jetzt fast nur von den ausgesprochenen Einwanderungsländern Kanada und Australien übertroffen (Abb. 13285). Entsprechend wichtig ist der Schulerfolg der Immigrantenkinder.

Doch ist nach Feststellungen der OECD bei Immigrantenkindern der zweiten Generation der Abstand in der Leseleistung gegenüber einheimischen Kindern nirgends so groß wie in Deutschland (Abb. 13355). Bei Rechnen ist er nur in zwei Ländern größer (Abb. 13320). Die Chancen von Immigrantenkindern der zweiten Generation, in Deutschland einen Hochschulabschluß zu erreichen sind besonders schlecht (Abb. 13319).

Wie enorm wichtig die schulische Integration von Immigrantenkindern ist, kann man leicht aus wenigen statistischen Daten entnehmen. Im Jahr 2005 lebten von den 15 Millionen Menschen mit Migrationshintergrund 96% im früheren Bundesgebiet und in Berlin. Am höchsten ist ihr Anteil an der Gesamtbevölkerung in Großstädten. Hier erreichen sie sehr hohe Anteile, vor allem in Stuttgart 40%, in Frankfurt am Main 39,5 % und in Nürnberg 37 %. Bei den unter 5-Jährigen liegt dieser Anteil in sechs Städten nun schon bei über 60 %. Insgesamt hat knapp ein Drittel aller Kinder unter fünf Jahren in Deutschland einen Migrationshintergrund.

Abb. 13280 beschreibt diese für die Zukunft Deutschlands wichtige Situation. Dabei kombiniert sich die Konzentration der Immigranten auf Großstädte mit der wesentlich geringeren Kinderzahl der deutschstämmigen Bevölkerung. Die Ergebnisse zeigen weiter, daß Personen mit Migrationshintergrund im Unterschied zur Bevölkerung ohne Migrationshintergrund geringer qualifiziert sind: Fast 10 % haben keinen allgemeinen Schulabschluss (Personen ohne Migrationshintergrund: 1,5 %) und 51 % keinen beruflichen Abschluss (gegenüber 27 %), wie Abb. 13281 zu entnehmen ist.

Fazit für Dummies:

Man wird sagen müssen: In einer Zeit verstärkten globalen Wettbewerbs riskiert Deutschland wegen Schwächen im Bildungssystem zusätzliche Arbeitslosigkeit und seine Wettbewerbsfähigkeit. Wie soll Deutschland als ein Staat, der die Steuern drastisch senkt und dann wegen der Schulden sparen muß, die notwendigen Mittel für die Gestaltung seiner Zukunft finden? Das deutsche Bildungssystem trägt zur sozialen Spaltung des Landes bei, statt über Chancengleichheit die Gräben zuzuschütten.

Da Verbesserungen im Bildungsbereich nur langfristig erreichbar sind und oft zunächst die Qualität des Lehrpersonals verbessert werden muß, ist längst der Punkt erreicht, von dem an die versagende politische Klasse schwere Verantwortung auf sich lädt. Künftige Generationen werden kein Verständnis für die ihnen hinterlassene Situation aufbringen.

13322: Gesamtbildungsausgaben pro Schüler/Student in US$ zu Kaufkrafteinheiten 2004

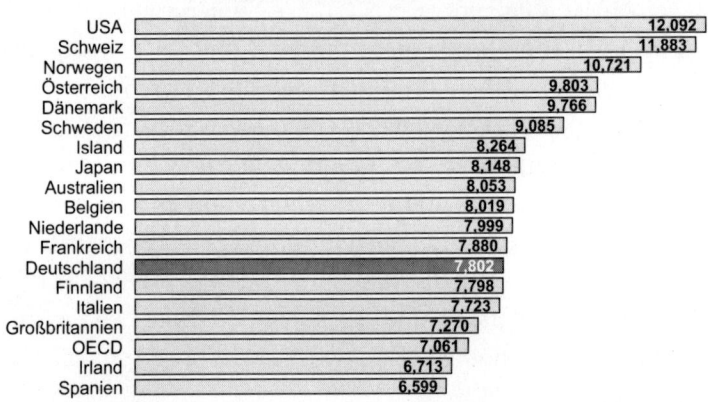

Quelle: OECD, Bildung auf einen Blick 2007. © Joachim Jahnke - http://www.jjahnke.net/

13004: Öffentliche Ausgaben für Bildung in % BIP 2004

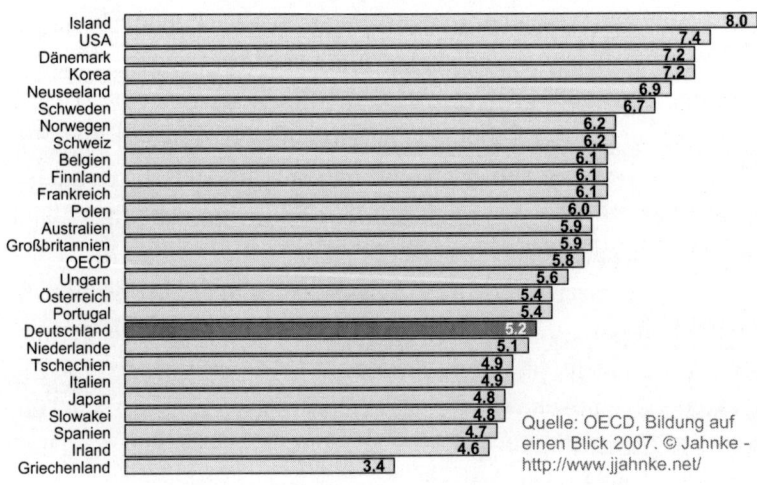

Quelle: OECD, Bildung auf einen Blick 2007. © Jahnke - http://www.jjahnke.net/

13092: Jährliche Bildungsausgaben pro Grundschüler*) 2004

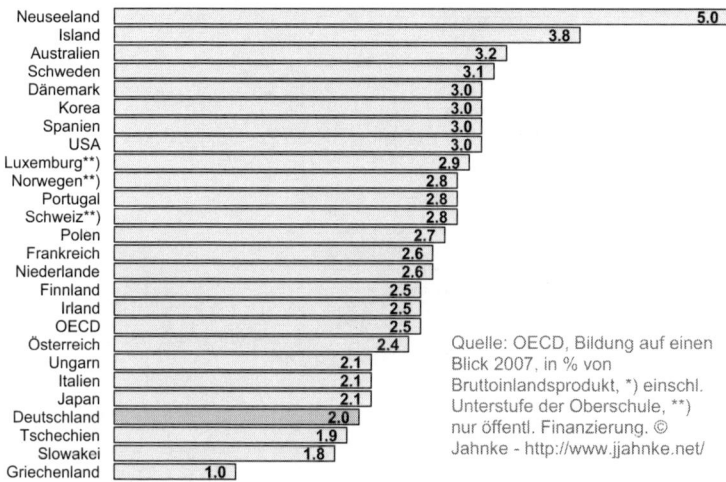

Quelle: OECD, Bildung auf einen Blick 2007, in % von Bruttoinlandsprodukt, *) einschl. Unterstufe der Oberschule, **) nur öffentl. Finanzierung. © Jahnke - http://www.jjahnke.net/

13093: Deutsche Bildungsausgaben 2004 - 2006 Vergleich mit dem OECD-Durchschnitt = 100

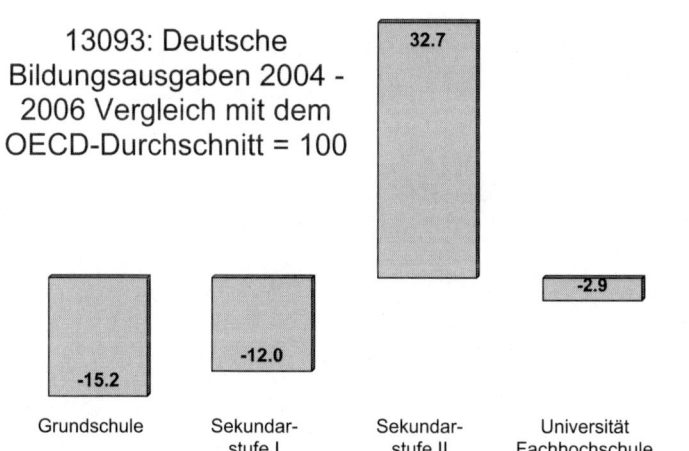

Quelle: OECD Bildung auf einen Blick 2007 (auf US $ Kaufkraftparität).
© Jahnke - http://www.jjahnke.net/

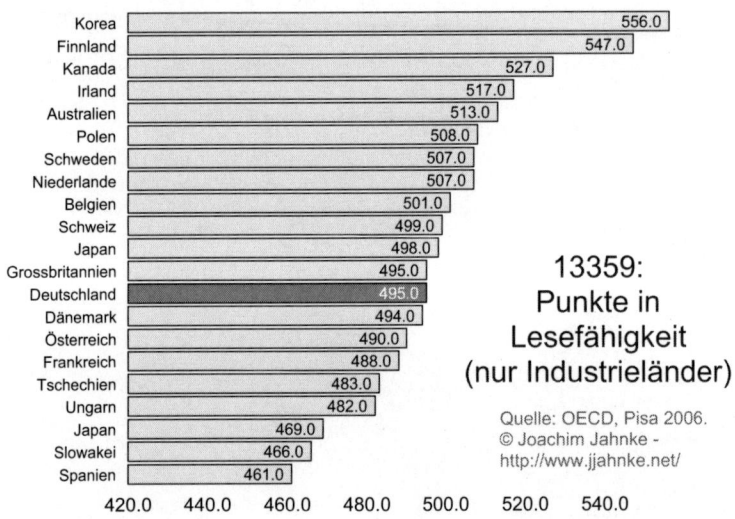

13359:
Punkte in
Lesefähigkeit
(nur Industrieländer)

Quelle: OECD, Pisa 2006.
© Joachim Jahnke -
http://www.jjahnke.net/

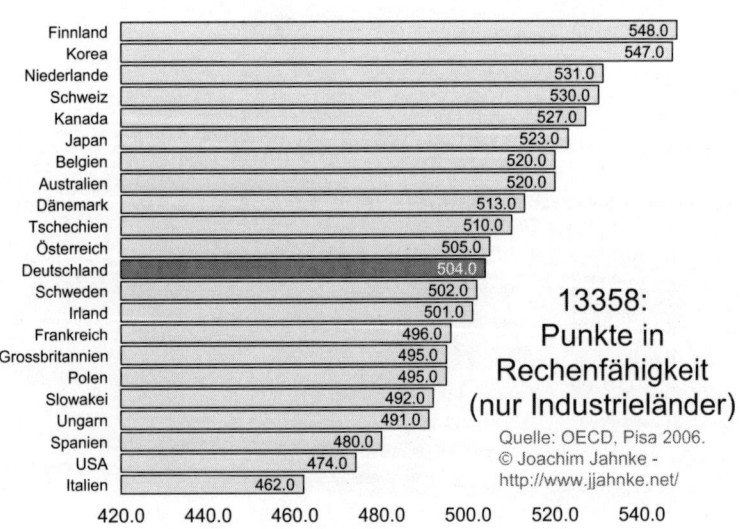

13358:
Punkte in
Rechenfähigkeit
(nur Industrieländer)

Quelle: OECD, Pisa 2006.
© Joachim Jahnke -
http://www.jjahnke.net/

13001: Hochschulabschluß-Quote eines Altersjahrgangs (2005)

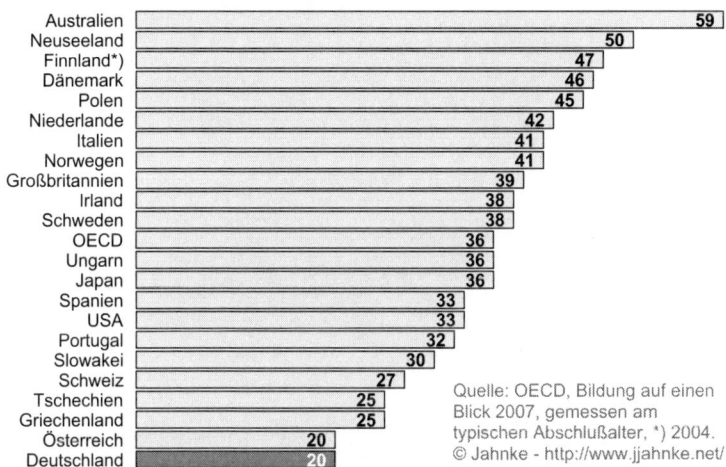

Quelle: OECD, Bildung auf einen Blick 2007, gemessen am typischen Abschlußalter, *) 2004. © Jahnke - http://www.jjahnke.net/

13002: Naturwissenschaft. Hochschulabschluß-Quote (2005)

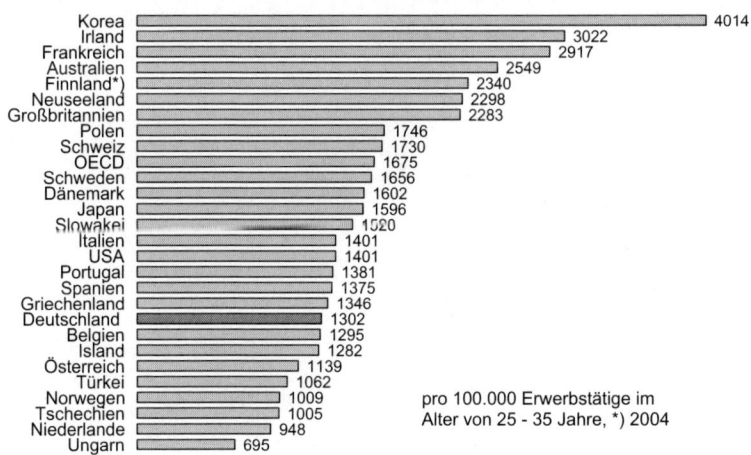

pro 100.000 Erwerbstätige im Alter von 25 - 35 Jahre, *) 2004

Quelle: OECD, Bildung auf einen Blick 2007. © Joachim Jahnke - http://www.jjahnke.net/

199

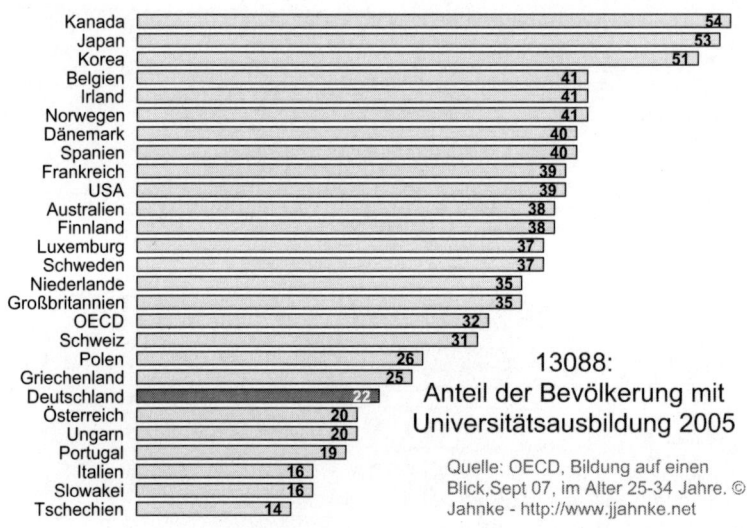

13088:

Anteil der Bevölkerung mit Universitätsausbildung 2005

Quelle: OECD, Bildung auf einen Blick,Sept 07, im Alter 25-34 Jahre. © Jahnke - http://www.jjahnke.net

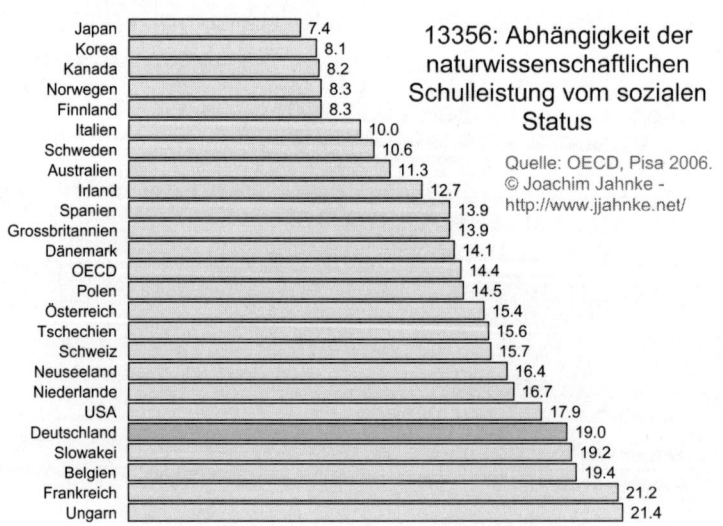

13356: Abhängigkeit der naturwissenschaftlichen Schulleistung vom sozialen Status

Quelle: OECD, Pisa 2006. © Joachim Jahnke - http://www.jjahnke.net/

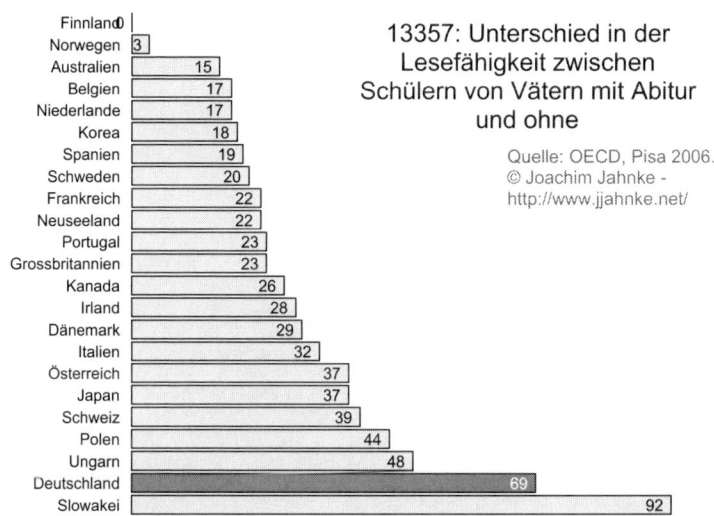

13357: Unterschied in der Lesefähigkeit zwischen Schülern von Vätern mit Abitur und ohne

Quelle: OECD, Pisa 2006.
© Joachim Jahnke -
http://www.jjahnke.net/

13317: Wahrscheinlichkeit eines Hochschulabschlusses von Schülern aus hohem sozialem Status verglichen mit solchen aus niedrigem

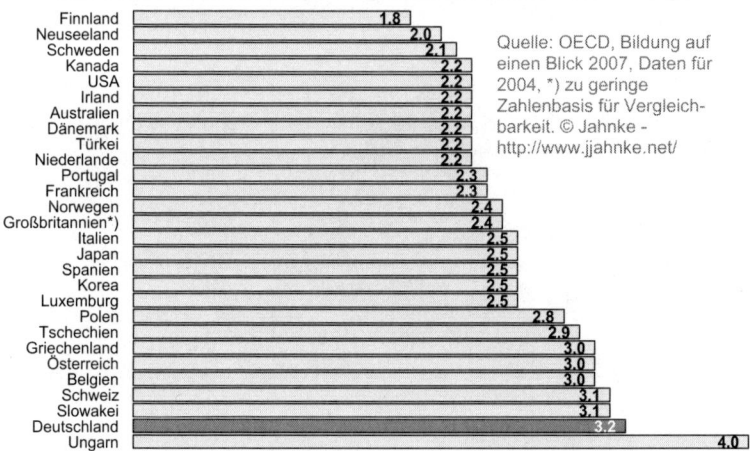

Quelle: OECD, Bildung auf einen Blick 2007, Daten für 2004, *) zu geringe Zahlenbasis für Vergleichbarkeit. © Jahnke - http://www.jjahnke.net/

13321: Verhältnis studierter Väter von Studenten zu studierten Erwachsenen (40 - 60 Jahre) generell (2005)

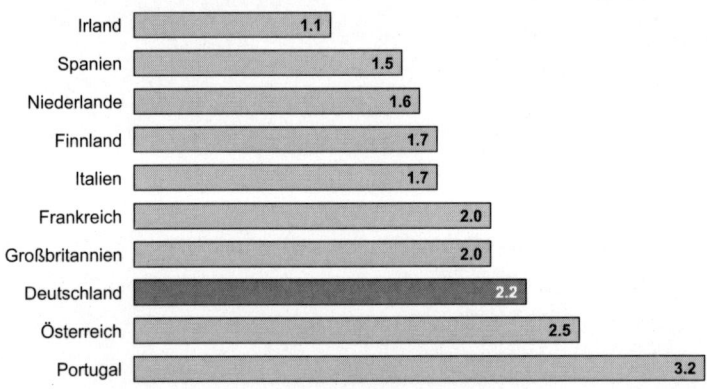

Quelle: OECD, Bildung auf einen Blick 2007. © Joachim Jahnke - http://www.jjahnke.net/

13285: Anteil der im Ausland geborenen Bevölkerung 2004

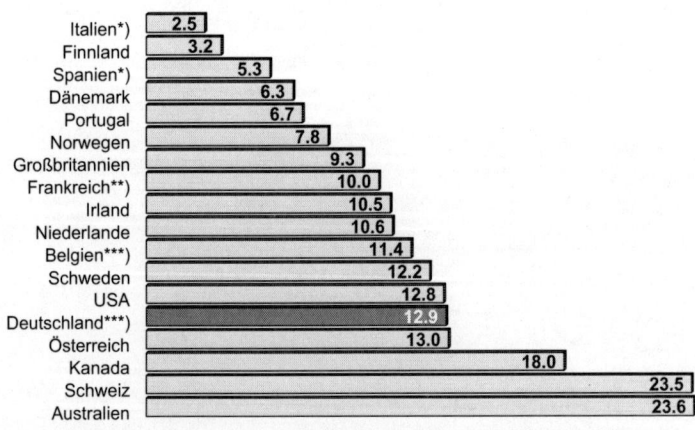

Quelle: OECD, International Migration Outlook, 2006, *)2001, **)1999, ***) 2003.
© Jahnke - http://www.jjahnke.net

13355: Abstand in Leseleistungen von Immigrantenkindern der 2. Generation (2006)

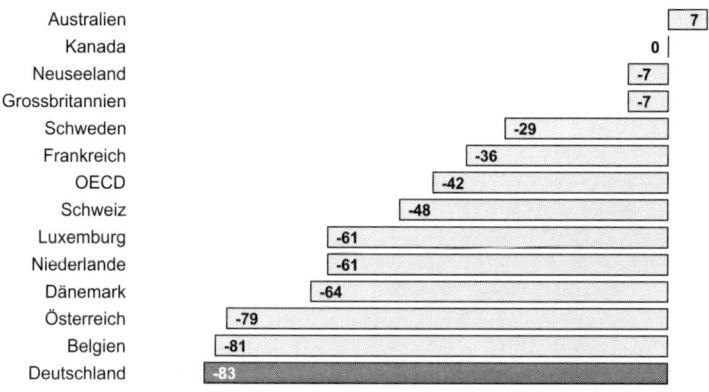

Quelle: OECD, Pisa 2006. © Joachim Jahnke - http://www.jjahnke.net/

13320: Abstand in mathematischen Leistungen von Immigrantenkindern der 2. Generation (2006)

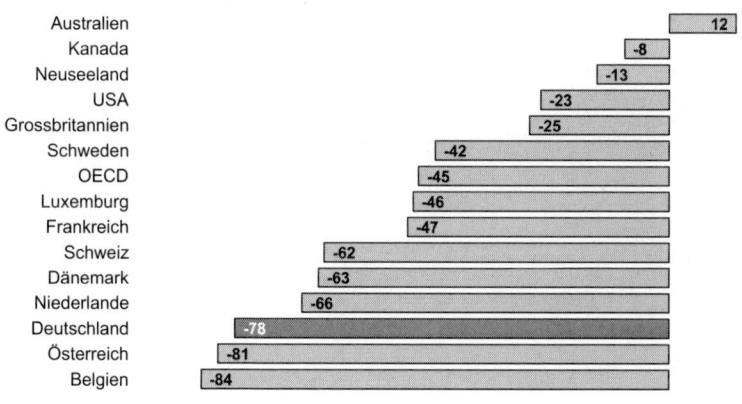

Quelle: OECD, Pisa 2006. © Joachim Jahnke - http://www.jjahnke.net/

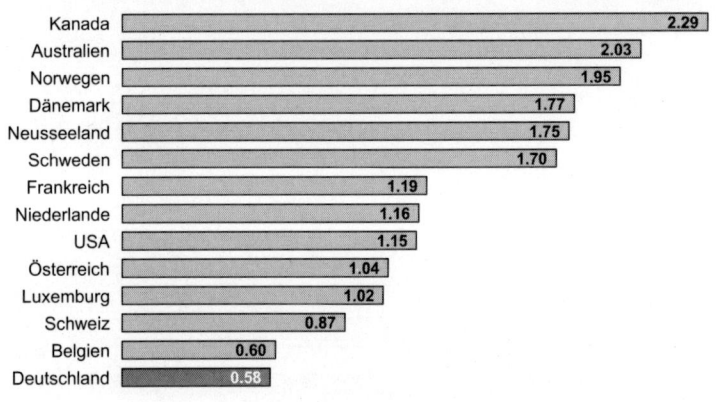

13319: Wahrscheinlichkeit von Immigrantenkindern der 2. Generation, einen Hochschulabschluß zu erreichen (2003)

Kanada	2.29
Australien	2.03
Norwegen	1.95
Dänemark	1.77
Neusseeland	1.75
Schweden	1.70
Frankreich	1.19
Niederlande	1.16
USA	1.15
Österreich	1.04
Luxemburg	1.02
Schweiz	0.87
Belgien	0.60
Deutschland	0.58

Quelle: OECD, Bildung auf einen Blick 2007. © Joachim Jahnke - http://www.jjahnke.net/

13280: Immigranten-Hintergrund bei Kindern unter 5 Jahren

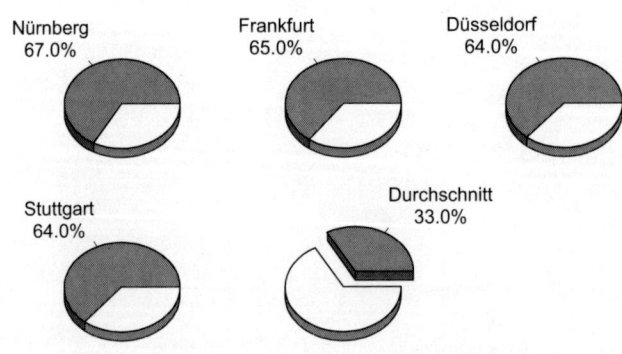

Nürnberg 67.0%   Frankfurt 65.0%   Düsseldorf 64.0%

Stuttgart 64.0%   Durchschnitt 33.0%

Quelle: Statistisches Bundesamt. © Jahnke - http://www.jjahnke.net

13281: Ohne beruflichen Abschluss

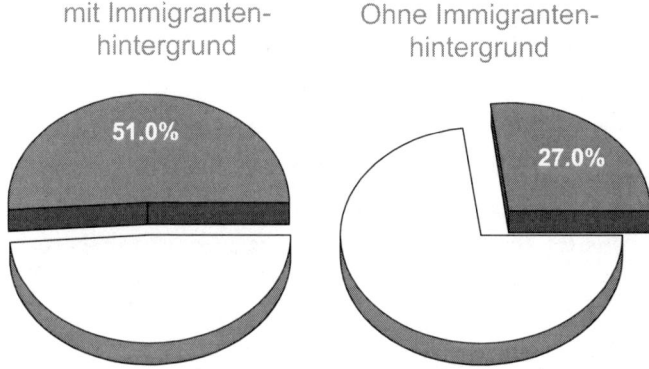

mit Immigranten-
hintergrund

Ohne Immigranten-
hintergrund

51.0%

27.0%

Quelle: Statistisches Bundesamt. © Jahnke - http://www.jjahnke.net

Kapitel 12: Die neoliberale Angstgesellschaft: Angst macht gefügig

I. Angst ist nicht gleich Angst

Es gibt die normale Angst, die uns hilft, unvertretbare Risiken im Leben zu vermeiden. Aber dann gibt es die Dauerangst, die das Immunsystem schädigt, unsere Lebensqualität einschränkt und in schlimmen Fällen mit Depressionen verbunden ist. Menschen können große Risiken auf sich nehmen, ohne Angst zu haben, solange sie selbst Herren oder Frauen ihres Schicksals sind. Das größte von vielen sogar gern und ohne Angst akzeptierte Risiko nehmen wir am Steuer unseres Wagens tagtäglich auf uns. Wenn wir jedoch ständig einem Risiko ausgesetzt sind, das wir nicht beeinflussen können, kann die Angst unerträglich werden. Beim Weltkongress für Psychiatrie in Kairo von 2005 berichteten Wissenschaftler, je weniger ein Angestellter Arbeitsabläufe und seine berufliche Zukunft selbst beeinflussen könne, desto höher sei das Risiko einer Erkrankung. So belege eine Studie aus Ungarn, daß zum Beispiel selbst das Rauchen das Herzinfarktrisiko weniger stark beeinflusse als Arbeitslosigkeit oder die Angst vor dem Jobverlust.

Das größte anonyme Risiko kommt heute aus der neoliberalen Globalisierung. Da verlieren Menschen Arbeitsplätze oder müssen auf niedrigstem Lohnniveau leben, weil der Arbeitgeber den Betrieb verlagert oder mit Verlagerung droht. Allein die Verlagerung des Nokia-Betriebs von Bochum nach Rumänien hat nach Umfrage die Quote derer, die in Deutschland Angst um ihren Arbeitsplatz haben auf ein Drittel hochgejagt. Preise von Lebensmitteln steigen plötzlich Angst einflößend, weil das Milliardenvolk der Chinesen auf den Weltmärkten mehr Milch nachfragt. Unsere Politiker erklären ihre Ohnmacht gegenüber der Globalisierung und verweigern uns den normalen Schutz, den jeder Bürger von seinem Staat in solchen Situationen erwartet. Die neoliberale Globalisierung beschleunigt auch das Herannahen der Klimakatastrophe, ein anderes vom einzelnen Menschen nicht steuerbares Risiko.

Wie im Herbst 2007 die Umfrage der Hamburger „BAT Stiftung für Zukunftsfragen" unter 11.000 Teilnehmern ab 14 Jahren in 9 Ländern Europas ergab, ist der Anteil derer, die sich als Verlierer der Globalisierung sehen, in Deutschland neben Ungarn am größten (Abb. 13352). Nach den Autoren der Studie ist in Deutschland besonders der Grad der Ungleichheit und die subjektiv wahrgenommene ungerechte Verteilung der Früchte der Globalisierung zwischen Gewinnern und Verlierern das Problem. Für die Deutschen ist soziale Gerechtigkeit ein besonders wichtiger Zukunftswert (Abb. 13353) und soziale Kälte oder Herzlosigkeit eine besonders große Herrausforderung (Abb. 13354). Das paßt alles zusammen: Die neoliberale Globalisierung vernichtet soziale Gerechtigkeit und erzeugt soziale Kälte und Herzlosigkeit und geht den Deutschen damit besonders gegen den Strich..

Gleichzeitig hat auch diese Umfrage gezeigt, daß die Mehrheit der Menschen in allen Ländern der Umfrage glaubt, diese Form der Globalisierung sei unvermeidbar. Genau das erzeugt dann den hohen Angstpegel. Über die allgemeine Hintergrundangst ist in Deutschland schon vor der letzten Welle an Globalisierung nachgedacht worden. Der Sozialpsychologe Alexander Mitscherlich hat Angst als ein Herrschaftsmittel gesehen. Die Angst vor Überflügeltwerden und Zurückbleiben durchdringe den ganzen Erlebnisbereich des Individuums in der Massengesellschaft. Er sprach von einer chronisch wirkenden Untergrundangst als Folge der industriellen Revolution und ihrer Auswirkungen. Bezeichnenderweise hat die in der Globalisierung führende angelsächsische Kultur das deutsche Wort „Angst" als Fremdwort in die englische Sprache eingeführt, wenn auch sehr oft in der speziellen Anwendung auf Deutschland als „The German Angst".

Die neue Phase der Globalisierung hat weltweit in den Industrieländern den Angstpegel dramatisch erhöht. In Frankreich hat man von einer neuen großen Angstwelle des Jahrtausends gesprochen. David Miliband, seinerzeit einer der wichtigsten Berater von Tony Blair und jetzt britischer Außenminister, prägte in einem Vortrag vor der Friedrich Ebert Stiftung im Jahr 2000 den Begriff der „joyless growth economy". Die Wirtschaft verändere sich immer schneller und wachse zwar; auf die Beschäftigten kämen jedoch immer schneller, immer neue Anforderungen zu. Andere nannten es schlicht „das Zeitalter der Angst".

Auch frühere Umfragen haben die Deutschen innerhalb der EU als besonders kritisch gegenüber der Globalisierung eingestellt gezeigt. Bei diesem Stichwort denkt die Mehrheit sofort an Jobverlagerung in Niedriglohnländer (Abb. 13014). Die Angst vor der Globalisierung wird noch durch das Mißtrauen gegenüber der Führungselite in Politik und Wirtschaft verstärkt. Bei einer Gallup-Umfrage im Auftrag des „World Economic Forum" unter mehr als 50.000 Bürger in 60 Ländern hatten schon 2004 die Deutschen unter allen befragten Westeuropäern die kritischste Meinung über ihre Politiker. Zusammen mit Bürgern aus Albanien und Costa Rica hatten sie auch mit Abstand die negativste Meinung in der Welt über das ethische Verhalten der eigenen Wirtschaftsführer. Auch nach einer GfK-Studie zum Vertrauen der Bürger zu Berufsgruppen und Institutionen in Politik, Gesellschaft und Wirtschaft von 2004 hatten 85 Prozent der Westeuropäer kein Vertrauen in ihre politischen Führungskräfte. Bei weitem am wenigsten Vertrauen zeigten jedoch die deutschen Befragten und zwar sowohl in ihre politischen wie wirtschaftlichen Führungen (Abb. 04075).

Ängste werden in Deutschland mehr als in anderen Ländern permanent auch von den Medien geschürt, wohl nach dem Motto: „Angst erhöht den Umsatz". Menschen, die ohnehin Angst haben, fühlen sich bestätigt, wenn die Medien Angst reflektieren. So betreibt z. B. BILD eine Kampagne zur Verunsicherung der Rentner.

II. Krankhafte Ängste und Depressionen

Ein Allerweltsspruch lautet: Angst macht krank. In Frankreich läuft derzeit jeden Tag mehrmals im staatlichen Fernsehen ein 3-Minuten-Flash über klinisch relevante Depressionen. Er beginnt mit einer traurigen, selbst schon deprimierenden Ansage: „Il existe une maladie qui touche plus de 3 millions de personnes en France, une maladie qui peut vous empêcher de parler, de rire, de manger, de travailler, de dormir ou de vous lever le matin, une maladie qui peut vous empêcher de vivre, cette maladie, c'est la dépression." Auf Deutsch: „Es gibt eine Krankheit, an der mehr als drei Millionen Menschen in Frankreich erkranken. Eine Krankheit die Euch hindert zu sprechen, zu lachen, zu essen, zu arbeiten, zu schlafen oder morgens aufzustehen. Eine Krankheit, die Euch hindert zu leben. Diese Krankheit ist die Depression."

In Deutschland erkranken etwa 20 % der Menschen mindestens einmal im Laufe ihres Lebens an einer Depression. Experten schätzen, daß derzeit etwa 5 % der Bevölkerung an einer behandlungsbedürftigen Depression leiden. Das wären etwa 4 Millionen - ein Wert wie in Frankreich. Die Krankheit tritt am häufigsten im jungen Erwachsenen- und im mittleren Lebensalter auf. Frauen sind öfter betroffen als Männer. Nach einer vergleichenden Studie von

2004 befindet sich Deutschland im Mittelfeld nach den Niederlanden, Schweden, Spanien, Luxemburg, Belgien und Österreich, allerdings mit einem Wert, der wie bei allen untersuchten EU-Ländern relativ weit verbreitete „psychische Bedrängnis" oder auf Englisch formuliert „psychological distress" andeutet, eine Mischung aus Depression und Angst (Abb. 04084).

Schon 1998 wurde in einer Bundesgesundheitssurvey die Angst als Krankheit in Deutschland untersucht. Daraus und aus weiteren im Mai 2004 veröffentlichten Arbeiten des Robert-Koch-Instituts hatte sich schon damals ergeben, daß 14 Prozent der Befragten im Alter von 18 bis 65 Jahren - hochgerechnet etwa 7 Millionen der gesamten deutschen Bevölkerung - im Zeitraum von einem Jahr unter einer klinisch relevanten Angststörung leiden, dabei Frauen doppelt so häufig wie Männer. Nach der neuesten Statistik des Statistischen Bundesamtes ist die Zahl der mit der Diagnose psychischer und Verhaltensstörungen aus dem Krankenhaus in Deutschland Entlassenen in nur fünf Jahren von 2000 bis 2005 um 13 % auf 1,046 Millionen hochgesprungen (Abb. 14006). Der Anteil an der Bevölkerung ab 16 Jahren stieg dabei auf 1,5 %. Dazu kommen noch die vielen und wahrscheinlich weit zahlreicheren Patienten, die ambulant behandelt werden.

III. Arbeitslosigkeit und Angst

Wir können bereits vermuten, daß Arbeitslosigkeit für die meisten Menschen mehr Streß bedeutet und daß mehr Dauerstreß die Lebenserwartung verkürzt. Nach dem vom Bundesverband der Betriebskrankenkassen 2008 veröffentlichten Gesundheitsreport haben die psychischen Störungen im Erkrankungsgeschehen längst die Arbeitswelt erreicht. Der Anteil der psychischen Störungen an den Krankheitstagen hat sich seit Beginn der achtziger Jahre etwa verdoppelt (Abb. 04148) und ist bereits mit 10 % an den Krankenständen beteiligt.

Mehrere aktuelle Daten zeigen eine sehr enge Korrelierung zwischen der Entwicklung der Arbeitslosigkeit und dem Auftreten psychischer Störungen an. So haben sich die Arbeitsunfähigkeitstage ziemlich parallel zur steigenden Arbeitslosenquote vermehrt (Abb. 04146). In 2004 verzeichneten Arbeitslose durchschnittlich 227 Arbeitsunfähigkeitstage je 100 Versicherte. Ihr Risiko psychisch zu erkranken ist damit weit höher als bei den Beschäftigten.

So schließt sich auch an dieser Stelle der Kreis zwischen Globalisierung, Arbeitslosigkeit und Krankheit.

IV. Wie berechtigt ist die Angst vor Armut im Alter?

Eine der schlimmsten Ängste, unter denen unsere Gesellschaft lebt, ist die vor der Armut im Alter, einem sozialen Dauerabstieg, sobald man uns aus dem Berufsleben schmeißt oder unsere Gesundheit nicht mehr mitspielt, auch vor einem unwürdigen Ende in einem miserablen Pflegeheim, und schließlich vielleicht sogar davor, daß die wenigen Angehörigen unserer Kleinstfamilie uns nach Motto „Geiz ist geil" mit einer Billigstverbrennung in Osteuropa entsorgen könnten. Deswegen ist es fast kriminell, wenn heute kaum ein Tag in der deutschen Medienlandschaft vergeht, ohne daß die Rentner von heute oder auch die von morgen durch Meldungen über dramatische Defizite und die Notwendigkeit weiterer Einschnitte aufgeschreckt werden. So machte *BILD* im Januar 2007 mit der Meldung von der „Schrumpfrente" auf: Wer heute einen Rentenanspruch von 1000 Euro habe, würde bei eingefrorenen Renten und anhaltender Preissteigerung im Jahre 2025 nur noch eine

Kaufkraft von 695 Euro erwarten können (Abb. 04163). Die Motive der Autoren solchen Meldungen dürften von Sensationslust der Medien und einiger Rentenspezialisten über das Interesse der privaten Altersversicherer bis zu der bewußten Druckkulisse reichen, mit der Menschen in Angst gefügig gemacht werden.

Natürlich hat die Gesellschaft ein Problem der Finanzierung von Renten, wenn der Rentnerberg bei immer weniger Kindern und immer längerer statistischer Lebenserwartung hochwächst. Über vier Generationen haben 1000 Frauen nur noch 667 Töchter, 444 Enkelinnen und ganze 296 Urenkellinnen. Nach der 11. Bevölkerungsvorausberechnung wird es im Jahr 2050 doppelt so viele 60-Jährige wie Neugeborene geben. Der Alters- und Jugendquotient an der Bevölkerung im erwerbsfähigen Alter wird von 58 % 1990 auf 89 % ansteigen (Abb. 04899). Das entspricht einem Anstieg der rechnerischen Unterstützungsbelastung für die Generationen im arbeitsfähigen Alter von etwa 1 % pro Jahr.

Normalerweise kann jedoch ein sehr großer Teil des Rentenproblems in einer alternden Bevölkerung über den ständigen Anstieg der Produktivität finanziert werden. Die steigt nämlich sogar etwas schneller als der Rentnerberg, in den letzten 8 Quartalen oder zwei Jahren bis Ende 2007 um durchschnittlich 1,6 % (Abb. 14014). In der gewerblichen Wirtschaft lag der jährliche Produktivitätszuwachs im Durchschnitt seit dem Jahr 2000 sogar um 4 % (Abb. 14015). Der Produktivitätsgewinn wird in erster Linie erreicht, indem Arbeitskräfte durch Automaten ersetzt werden, die natürlich keine Renten finanzieren müssen. Schon jetzt steht Deutschland nach Japan beim Einsatz von Industrierobotern weltweit an der Spitze. Abb. 0417 zeigt eine rechnerische Projektion von Produktivitätsgewinn und Unterstützungsbelastung bis zum Jahr 2050, dem Zeithorizont der Bevölkerungsvorausberechnung. Wie man sieht, müßte es eigentlich keine Probleme geben.

Leider jedoch wird in Deutschland der Produktivitätsfortschritt seit Jahren weitestgehend von den Kapitaleignern zur eigenen Bereicherung verfrühstückt. Durch eine vernünftige Steuerpolitik könnte aber gegengesteuert werden. So werden in den skandinavischen Ländern Grundrenten aus dem Steueraufkommen finanziert, das dort wesentlich höher als bei uns ist, und niemand macht den Menschen wegen ihrer Renten Angst. Bei uns treibt man stattdessen die verängstigten Nochnicht-Rentner mit staatlichen Zuschüssen in Beiträge zur so genannten Riesterrente. Dies ist ein Supergeschäft für die Finanzbranche. Mit den Zuschüssen werden mehr oder weniger die Gebühren ersetzt, die die Fondsgesellschaften vorab einbehalten. Gleichzeitig wird mit diesem Vehikel Kaufkraft in die Börsen umgelenkt und erzeugt dort Nachfrage: Die Kurse der Spekulanten steigen. Beim Eintritt ins Rentenalter wird außerdem aus den RiesterFonds zunächst mal ein erheblicher Teil abgezogen und in eine Zwangs-Risikolebensversicherung gesteckt. Die sichert das System gegen das Risiko, daß die Menschen älter als geplant werden könnten. Eine staatliche Grundrente wäre dagegen viel besser, zumal wenn sie mindestens teilweise aus einer Steuer auf den Produktivitätsfortschritt finanziert würde, um dessen einseitiger Aneignung entgegenzuwirken.

Fazit für Dummies:

Die neoliberale Globalisierung treibt das Niveau an Ängsten und Depressionen in allen alten Industriegesellschaften, besonders aber in der deutschen, hoch. Soll man vermuten, daß gleichzeitig die Angst von den Machern der Globalisierung bewußt als Herrschaftsmittel eingesetzt wird?

13352: Zählen Sie sich zu den Gewinnern der Globalisierung?

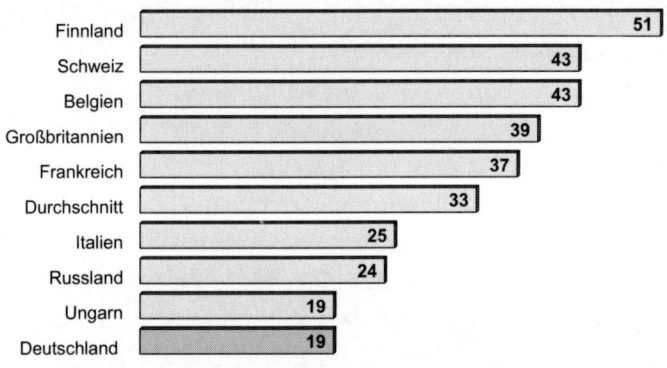

Quelle: 1. Europastudie der BAT STIFTUNG FÜR ZUKUNFTSFRAGEN, Anteil in %. © Jahnke - http://www.jjahnke.net

13353: Soziale Gerechtigkeit als wichtiger Zukunftswert

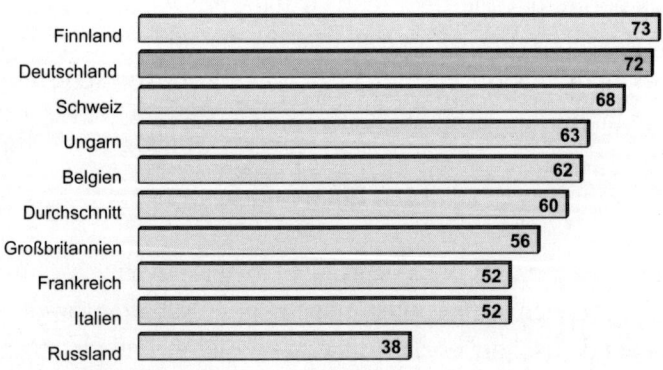

Quelle: 1. Europastudie der BAT STIFTUNG FÜR ZUKUNFTSFRAGEN, Anteil in %. © Jahnke - http://www.jjahnke.net

13354: Soziale Kälte/Herzlosigkeit als wichtige Zukunftssorge

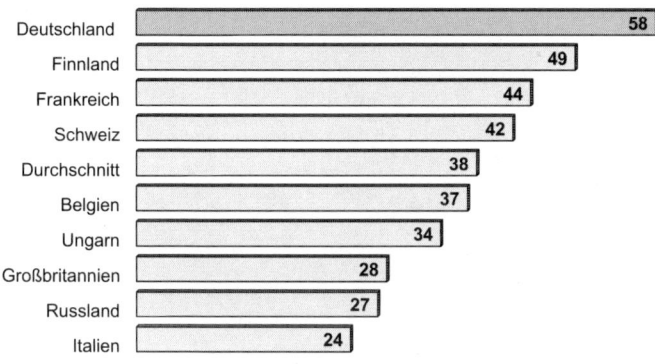

Quelle: 1. Europastudie der BAT STIFTUNG FÜR ZUKUNFTSFRAGEN, Anteil in %. © Jahnke - http://www.jjahnke.net

13014: Globalisierung bedeutet Jobverlagerung in Niedriglohnländer

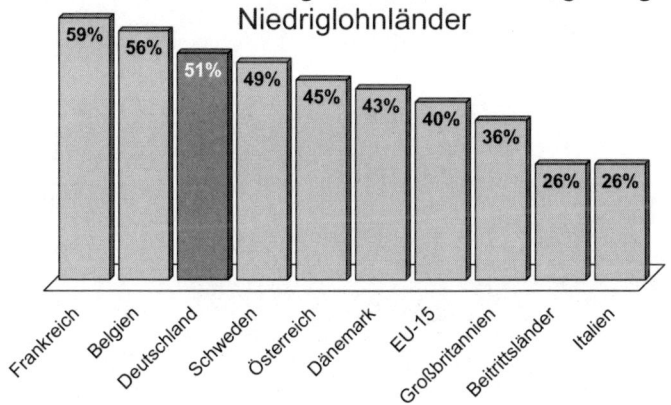

Quelle: Eurobarometer 63, Sept. 05 (Frage: Woran denken Sie zuerst bei „Globalisierung"?- Antworten in % der Befragten).
© Joachim Jahnke - http://www.jjahnke.net/

04075: Vertrauen in Politiker und Wirtschaftsmanager

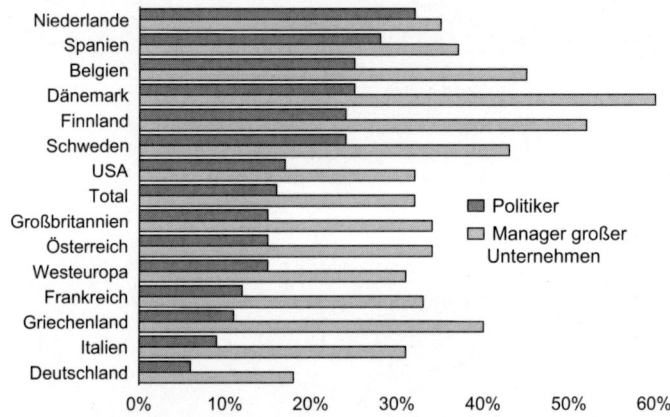

Quelle: Gesellschaft für Konsumforschung, GfK-Studie zum Vertrauen der Bürger in Führung, August 2004. © Joachim Jahnke - http://www.jjahnke.net/

04084: Psychische Bedrängnis in EU-Ländern

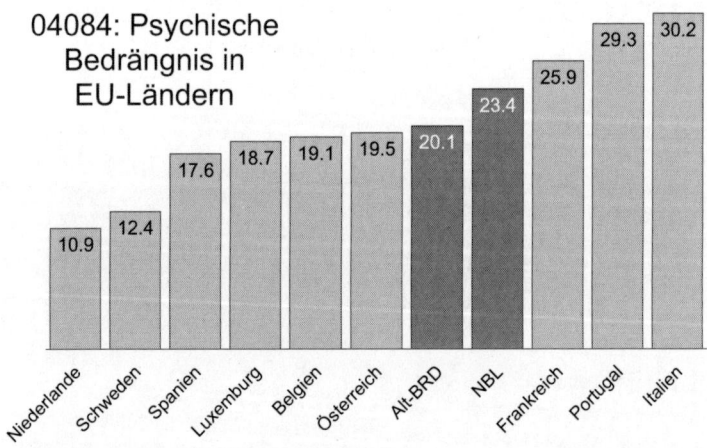

Quelle: EU-Kommission: The State of Mental Health in the European Union 2004, Daten von Eurobarometer. © Joachim Jahnke - http://www.jjahnke.net/

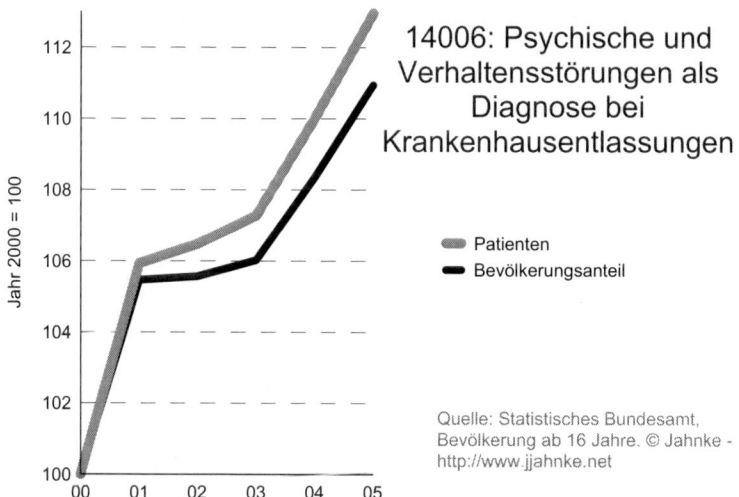

112 — — — — — — — —
110 — — — — — — — —

Jahr 2000 = 100

108 — — — — — — — —
106 — — — — — — — —
104 — — — — — — — —
102 — — — — — — — —
100

00   01   02   03   04   05

14006: Psychische und Verhaltensstörungen als Diagnose bei Krankenhausentlassungen

▬ Patienten
▬ Bevölkerungsanteil

Quelle: Statistisches Bundesamt, Bevölkerung ab 16 Jahre. © Jahnke - http://www.jjahnke.net

04148: Zunahme der psychischen Störungen

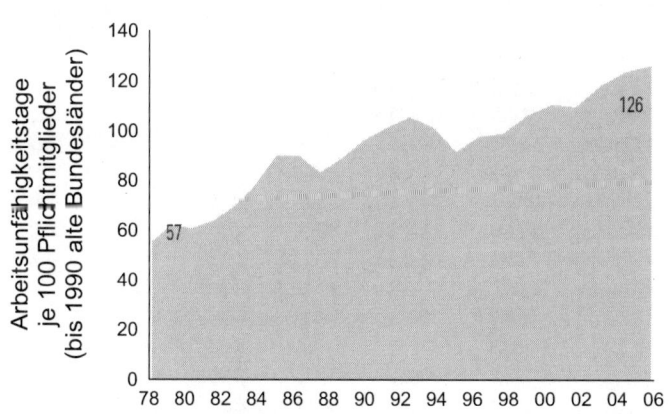

Arbeitsunfähigkeitstage je 100 Pflichtmitglieder (bis 1990 alte Bundesländer)

140
120
100
80
60   57
40
20
0

78 80 82 84 86 88 90 92 94 96 98 00 02 04 06

126

Quelle: Bundesverband der Betriebskrankenkassen, Gesundheitsreport 2007.
© Joachim Jahnke - http://www.jjahnke.net/

217

04146: Entwicklung von psychischen Erkrankungen und Arbeitslosigkeit 2000 - 2004

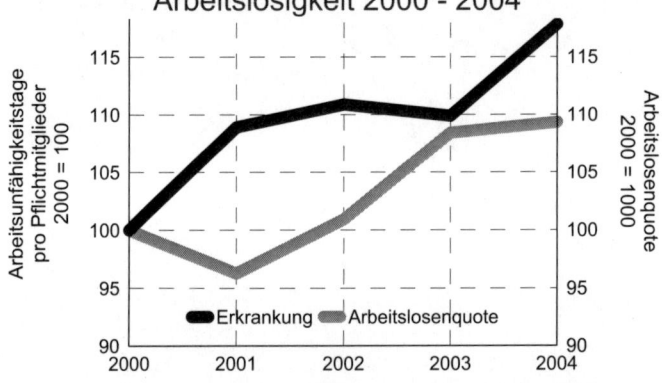

Quelle: Bundesverband der Betriebskrankenkassen, Gesundheitsreport 2005.
© Joachim Jahnke - http://www.jjahnke.net/

04163: Der „Rentenschock" nach „Bild" vom 17. 01. 06

Jetziger Rentenanspruch	2010	2015	2020	2025	2030	2035
250 Euro	235*	213	192	174	157	142
300 Euro	282	255	231	209	189	170
400 Euro	376	340	308	278	251	227
500 Euro	471	425	385	348	314	284
600 Euro	565	510	461	417	377	341
700 Euro	659	596	538	487	440	398
750 Euro	706	638	577	521	471	426
800 Euro	753	681	615	556	503	454
900 Euro	847	766	692	626	566	511
1000 Euro	941	851	769	695	628	568
1100 Euro	1035	936	846	765	691	625
1200 Euro	1129	1021	923	834	754	682
1250 Euro	1176	1063	961	869	785	710
1500 Euro	1412	1276	1154	1043	943	852

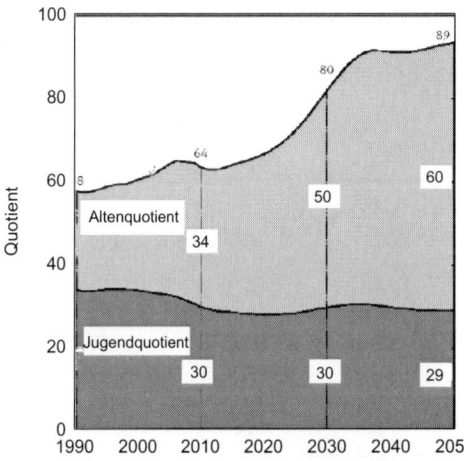

04899: Anteil von Jugend und Altenquotient an deutscher Bevölkerung im erwerbsfähigen Alter

Quelle: Statistisches Bundesamt, 11. Bevölkerungsvorrausberechnung.
© Jahnke - http://www.jjahnke.net

14014: Produktivitätszuwachs real in der Gesamt-Wirtschaft pro Beschäftigten

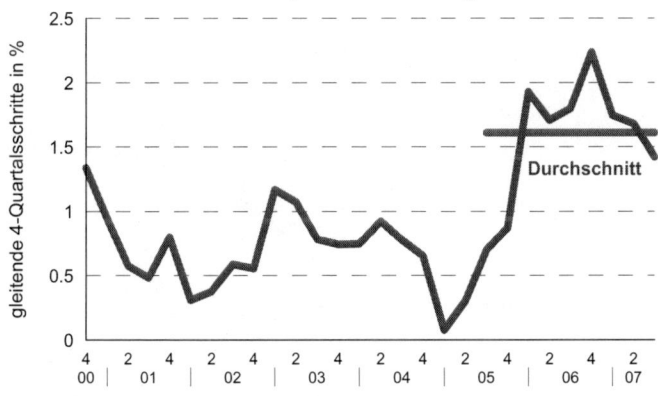

Quelle: Statistisches Bundesamt. © Jahnke - http://www.jjahnke.net

14015: Produktivitätszuwachs pro Industriebeschäftigten

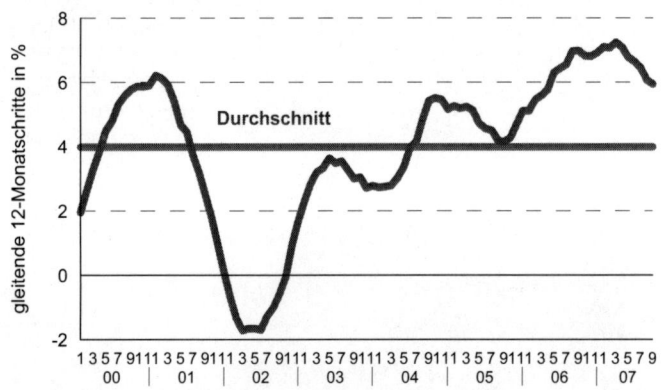

Quelle: Bundesbank. © Jahnke - http://www.jjahnke.net

0417: Projektion Produktivitätsgewinn und Unterstützungsbelastung

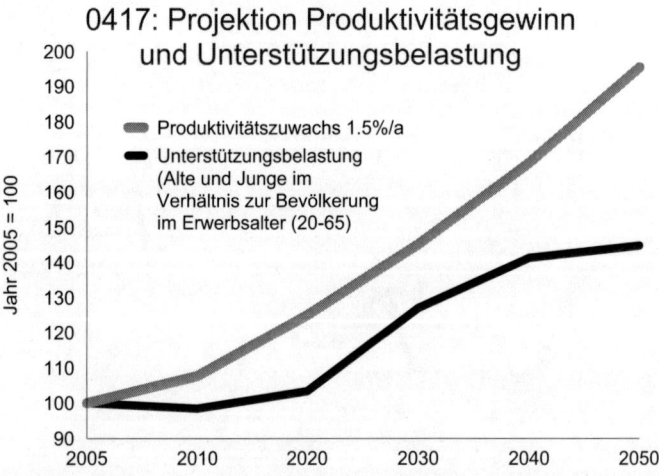

Quelle: 11. Bevölkerungsvorausberechnung, StaBuA. © Jahnke - http://www.jjahnke.net

Kapitel 13: Warum nicht mal über den deutschen Gartenzaun blicken?

Es scheint eine besondere deutsche Eigenart zu sein, sich unter dem Kirchturm zu versammeln und von der deutschen Wesensart überzeugt zu sein, auch wenn wir noch so sehr darunter leiden. Welcher Politiker würde schon einmal einen ehrlichen Vergleich mit erfolgreicheren Nachbarn, vor allem in Skandinavien, aber auch Österreich oder Frankreich, anstellen? Das Meiste, was aus einem deutschen Politikermund zu locken ist, lautet etwa so: „Man kann Systeme ohnehin nie komplett übernehmen. Vielleicht etwa Stückchen davon. Aber dann passen sie in der Regel nicht."

Nun sind unsere Nachbarn nicht doof. Manchmal haben sie auch standfester an kontinentalen Traditionen festgehalten und sich damit die Kohäsion ihrer Gesellschaften besser erhalten als Deutschland mit seiner Spitzenposition in neoliberaler Globalisierung. Statt mit germanisch-teutonischem Wirtschaftsdruck die Nachbarn in die deutsche Richtung zu schubsen, läge es weit mehr im deutschen Interesse, einige unvoreingenommene Blicke über unseren Gartenzaun zu wagen und dann Allianzen zu schmieden. Für Dummies fangen wir mit dem gewagten Blick hier schon einmal an.

1. Soziale Mobilität

Am stärksten beeindruckt mich immer wieder, was die Skandinavier erreicht haben. In einer breiten Palette von Leistungen sind sie einfach besser als wir. Es reicht daher, den Blick über den Tellerrand oder Gartenzaun auf unsere nördlichen Nachbarn zu konzentrieren. Dabei stehe ich unter dem Eindruck des amerikanische Mobility Projekts. Das versucht festzustellen, in wieweit der amerikanische Traum der Aufwärtsmobilität von Eltern zu Kindern noch den Fakten entspricht. Es kommt zu einem für die USA bedrückenden Ergebnis: Männer in den 30ern verdienen heute weniger als Männer der gleichen Altersgruppe in der Generation der Väter. Zweites Ergebnis: ein deutlicher Vorsprung der vier skandinavischen Länder, in den sich nur Kanada mit einordnet (Abb. 12451). In Dänemark haben die Söhne fast die gleichen Einkommenschancen egal, aus welcher sozialen Schicht sie kommen.

Wenn man davon ausgeht, daß die Besitz- und Einkommensverhältnisse der Elterngenerationen überall in Zeiten einer neoliberalen Wirtschaftsordnung zementiert sind und sich eher noch weiter auseinander entwickeln, so können allenfalls die Kinder bei einem ausreichenden Maß an Chancengleichheit das Pendel zurückholen. Das Mobility Project stellt auf die Chancengleichheit im Bildungssystem, der Gesundheitsfürsorge, der Familienumgebung, der Kultur, des Arbeitsmarkts und anderer institutioneller Faktoren ab. Es mißt als relative Mobilität den Einkommensunterschied zwischen der Eltern- und der Kindergeneration. Den Unterschied in der so definierten Chancengleichheit markiert für mich Dänemark, wo sie doppelt so hoch ist, als in Deutschland gemessen wird (Abb. 12452). Ebenso hat eine Studie der Warwick Universität vom September 2006 gezeigt, daß in Dänemark, Finnland und Norwegen die Einkommen von Vätern und Söhnen sich hoch „nicht-linear" verhalten also das Einkommen des Sohnes so gut wie gar nicht durch das des Vaters bestimmt wird.

Zusammen erreichen die skandinavischen Länder mit 30 % der deutschen Bevölkerung eine Wirtschaftsleistung, die 42 % der deutschen entspricht. Gehen wir nun die wichtigsten Einzelfaktoren durch.

2. Geburtenrate und Altersdurchschnitt

Skandinavien hat eine wesentlich höhere Fruchtbarkeitsrate als Deutschland. Skandinavische Frauen bringen im Laufe ihres Lebens 40 % mehr Kinder zur Welt (Abb. 12453). Dementsprechend ist der Anteil jüngerer Menschen unter 20 Jahren an der Gesamtbevölkerung auch um mehr als ein Fünftel höher. Während in Deutschland der hohe Altersanteil zu einem relativ hohen Anteil an altersbedingter finanzieller und gesundheitlicher Besorgnisse beiträgt, ist das also in Skandinavien wesentlich weniger der Fall. Umgekehrt wirkt sich der höhere Anteil jüngerer Menschen in Skandinavien auf den Optimismus und die Dynamik der Gesamtbevölkerung aus. Die Rentenprobleme sind erheblich leichter zu lösen.

3. Bildung

Wie sich längst herumgesprochen hat, bringt das skandinavische Bildungssystem Spitzenleistungen. Es erklärt nicht zuletzt, warum die relative soziale Mobilität so gut ist. Das System zeichnet sich zunächst durch eine hervorragende Finanzierung aus, und zwar pro Jahr und Schüler von der Vorschule bis zur Universität etwa um ein Fünftel höher als in Deutschland (Abb. 12454). Besonders auffällig und eigentlich kaum nachvollziehbar ist nach OECD-Berechnungen der enorme Unterschied in den Ausgaben pro Volksschüler von fast 54 % mehr in Skandinavien. Hier baut sich der große Rückstand Deutschlands in den Bildungsleistungen frühzeitig auf.

Nach der letzten PISA-Studie für 2003 ist Finnland erneut der internationale Spitzenreiter im Bereich der Schulbildung gewesen. Aber auch die anderen skandinavischen Länder schneiden in der Regel besser als Deutschland ab und liegen meist oberhalb des Durchschnitts, während Deutschland im Mittelfeld hängen bleibt. Auffällig ist dabei die in Deutschland relativ hohe Leistungsvarianz zwischen Schulen, die sich von dem einheitlicheren Bild der skandinavischen Länder unterscheidet.

In sozialer Hinsicht ist an deutschen Schulen für Kinder aus der unteren sozialen Schicht die „Wahrscheinlichkeit" des Versagens in der Basisqualifikation Mathematik um 4,6 mal größer als für Kinder aus der Oberschicht. Dagegen liegt die Wahrscheinlichkeit in Skandinavien nur wenig über dem dreifachen Wert (Abb. 12455). Bei Immigrantenkindern der 2. Generation sind die Schulergebnisse in mathematischer Leistung in Skandinavien nur um weniger als 9 % schlechter als die einheimischer Schüler, in Deutschland dagegen um fast 18 % und damit also etwa doppelt so hoch (Abb. 12456).

Im Zeitalter des globalen Wettbewerbs besonders wichtig: Die skandinavischen Länder zeichnen sich schließlich durch eine sehr hohe Rate an Erwachsenen im Alter von 25 bis 34 Jahren mit Hochschulabschluß aus. Sie ist mit durchschnittlich 39 % um zwei Drittel höher als in Deutschland (Abb. 12456).

4. Einkommen

Die Löhne und Gehälter sind pro Kopf zu Kaufkrafteinheiten in Euro umgerechnet im Durchschnitt 13 % höher als in Deutschland (Abb. 12936). Sie sind kaufpreisbereinigt zwischen 2000 und

2006 in Skandinavien um 13 % gestiegen, während sie in Deutschland bei einem schwachen Plus von 1 % stagnierten (Abb. 12937). Die Ungleichheit in der Einkommensverteilung ist dabei viel geringer als in Deutschland (Abb. 12975). Man kann sagen, daß dies eine der sozialen Stärken der skandinavischen Gesellschaften geblieben ist, während Deutschland an diesem Ende verloren hat. Nur Norwegen hat mit dem Ölreichtum eine Ungleichheit wie in Deutschland aufgebaut.

5. Arbeitsmarkt

Die skandinavischen Ländern ist es wesentlich besser gelungen, Frauen und ältere Menschen in Beschäftigung zu bringen. Keine Überraschung kann dann sein, daß die Arbeitslosenquote in Deutschland um zwei Drittel über der skandinavischen liegt (Abb. 12938). Mit dem fast Sechsfachen noch wesentlich größer ist der Abstand bei den Langzeitarbeitslosen (Abb. 12939). Hier zeigt sich die bittere Kehrseite des deutschen Modells mit gedrosselten Arbeitseinkommen und einer schlechten Verbraucherkonjunktur bei unzureichenden Investitionen in die Bildung.

6. Renten

Besonders ungünstig schneidet Deutschland im Vergleich mit Skandinavien bei den Renten ab (Abb. 12503).

7. Steuern

Niemand mag den Steuereintreiber, auch nicht in Skandinavien. Trotzdem gelingt es dort, wesentlich höhere Steuern einzufahren. Die Menschen haben offensichtlich ein Gefühl für die vom Staat, z.B. bei den Renten und in der Bildung, zu erwartende Gegenleistungen. Die Steuern als Anteil am Bruttoinlandsprodukt sind 90 % höher als in Deutschland (Abb. 12460), mit Sozialabgaben immer noch 38 % höher (Abb. 12461). Die Lohnsteuer einer Einzelperson ohne Kinder als Anteil am Bruttoeinkommen ist durchschnittlich 17 % höher (Abb. 12977).

Wesentlich höher sind in Skandinavien vor allem die Einkommens- und Gewinnsteuern als Anteil am Bruttoinlandsprodukt, nämlich um mehr als das doppelte (127 %, Abb. 12976).

Lediglich die Unternehmenssteuern wurden aus Wettbewerbsgründen kräftig abgesenkt und liegen noch um knapp 8 % unter der neuen Steuerbelastung der Kapitalgesellschaften nach der deutschen Unternehmenssteuerreform von 2008 (Abb. 12978). Das ist allerdings auch ein teilweiser Ausgleich für die viel höhere Belastung von Einzelpersonen mit Einkommens- und Gewinnsteuern sowie Vermögens- und Erbschaftssteuern (Abb. 12979).

Dank der hohen Steuereinnahmen ist die skandinavische Staatsschuld als Anteil am Bruttoinlandsprodukt im gewichteten Durchschnitt von Schweden, Dänemark und Finnland weniger als die Hälfte der deutschen (Abb. 12940).

8. Bruttoinlandsprodukt

Schauen wir noch kurz auf das Gesamtergebnis, was die Briten die „bottom line" nennen. Im Zeitraum 2000 bis 2006 hat sich das skandinavische Bruttoinlandsprodukt um nicht weniger als 150 % besser entwickelt, nämlich mit einem Zuwachs von 12,5 % gegenüber nur 5,8 % in Deutschland (Abb. 12980 und 12981).

Pro Kopf und in Kaufkrafteinheiten ausgedrückt liegt das Bruttoinlandsprodukt in Skandinavien um 23 % höher als in Deutschland (Abb. 12941). Dabei wird der Durchschnitt Skandinaviens durch den besonders hohen Wert für Norwegen wegen der in die Gewichtung eingehenden kleinen Bevölkerung von nur 4,7 Millionen nur unwesentlich gehoben. Umgekehrt ist bei dem niedrigsten Wert von Finnland zu berücksichtigen, daß dieses Land ein ausgesprochener Spätentwickler ist und immer noch aufholt.

Bei Skandinavien fällt nun auch für eine Mehrheit von Deutschen langsam der Groschen

Nach einer neuen Umfrage der Bertelsmann Stiftung, Soziale Gerechtigkeit 2007, vom Dezember 2007 nennen nur noch fünf Prozent der Befragten Deutschland als das entwickelte Industrieland, das ihren Vorstellungen von sozialer Gerechtigkeit am nächsten kommt (Abb. 14020). Eine deutliche Mehrheit (57 Prozent) sieht die skandinavischen Länder als Vorbild. Diese seien trotz der sozialpolitischen Reformen der vergangenen Jahre mit ihren geringen Armutsquoten, niedriger Arbeitslosigkeit, Bildungschancen unabhängig von der Herkunft und vergleichsweise geringen Einkommensunterschieden beispielhaft. Abgelehnt werden dagegen die angelsächsischen Wirtschafts- und Sozialmodelle der USA und Großbritanniens.

Bemerkenswert ist darüber hinaus, daß, obwohl das skandinavische Modell mit einer vergleichsweise deutlich höheren Staatsquote und höheren Einkommens- und Konsumsteuern für die Bürger verbunden ist, es dennoch gerade von befragten deutschen Bürgern mit hohem Einkommen als besonders gerecht angesehen wird: Menschen mit hohem Einkommen und aus dem oberen Viertel der Gesellschaft neigen zu über 60 Prozent sogar stärker zum skandinavischen Modell als Menschen mit niedrigem Einkommen (52 Prozent) oder aus dem unteren Viertel der Gesellschaft (49 Prozent). In dieser Verteilung dürfte sich nicht zuletzt ein Informationsmangel ausdrücken.

Fazit für Dummies:

Es lohnt sich wirklich, den Blick über den deutschen Gartenzaun zu werfen, vor allem nach Norden. Das skandinavische Gras ist einfach grüner.

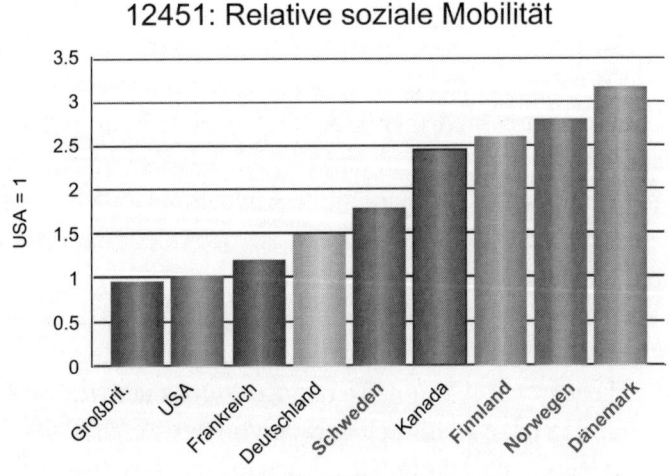

Quelle: US Economic Mobility Project. © Jahnke - http://www.jjahnke.net

12452: Zwischengenerations-Einkommens-Elastizität

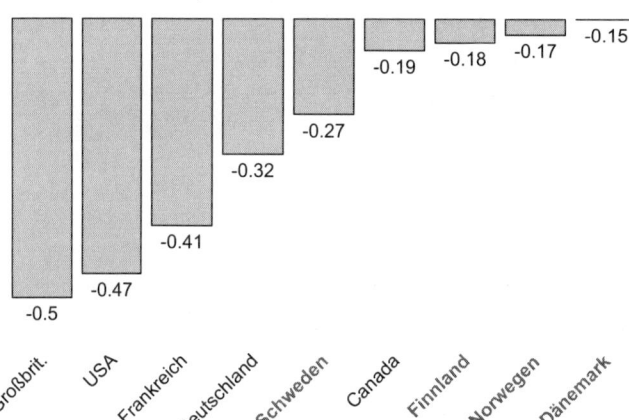

-0.19 -0.18 -0.17 -0.15

-0.27

-0.32

-0.41

-0.47
-0.5

Großbrit. USA Frankreich Deutschland Schweden Canada Finnland Norwegen Dänemark

Quelle: US Economic Mobility Project. © Jahnke - http://www.jjahnke.net

12453: Vergleich von Geburten und Jugendquotienten

Fruchtbarkeitsraten (Kinder pro Frau) 2006

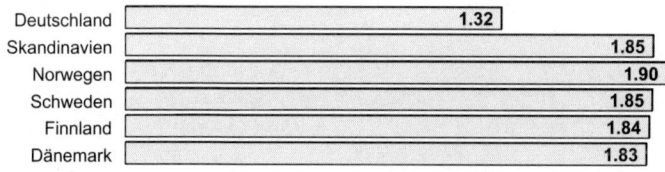

Deutschland	1.32
Skandinavien	1.85
Norwegen	1.90
Schweden	1.85
Finnland	1.84
Dänemark	1.83

Anteil derer unter 20 an Gesamtbevölkerung in % 2006

Deutschland	20.0
Skandinavien	24.3
Norwegen	26.1
Dänemark	24.5
Schweden	23.7
Finnland	23.3

Quelle: Eurostat. © Jahnke - http://www.jjahnke.net/

229

12454: Vergleich der Bildungsausgaben

Gesamt-Bildungsausgaben pro Schüler

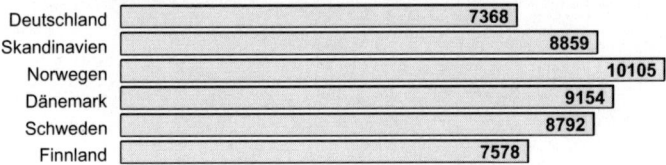

Bildungsausgaben im Volksschul-Bereich

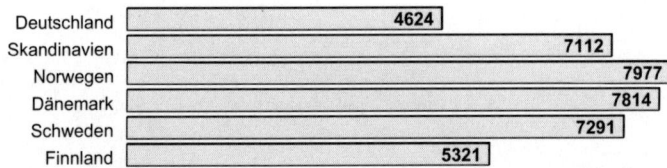

Quelle: OECD, Bildung auf einen Blick 2006, in US$-Kaufkrafteinheiten 2003.
© Jahnke - http://www.jjahnke.net/

12455: Schulergebnisse nach sozialem Status und Herkunft

Wahrscheinlichkeit des Versagens in Basisqualifikation Mathematik bei Kinder
aus unterer sozialer Schicht

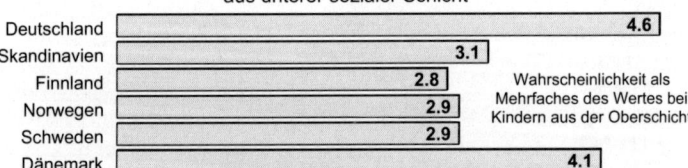

Rückstand in mathematischer Leistung bei Immigrantenkindern 2. Generation
verglichen mit Einheimischen (Pisa)

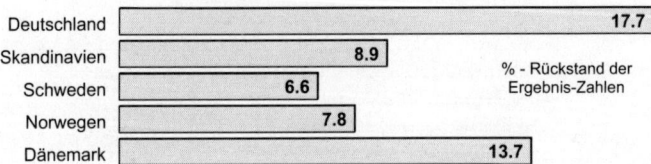

Quelle: OECD, Bildung auf einen Blick 2006 und Pisa 2003. © Jahnke - http://www.jjahnke.net/

12456: Erwachsene (25-34) mit Hochschulabschluß 2004

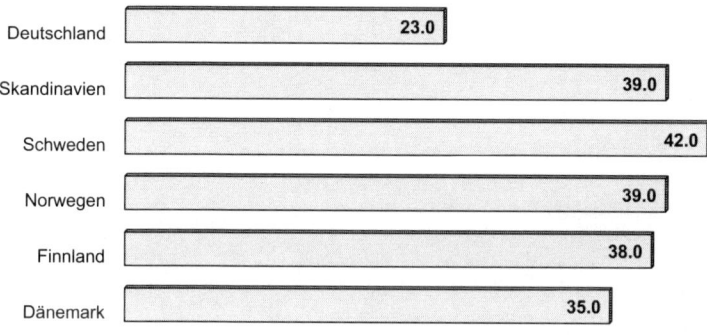

Deutschland 23.0

Skandinavien 39.0

Schweden 42.0

Norwegen 39.0

Finnland 38.0

Dänemark 35.0

Quelle: OECD, Bildung auf einen Blick 2006, in % der Altersgruppe.
© Jahnke - http://www.jjahnke.net/

12936: Jahreslöhne und Gehälter pro Arbeitnehmer in Deutschland und skandinavischen Ländern in Euro-Kaufkrafteinheiten 2006

Deutschland 28.130

Skandinavien 31.783

Norwegen 35.249

Schweden 32.225

Dänemark 30.937

Finnland 28.618

Quelle: EU Economic and Social Affairs Indicators (AMECO) 09.11.07.
© Joachim Jahnke - http://www.jjahnke.net/

12937: Entwicklung der realen Arbeitseinkommen 2000 bis 2006 in % (kaufpreisbereinigt)

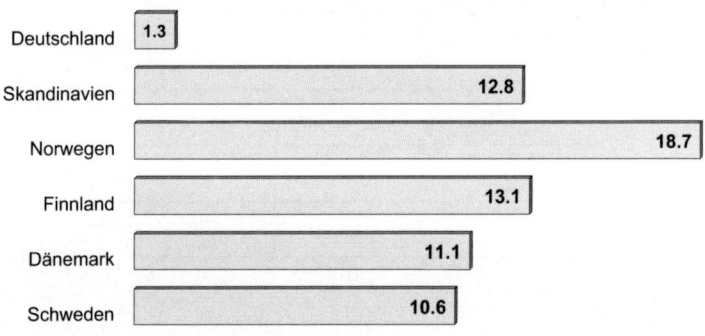

Quelle: AMECO, EU-Kommission, 09.11.07. © Jahnke - http://www.jjahnke.net

12975: Ungleichheit in der Einkommensverteilung

Quelle: Eurostat 2005, Verhältnis des Durchschnittseinkommens des obersten Fünftels zu dem des Untersten Fünftels. © Jahnke - http://www.jjahnke.net

12938: Arbeitslosigkeitsquoten 3. Quartal 2007

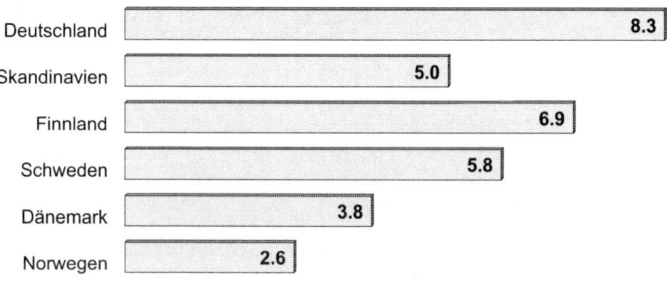

Quelle: Eurostat, in % der Arbeitskräfte, saisonal korrigiert (nach ILO-Konzept).
© Joachim Jahnke - http://www.jjahnke.net/

12939: Langzeit-Arbeitslosigkeitsquoten 3. Quartal 2007 (Anteil an aktiver Bevölkerung)

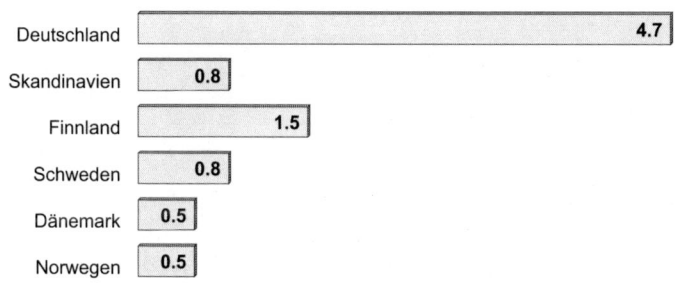

Quelle: Eurostat, in % der Arbeitskräfte, saisonal korrigiert (nach ILO-Konzept),
01.02.08. © JoachimJahnke - http://www.jjahnke.net/

12503: Durchschnittlicher Netto-Rentenbetrag in Kaufkrafteinheiten bei Deutschland = 100

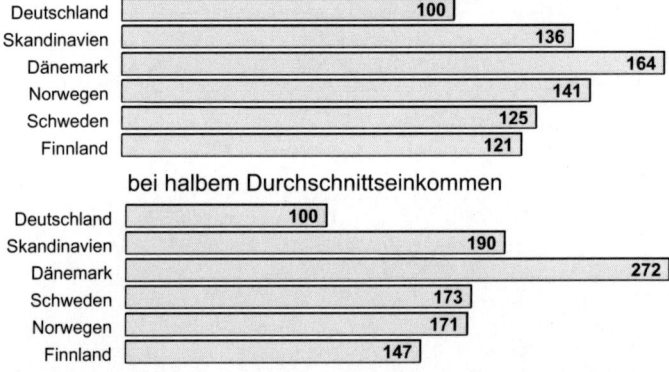

bei Durchschnittseinkommen

Deutschland	100
Skandinavien	136
Dänemark	164
Norwegen	141
Schweden	125
Finnland	121

bei halbem Durchschnittseinkommen

Deutschland	100
Skandinavien	190
Dänemark	272
Schweden	173
Norwegen	171
Finnland	147

Quelle: OECD, Pensions at a Glance, 2007. © Jahnke - http://www.jjahnke.net/

12493: Steuereinnahmen, ohne Sozialabgaben, % des Bruttoinlandsprodukts, 2005

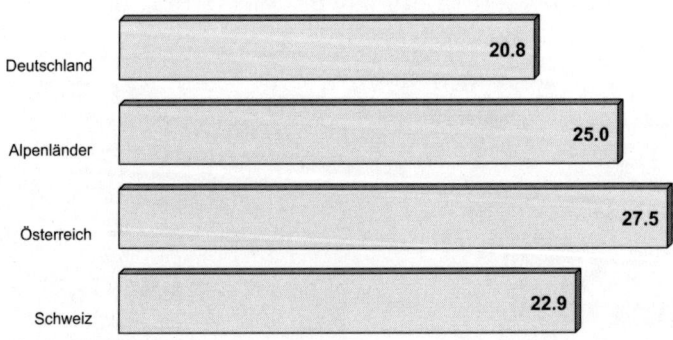

Deutschland	20.8
Alpenländer	25.0
Österreich	27.5
Schweiz	22.9

Quelle: OECD, Revenue Statistics 1965-2005, 11.10.06. © Jahnke - http://www.jjahnke.net

12461: Steuereinnahmen, mit Sozialabgaben, % des Bruttoinlandsprodukts, 2006

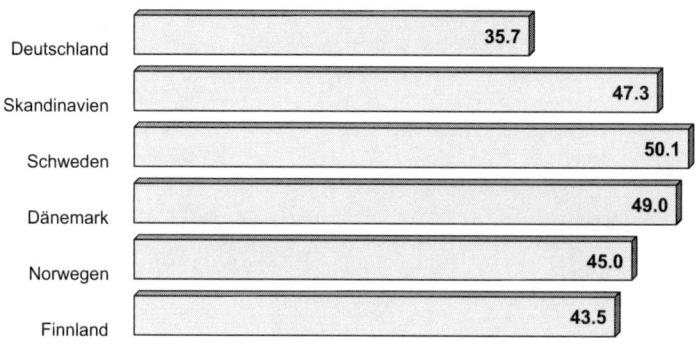

Deutschland — 35.7
Skandinavien — 47.3
Schweden — 50.1
Dänemark — 49.0
Norwegen — 45.0
Finnland — 43.5

Quelle: OECD, Revenue Statistics, 17.10.07. © Jahnke - http://www.jjahnke.net

12977: Lohnsteuer bei Einzelperson ohne Kinder in % Bruttoeinkommen 2005

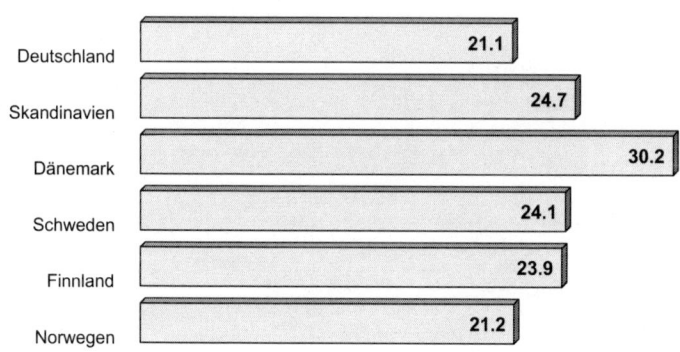

Deutschland — 21.1
Skandinavien — 24.7
Dänemark — 30.2
Schweden — 24.1
Finnland — 23.9
Norwegen — 21.2

Quelle: OECD, Revenue Statistics 1965-2005, 11.10.06. © Jahnke - http://www.jjahnke.net

12976: Einnahmen aus Einkommens- und Gewinnsteuern % Bruttoinlandsprodukt 2005

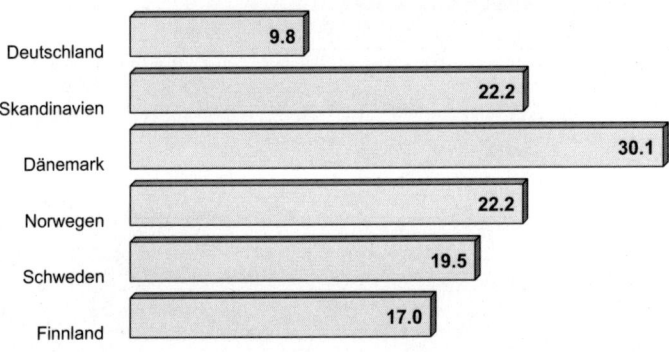

Quelle: OECD, Revenue Statistics 1965-2005, 11.10.06. © Jahnke - http://www.jjahnke.net

12978: Nominale Belastung für Kapitalgesellschaften 2006

Quelle: BMF, Die Unternehmenssteuerreform 2008 in Deutschland, inkl. Kommunaler und staatlicher Zuschläge, für Deutschland z.B. Solidaritätszuschlag und Gewerbesteuer.
© Jahnke - http://www.jjahnke.net

12979: Einnahmen aus Vermögens- und Erbschaftssteuer % Bruttoinlandsprodukt 2004

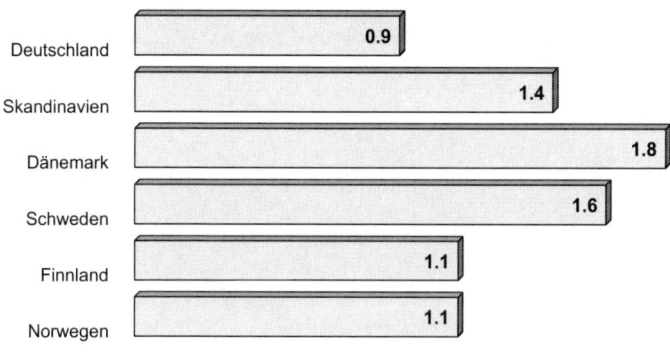

Quelle: OECD, Revenue Statistics 1965-2005, 11.10.06.
© Jahnke - http://www.jjahnke.net

12940: Öffentliche Verschuldung in % des BIP 2006

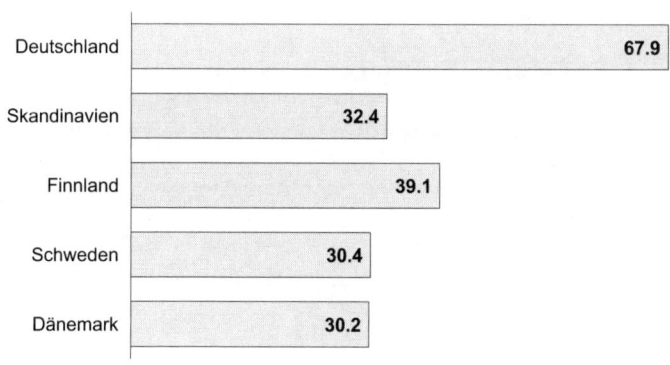

Quelle: Eurostat. © Jahnke - http://www.jjahnke.net

237

12980: Entwicklung des Bruttoinlandsprodukts

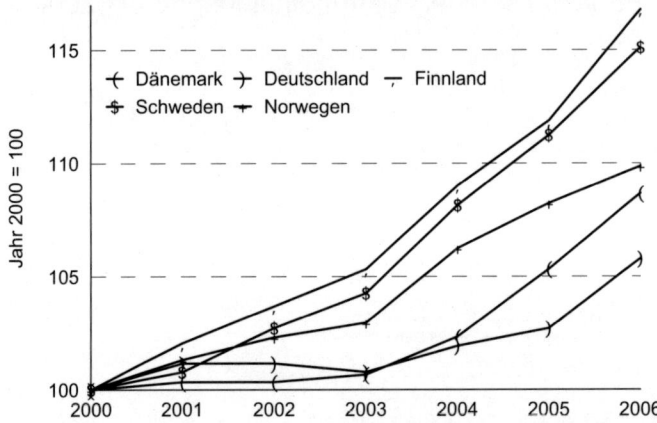

Quelle: Eurostat, 22.12.07, zu Preisen von 1995. © Jahnke - http://www.jjahnke.net

12981: Entwicklung des Bruttoinlandsprodukts
2000 - 2006

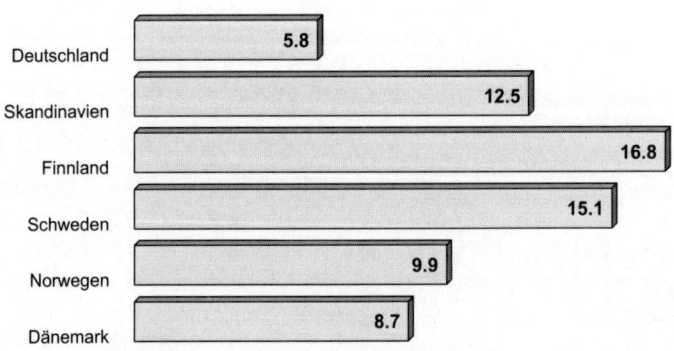

Quelle: Eurostat, 22.12.07, zu Preisen von 1995. © Jahnke - http://www.jjahnke.net

12941: Bruttoinlandsprodukt pro Kopf in 1000 Kaufkrafteinheiten 2006

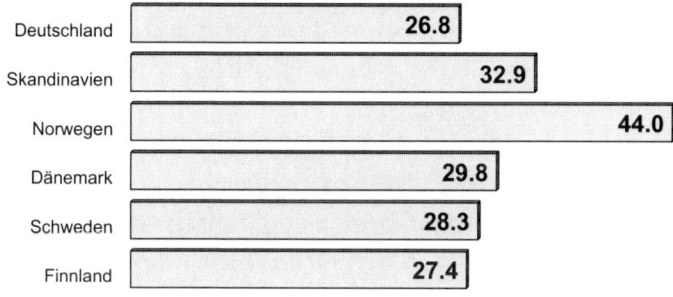

Deutschland 26.8
Skandinavien 32.9
Norwegen 44.0
Dänemark 29.8
Schweden 28.3
Finnland 27.4

Quelle: EU Economic and Social Affairs Indicators (AMECO) 09.11.07.
© Joachim Jahnke - http://www.jjahnke.net/

14020: Welche Länder sind Vorbild für soziale Gerechtigkeit?

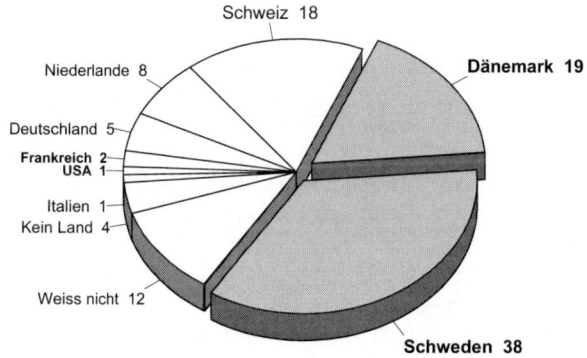

Schweiz 18
Niederlande 8
Dänemark 19
Deutschland 5
Frankreich 2
USA 1
Italien 1
Kein Land 4
Weiss nicht 12
Schweden 38

Quelle: Bertelsmann Stiftung, Soziale Gerechtigkeit 2007, 10.12.07,
Mehrfachnennungen möglich. © Jahnke - http://www.jjahnke.net

239

Kapitel 14: Die Globalisierung fällt nicht vom Himmel

Im Kapitel 5 haben wir bereits die derzeitige Globalisierung als Werk neoliberaler Politik eingeführt. Doch da können wir Dummies nicht stehen bleiben. Zu weit verbreitet ist nämlich das Unwissen, wie es eigentlich zu immer mehr neoliberaler Globalisierung kommt. Was sind die Mechaniken, die dorthin führen? Wer ist involviert? Wie wird das Ganze demokratisch oder gar undemokratisch kontrolliert? Warum fragt uns keiner, wo wir hinwollen? Wie gelingt es den neoliberalen Globalisierern, uns mit ihren falschen Versprechen ständig zu leimen?

Immer wieder zeigen neue Umfragen, daß sich eine erdrückkende Mehrheit der Deutschen inzwischen auf der Verliererseite sieht. Nach der letzten Umfrage der BAT Stiftung für Zukunftsfragen zählten sich in Deutschland nur magere 19 % zu den Gewinnern. Die Menschen erleben am eigenen Leibe, was Globalisierung heute bedeutet. Doch wenn die Menschen mehrheitlich begriffen haben sollten, wie ihnen die neoliberale Globalisierung schadet, so muß man sich fragen, warum ändert sich dann nichts? Schließlich ist Deutschland demokratisch verfaßt.

I. Warum haben die Menschen vor der neoliberalen Globalisierung resigniert?

Auch auf diese Frage gibt die schon zitierte Umfrage eine Antwort. Die Autoren der Studien verkünden mit großer Selbstüberzeugung auf ihrer Webseite: „Nur in einem sind sich alle Europäer einig: Der Prozeß der Globalisierung ist nicht mehr aufzuhalten und schon gar nicht zurückzudrehen." Im Ergebnis sollen die meisten Menschen resigniert und sich mit ihrem deprimierenden Zustand frustriert abgefunden haben. Was soll man sich aufregen, wenn man eh nichts dagegen tun kann? Ich selbst habe viele Zuschriften von solchen frustrierten Zeitgenossen erhalten. Einige denken an Auswandern. Andere raten mir ab, es mit meiner Form von Aufklärung per Webseite zu versuchen. Man erreiche so nur eine kleine Gruppe von klar denkenden und sozial eingestellten Menschen. Aber das sei zu wenig, um was zu ändern.

Wetten, die Resignation kommt vor allem aus Unkenntnis der neoliberalen Mechanik, die zu dem leidvollen Zustand führt? Die Unkenntnis wird gleich von zwei Seiten geschürt. Erstens aus der Politik und mit Hilfe von Medien und Wirtschaftswissenschaftlern und natürlich den großen neoliberalen Denkfabriken, wie der Bertelsmann Stiftung und vielen anderen. Die Ohnmacht ist genau das, was die Politiker, die selbst die Globalisierung immer weiter anheizen und sich dennoch als ohnmächtig erklären, offensichtlich den Bürgern erfolgreich eingeredet haben.

Andererseits gibt es noch viele Informationsquellen selbst unter gesellschaftskritischen Medien, die die Globalisierung als „alten Hut" verkaufen, mit dem man immer schon fertig werden mußte und konnte. Kein Grund zu besonderer Aufregung also nach dieser Betrachtung. Der Wettbewerb aus China wird der Beruhigung halber als nicht mehr als ein neues Japan verkauft. Auch das fördert die selbstschädigende Resignation der Zeitgenossen.

II. Die neoliberale Wirtschaftswelt wird bewußt unverständlich dargestellt

Es gibt viele Mittel, die Menschen in Unkenntnis zu halten. Zwei namhafte Wissenschaftler äußerten sich schon 2004 in Fernsehinterviews zu den Sorgen der Menschen mit der Globali-

241

sierung. Professor Peter Ulrich glaubt, daß viele Menschen zwar intuitiv spürten, am neoliberalen Ökonomismus könne irgend etwas nicht stimmen, daß sie sich jedoch dem geschliffenen Jargon der ökonomischen Sachlichkeit argumentativ ohnmächtig ausgeliefert fühlten. Ähnlich sieht Professor Josef Wieland Vertrauen in die Führung des Landes zerstört. In Wirtschaftsdingen herrscht daher bei den Menschen äußerstes Mißtrauen, wobei aber aufklärendes Verständnis eklatant fehlt. Die Menschen sind dann den Desinformationskampagnen von interessierter Seite ausgesetzt, ohne die vielen Ungereimtheiten zu durchschauen.

Da wird mit astronomischen Geldbeträgen von angeblichen Vorteilen herumgeworfen, wenn die Doha-Runde erfolgreich beendet würde. Ein Bundeswirtschaftsminister äußert sich in diesem Sinne und natürlich auch der Bundesverband der Deutschen Industrie. Und die meisten Menschen wissen weder, was „Doha", die neueste neoliberale Liberalisierungsschlacht in der Welthandelsorganisation, eigentlich bedeutet, noch ob sie bei so viel Parteilichkeit einfach unwissend Glauben schenken sollen.

Da wird uns fälschlich auf die Tränendrüsen gedrückt, indem die unrichtige Behauptung herumgereicht wird, wonach es beim Marktaufreißen nur um Hilfe für die ärmsten Entwicklungsländer ginge. Dabei sind die neuen „Tigerländer" von China bis Indien und Brasilien die eigentlichen Nutznießer und natürlich - sonst würde das Ganze ja nicht stattfinden - eine überschaubare Zahl von dorthin ex- und importierenden Multis und ihre Kapitaleigner.

Da wird frisch, fröhlich und frei die alte These vorgebetet, wonach der Handel jedem hilft. Nach dem Gesetz der komparativen Kostenvorteile müsse nur jedes Land das Beste produzieren, wozu es jeweils imstande sei, und müsse die Arbeit so um den Globus herum verteilt werden. Dies sei die erstrebenswerte Optimierung der Weltwirtschaft. Wenn dabei einfache Arbeiten von anderen übernommen würden, so müsse man mal eben ein „Trading-up" machen, will sagen: die eigene Produktion höher qualifizieren und so für die Billigkonkurrenz unerreichbar machen. Niemand verrät uns Dummies allerdings, daß diese höheren Produktionen auch schon von den „Tigerländern" besetzt werden.

Und erst recht wird kein deutscher Neoliberalisierer verraten, was man mit dem hohen Sockel an Menschen in Deutschland machen soll, die sich nun mal nicht als Super-Spezialisten für die oberste Qualifikation eignen. Niemand dieser Neoliberalisierer wäre schließlich bereit, die öffentlichen Finanzen mit höheren Steuern so umzustellen, daß Bildung für die ohne die Eierköpfe mindestens so gut wie in unseren Nachbarländern finanziert würde.

Der deutsche Papst der Neoliberalen, Hans-Werner Sinn, will uns im Bestseller über die Basar-Ökonomie mit seiner These vom Faktorpreisausgleich zur Akzeptanz der neoliberalen Globalisierung überreden: „Handelsgewinne kann man nämlich nur machen, wenn man den Prozeß des Faktorpreisausgleichs nicht behindert. Der Faktorpreisausgleich besagt unter anderem, dass sich die Löhne zwischen den Handel treibenden Landern aneinander annähern." Nur verrät er uns nicht, daß die chinesischen Löhne oft bei einem Dreißigstel der deutschen liegen und diese Spanne für eine Angleichung viel zu groß ist, so man nicht einen Bürgerkrieg in Deutschland und die Wiedergeburt extremer Bewegungen nach gehabtem Muster riskieren will.

Ganz verlogen wird dann auch noch so getan, als würde der negative Lohndruck aus den Billigstländern nur eine kurze Zeit andauern (wie damals bei Japan) und würden die zum Reichtum gelangten Chinesen dann nur noch „Made in Germany" kaufen. Was sollen wir Dummies denn denken, wenn jedes Jahr mindestens einmal der/die Bundeskanzler/in nach China trippt und sich dabei von einer Riesendelegation deutscher Bosse begleiten läßt. Keiner verrät uns dabei, daß die Chinesen längst dramatisch mehr nach Deutschland liefern, als sie bei uns kaufen. Und so weiter (die volle Liste ergäbe ein eigenes Buch!).

III. Haben wir eine politische Elite, die die neoliberalen Globalisierung demokratisch kontrollieren könnte?

Nach zwei verlorenen Weltkriegen, an deren Entstehung die deutschen Geisteseliten nicht unschuldig waren, hat Deutschland die Elitenbildung ganz aufgegeben. Zu tiefst waren selbst deutsche Eliteuniversitäten verstrickt gewesen. Damit hat in der deutschen Politik, weit mehr noch als in den meisten anderen Ländern, der Berufspolitiker Einzug gehalten, der nie einen anderen Beruf ausgeübt hat, außer sehr oft den eines Beamten. Führungskarrieren finden oft über die Beamtenleiter statt und häufig von den Taschenträgern der Chefs, bis man selbst Chef wird. Exemplarisch sind die Lebensläufe von Steinmeier und Steinbrück, den SPD-Granden im Kabinett der Großen Koalition. Steinmeier war zunächst in der niedersächsischen Staatskanzlei als Medienreferent beschäftigt, bevor er das persönliche Büro des niedersächsischen Ministerpräsidenten Schröder übernahm und dann dort Staatssekretär wurde und mit Schröder in die Bundesregierung ging. Steinbrück startete ebenfalls als Beamter im Bundesministerium für Forschung und Technologie, wo er Persönlicher Referent der Bundesminister Matthöfer, Hauff und von Bülow wurde, danach Beamter in Nordrhein-Westfalen und Leiter des Büros des Ministerpräsidenten Rau, von dort Staatssekretär und schließlich Minister. So hat auch Bundespräsident Köhler zunächst die Tasche von Stoltenberg tragen müssen, ehe er in seiner Beamtenkarriere durchstarten konnte. Im 2005 gewählten Deutschen Bundestag sitzen ein Drittel Beamte, darunter 25 Lehrer. Nach Auskunft des Bundeswahlleiters sind 56 % aller Abgeordneten Parlamentarier mit so genanntem legislativem oder exekutivem Hintergrund - sei es aus den Kommunen, den Ländern oder dem Bund. Im Klartext: Die deutsche Politik wird von Berufspolitikern mit einem hohen Beamtenanteil bestimmt. Eigentlich ist die Liste der Berufspolitiker noch länger. Die Gruppe von 58 Abgeordneten, die als Berufsangehörige aus dem „Rechts- und Vollstreckungswesen" ausgewiesen wird, besteht nämlich vor allem aus Rechtsanwälten - darunter solche, die zwar ihre Zulassung als Anwalt erhalten, aber nie vor Gericht praktiziert haben.

Eine weitere Besonderheit unserer politischen Elite sind die vielen Nebenjobs, die an ihrer politischen Unabhängigkeit zweifeln lassen. Die Informationen werden jetzt regelmäßig vom Bundestag veröffentlicht. Merz von der CDU gibt beispielsweise an, von acht Konzernen jährlich jeweils Einkommen der Stufe drei - also mehr als 7.000 Euro monatlich - zu beziehen. Darunter sind Versicherungskonzerne wie Axa, DBV Winterthur sowie die Commerzbank, BASF Antwerpen und die Deutsche Börse. Auch der ehemalige Forschungsminister und CDU-Politiker Riesenhuber übt neben seinem Mandat mehrere Nebentätigkeiten der Stufe drei und andere bezahlte lukrative Funktionen in Unternehmen aus. Ex-Arbeitsminister Walter Riester gehört mit 21 Nebenjobs der Stufe drei ebenfalls zur Spitzengruppe der Neben-Jobber.

Die Parteiprogramme aller im Bundestag vertretenen Parteien zeugen jedenfalls in Sachen Globalisierung nicht von viel Sachkenntnis. Besonders auf dem Auge legaler Abwehrmechanismen gegen die Gefahren der Globalisierung sind die Parteien ziemlich blind. So enthält das neue Hamburger Programm der SPD das Wort „Globalisierung" zwar gleich achtzehnmal - doch meist in Zusammenhang mit ziemlich belanglosen Aussagen, wie z. B. „Wo der Nationalstaat den Märkten keinen sozialen und ökologischen Rahmen mehr setzen kann, muß dies die Europäische Union tun. Die Europäische Union muß unsere Antwort auf die Globalisierung werden."

Oh Gott! Hat der Außenminister Steinmeier den Genossen denn nicht verraten, daß der gerade vereinbarte, wenn auch noch nicht ratifizierte EU-Änderungsvertrag in dieser Hinsicht ein Käse mit vielen Löchern ist und gerade bei der Globalisierung keine Hebel, nicht einmal Hebelchen, hat. Zwar hat Steinmeier gleich nach der politischen Einigung große Worte gefunden: „Nach der tiefsten europäischen Depression werde nunmehr Europa auf eine neue vertragliche Grundlage gestellt." Doch die wichtigsten Bereiche zur Herstellung fairer Wettbewerbsverhältnisse und Zurückdämmung der neoliberalen Globalisierung, nämlich Steuer- und Sozialpolitik, unterliegen weiterhin dem nationalen Veto einzelner Mitgliedsstaaten, vor allem aus den neu beigetretenen. Die können damit Deutschland mit niedrigen Steuern- und Sozialverhältnissen ungeniert weiter unterbieten. Und natürlich denkt auch Großbritannien nicht daran, das angelsächsische neoliberale Modell der Globalisierung ankratzen zu lassen.

Geradezu komisch wird es im SPD-Programm unter Ziffer 17, die allein sich mit dem Dumping beschäftigt: „Wir plädieren für einen Globalen Rat der Vereinten Nationen für Wirtschafts-, Sozial- und Umweltpolitik. Er soll wirtschaftliche Interessen, soziale Bedürfnisse und ökologische Notwendigkeiten aufeinander abstimmen, die Gefahren unkontrollierter Kapitalbewegungen, soziales und ökologisches Dumping begrenzen helfen. Alle Regionen und die internationalen Handels- und Finanzinstitutionen sollen in diesem Rat hochrangig vertreten sein." Was bringt denn eine solche weitere und völlig unverbindliche Versammlung, die nur im Konsensprinzip verfahren kann, wobei die Richtung dann von Billigstländern mit negativen Sozial- und Umweltpolitiken abhängt?

Wieder hat den Genossen niemand verraten, daß die eigentlichen Entscheidungen zum Dumping in der Welthandelsorganisation fallen. Die allein hat ein Erzwingungsverfahren, wo die Dumpingprozeduren angelegt sind, und nirgendwo sonst. Das Hamburger Programm hätte für Sozial- und Umweltklauseln in der Welthandelsorganisation eintreten müssen und für einen CO_2-Zoll der EU gegen Umweltdumping, wie das die französische Regierung tut. Und hat Steinbrück den Genossen nicht verraten, daß es für die unkontrollierten Kapitalbewegungen, z. B. in der Währungspolitik, längst das zweimal jährliche Finanzministertreffen beim Internationalen Währungsfonds gibt? Doch das konnte sich bisher nicht auf konkrete Maßnahmen einigen, weil die USA mit dem Dollar gegen den Euro spielen und die Japaner auch und die dort nicht vertretenen Chinesen erst recht. Was soll dann eine weitere UN-Quasselbude ausrichten?

Übrigens hat der gleiche Erhard Eppler, der an dieses Programm die letzte Hand gelegt hat, in der Vergangenheit davon gesprochen, daß die Regierungen gegenüber der Globalisierung ohnmächtig seien. Dabei war die Bundesregierung immer an der Vorfront der neoliberalen Globalisierung, und Erhard Eppler war einer der Bundesminister.

In den „Grundsätzen für Deutschland" der CDU heißt es zur Globalisierung geradezu lyrisch: „Globalisierung bedeutet weltweite Öffnung politischer, wirtschaftlicher und kommunikativer Grenzen.

247

Sie ist gekennzeichnet durch die Mobilität der Menschen und den Austausch von Ideen und Informationen, von Gütern, Leistungen und Kapital sowie durch die Vernetzung der Märkte. Sie ist Ausdruck von Freiheit und verschärft den Wettbewerb. Die Globalisierung ist ein unumkehrbarer, politisch wie wirtschaftlich fruchtbarer Entwicklungsprozess, der weltweit zunehmend mehr Menschen gesellschaftliche, politische und ökonomische Chancen eröffnen kann."

An anderer Stelle heißt es mitleidsvoll: „Viele Menschen in Deutschland erleben die Globalisierung und die Anforderungen, die mit ihr einhergehen, als Bedrohung ihres Arbeitsplatzes, der eigenen beruflichen Zukunft und der bislang für selbstverständlich gehaltenen sozialen Absicherung. Deutschland hat jedoch seit jeher von der Öffnung von Grenzen und der zunehmenden Verschmelzung der internationalen Märkte profitiert. Wenn wir uns dem globalen Wettbewerb stellen, sichern wir für unser Land die wirtschaftlichen Grundlagen von sozialer Sicherheit und Stabilität und erschließen uns jeden Tag neue Chancen zu ihrer Weiterentwicklung. Möglichst viele Menschen müssen an den neuen Wachstumschancen, an Wissen und Kapital teilhaben können. Wer hierfür die Bedingungen schafft, handelt sozial."

Und noch ein sound-bite: „Die Globalisierung ist eine von Menschen gemachte Entwicklung, die wir beeinflussen und gestalten können. Wenn wir darauf achten, dass unsere Politik wirtschaftlich vernünftig und sozial gerecht ist, dann ist die Globalisierung nicht das Ende des Sozialstaats und der Sozialen Marktwirtschaft. Die Soziale Marktwirtschaft bleibt auch im wiedervereinigten Deutschland und im Zeitalter der Globalisierung unser Leitbild." Das klingt am Ende nach einer Akzeptanz der politischen Verantwortung. Doch man merke sich die Schlagworte: „unumkehrbar",

„Freiheit", „fruchtbar", „Chancen", „profitiert" und „sozial". Das wird gut in den Ohren der 19 %-Gewinner der Globalisierung klingen. Aber wird sich die große Mehrheit der Verlierer hier verstanden und geschützt fühlen? Wir haben schon in früheren Kapiteln gesehen, wohin sich die „Soziale Marktwirtschaft" in Deutschland entwickelt. Übrigens stielt sich die CDU an dem Begriff „Dumping" vorbei, der anders als bei der SPD, kein einziges Mal vorkommt.

Zu dieser politischen Oberschicht hat die deutsche Bevölkerung sehr wenig Vertrauen. Wenn die Gesetze der neoliberalen Globalisierung von Waren- und Geldmärkten so schrecklich kompliziert sind, daß man jede Menge Beratergremien braucht, sind unsere Volksvertreter dann wirklich geeignet, in unserem Interesse eine demokratische Kontrolle der Globalisierung zu gewährleisten?

IV. Gewerkschaftseliten

Wenn wir hier die Frage stellen, ob wir eine politische Elite haben, die die neoliberale Globalisierung demokratisch kontrollieren könnte, so dürfen wir an den deutschen Gewerkschaften nicht vorbeilaufen. Nur durch starke Gewerkschaften können sich die abgesackten sozialen Verhältnisse in Deutschland wieder verbessern. Wie in anderen Ländern wären sie eigentlich mehr als andere politische Strukturen dafür verantwortlich, den Globalisierungsprozeß im Interesse ihrer Mitglieder zu überwachen und mindestens „Feuer" zu schreien, wenn es brennt. Dies geschieht in Eizelfällen, wie bei der Schliessung des Nokia-Werkes in Bochum. Doch mindestens einige deutsche Gewerkschaftsführer scheinen die Gesamtprozesse der Globalisierung nicht zu verstehen oder wollen sie nicht verstehen. Warum eigentlich?

Ich habe für diese Unfähigkeit, aus eins und eins zwei zu machen, nur eine Erklärung: Die Mitbestimmung an den Unternehmertischen, bis zu den Top-Jobs von Stellvertretenden Vorsitzenden der Aufsichtsräte mitbestimmter Unternehmen, hat einige Gewerkschaftler über die Jahre zu sehr für spezifische Unternehmensinteressen eingenommen. Das dürfte besonders dann gelten, wenn sie just in den Großunternehmen mit am Tisch sitzen, die über den Export am meisten von der Globalisierung profitieren und deshalb am meisten auf Lohndisziplin drängen. Gewerkschaftskarrieren sind außerdem nicht selten berufliche Entwicklungen, bei denen man sich hochhangelt und wo Außenseiter nicht drankommen.

Die relative „Vorsicht" einiger deutscher Gewerkschaftsführer zeigt sich nicht zuletzt im internationalen Vergleich der Streikstatistik, in der Deutschland unter den Vergleichsländern in den Jahren 2000 bis 2005 (neuere Zahlen sind nicht vorhanden) die niedrigsten durch Streik verlorenen Arbeitstage aufweist (Abb. 12974). Im Jahr 2007 gab es weitere Hinweise, warum einige Gewerkschaftler so wenig kämpferisch aufgelegt waren. Erst wurden nach Presseberichten Gewerkschaftler bei Siemens und Volkswagen angeblich gekauft, um die Durchsetzung von Arbeitnehmerinteressen in den mitbestimmten Unternehmen zu erschweren. Gerichtliche Verfahren laufen derzeit noch.

Dann kam die Volksdiskussion über die exorbitanten Gehälter der Manager in den Top-Unternehmen. Die waren natürlich von den Gewerkschaftsvertretern in den Aufsichtsräten abgenickt worden. Noch erinnert man sich auch an den früheren IG Metall-Chef namens Zwickel, der - zusammen mit Deutsche Bank-Chef Ackermann (der Mann mit dem Siegeszeichen) - den „goldenen Handschlag" für den Mannesmann-Chef Klaus Esser von insgesamt 59 Millionen Mark mit abgesegnet hatte.

Doch der Konzernbetriebsratsvorsitzende der BASF, Robert Oswald, fand sehr hohe Managergehälter in Ordnung. Auf einem Photo trägt er den feinen Nadelstreifenanzug, den man von den Bankern in der Londoner City kennt. Auf Fragen der *Sächsischen Zeitung*, wie z.b. die weit über drei Millionen Euro für den BASF-Vorstandsvorsitzenden Jürgen Hambrecht (noch ohne Aktienoptionen) zu rechtfertigen seien antwortete er: „ Ich halte die Gehälter der Vorstandsmitglieder bei der BASF für gerechtfertigt. Als Arbeitnehmervertreter gehöre ich dem Aufsichtsrat an, der über die Höhe entscheidet. Gemessen an Managern in manchen Bundesliga-Vereinen, die nur für 100 statt für 100.000 Beschäftigte die Verantwortung tragen, ist das moderat. Ein Uli Hoeneß hat einfach weniger Verantwortung als der Manager eines internationalen Konzerns. Bei der BASF gibt es keine Neid-Diskussion." Und auf die Frage „Was halten Sie von der Forderung, für die Gehälter eine Obergrenze festzulegen?" kam prompt die Antwort: „Die Politik ist leider sehr sprunghaft - heute ist dies aktuell, morgen wieder etwas anderes. Die Diskussion wird nicht kompetent und sachlich geführt, sondern aus einer Neid-Ecke heraus. Viele, die die Managergehälter kritisieren, sollten erst einmal nachweisen, daß sie die Arbeit besser machen könnten."

Man möchte weder Ohren noch Augen beim Lesen trauen. Sprechen so Gewerkschaftler? Warum benutzte Oswald den Neidvorwurf, der sonst aus der erzkonservativen Ecke gegen die Gewerkschaften und gegen Kritiker der deutschen Sozialverhältnisse geschleudert wird? Hat er vergessen, daß - anders als bei der Bundesliga - der Vorstand auch für die Gehälter tausender Arbeitnehmer in den Betrieben verantwortlich ist? Daß bei einem Einkommensplus der Vorstände der Top-30 Unternehmen von 30 %

allein in 2006 und von weniger als 1 % für die Arbeitnehmer die Perspektive längst nicht mehr stimmt?

Auch daß die deutschen Gewerkschaften erheblich an Mitgliedern verloren haben, seit 1991 schon 43 % (Abb. 14036), ist kein gutes Zeichen.

V. Deutschland ist in den internationalen Organisationen personell stark unterbelichtet

Mangels ausreichend international erfahrenen Eliten und einer ausreichend aktiven zentralen Steuerung des Auslandspersonals, wie in anderen Ländern üblich, ist Deutschland in allen internationalen Organisationen, die sich mit der Gestaltung der Globalisierung befassen, erheblich unterrepräsentiert. Das ist umso auffälliger, als Deutschland in der Regel sehr hohe Beiträge zu diesen Organisationen entrichtet. Unter der Untervertretung leidet Deutschlands Rolle in diesen Organisationen, besonders im Finanzbereich. Der Abstand zu anderen Ländern ist eklatant (siehe Abb. 0207).

Besonders negativ hat sich die Situation innerhalb der EU-Kommission entwickelt, obwohl die immer entscheidender für das Schicksal Deutschlands in der Globalisierung geworden ist (Abb. 02002, 02003).

Gründe liegen neben den schon genannten in mangelnder Mobilität deutschen Personals. Häufig gilt in den Ministerien, aber auch in Teilen der Wirtschaft immer noch der Grundsatz: „Wer rausgeht, ist abgemeldet" oder „Wer draußen Geld verdient hat, muß sich trotz guter Leistung bei Rückkehr hinten anstellen". Ich habe selbst erlebt, wie es uns bei der Europäischen Bank für Wiederaufbau und Entwicklung in London nicht gelungen ist, auf Spitzenpositionen geeignete deutsche Banker zu bringen. In der Regel wollten sie ihre Karrieren zu Hause sichern. Die Besten wollten die Banken ohnehin nicht mit Rückfahrkarte freigeben. Als ich nach sechs Jahren als Vizepräsident im Vorstand der Bank in den hoffentlich verdienten Ruhestand wechselte, bot die Bundesregierung einen Nachfolgekandidaten auf, der bereits als Berufspolitiker seinerseits in den Ruhestand gegangen war, und über den man in der Bank nur mit dem Kopf schüttelte. Die Nachfolge bekam dann ein Italiener, der aus einem hohen Job bei der Zentralbank kam und deshalb etwas vom Bankgewerbe verstand.

VI. Wie wird denn nun Globalisierung gemacht und wer ist verantwortlich?

Nun kommen wir zu der eigentlichen Frage nach der Ohnmacht der deutschen Politik, einmal unterstellt, daß man die Spielregeln der neoliberalen Globalisierung tatsächlich beherrscht. Ist der Fortschritt dieser Globalisierung mit immer neuem Aufreißen von Märkten und Migrationsbewegungen nun fremden Kräften zu verdanken, auf die unsere Politik wenig Einfluß hätte? Das Gegenteil ist der Fall.

Fangen wir mit der Handelspolitik an. Die ist in der Tat schon lange in der Brüsseler EU-Zuständigkeit gelandet. Doch in dem einschlägigen Paragraphen 113 EGV heißt es:

„Die Kommission unterbreitet dem Rat Vorschläge für die Durchführung der gemeinsamen Handelspolitik. Sind mit einem oder mehreren Staaten oder internationalen Organisationen Abkommen auszuhandeln, so legt die Kommission dem Rat Empfehlungen vor; dieser ermächtigt die Kommission zur Einleitung der erforderlichen Verhandlungen. Die Kommission führt diese Verhandlungen im

253

Benehmen mit einem zu ihrer Unterstützung vom Rat bestellten besonderen Ausschuß nach Maßgabe der Richtlinien, die ihr der Rat erteilen kann. Bei der Ausübung der ihm in diesem Artikel übertragenen Befugnisse beschließt der Rat mit qualifizierter Mehrheit."

Im Rat der EU-Mitgliedsregierungen und im besonderen 113-Ausschuß sitzt auch die Bundesregierung, vertreten durch Auswärtiges Amt und Bundeswirtschaftsministerium. Ich bin selbst zu meinen Zeiten im Bundeswirtschaftsministerium jahrelang mehrmals monatlich nach Brüssel gefahren, um in einem EU-Ausschuß über die deutschen Interessen zu wachen, oder saß mit gleicher Aufgabe hinter dem Schild „Federal Republic of Germany" im GATT, dem Vorläufer der Welthandelsorganisation. Frankreich demonstriert bis zu seinem Präsidenten hinauf, wie ernst dieses Mitspracherecht genommen wird.

Keinem deutschen Regierungspolitiker sollte erlaubt sein, sich bei Problemen mit unfairem Wettbewerb die Hände in Ohnmacht zu waschen, wie es immer wieder passiert.

Ebenso muß die EU-Kommission in der Gestaltung des Anti-Dumpinginstruments den Konsens mit den EU-Regierungen suchen. Dies ist das wichtigste Instrument, das die EU legitim zur Abwehr unfairer Handelspraktiken einsetzt. Handelskommissar Mandelson versucht nun schon seit vielen Monaten, zu einem Konsens für eine Neuregelung zu kommen, da in der Vergangenheit immer wieder Streit unter den Mitgliedsländern ausgebrochen ist, wobei die nördlichen gegen Antidumpingmaßnahmen sind, weil sie ihre Industriebranchen in vielen Bereichen schon abgeräumt haben. Frankreich, Italien und Spanien sind dagegen an mehr Schutz gegen unfairen Wettbewerb interessiert.

Auch bei den immer neuen Runden in der Welthandelsorganisation zu weiterem Abbau von Marktzugangsbarrieren - z.

Zt. ist es die schon erwähnte Doha-Runde - kann die EU-Kommission nicht ohne Zustimmung der EU-Mitgliedsregierungen operieren. Auch hier demonstriert z. B. Frankreich im Agrarbereich immer wieder, was diese Zustimmung bedeutet.

Der stärkste Druck auf die deutschen Sozialverhältnisse wird regelmäßig durch Aufnahme neuer EU-Mitgliedsländer ausgeübt, weil sie immer aus dem Niedrigstlohnbereich kommen, wie die in Beitrittsverhandlungen befindliche Türkei. Eine Aufnahme neuer EU-Länder kann die Bundesregierung immer blockieren, wenn sie es nur will. Frankreich hat zusätzlich die Verfassung geändert, so daß wie auch in mehreren anderen EU-Ländern eine Volksbefragung in solchen Fällen nötig wird. Auch hier nimmt Frankreich die demokratische Kontrolle des Globalisierungsprozesses sehr ernst. In der Vergangenheit ist der Erweiterungsprozeß, der hohe Unterstützungszahlungen gerade von Deutschland nötig macht, mitunter unbedacht vorangetrieben worden. So wurde den Beitrittsländern in Osteuropa kein Riegel gegen ein Steuerdumping vorgeschoben. Im Ergebnis kassieren sie auf der einen Seite Steuerzahlergeld aus der Alt-EU, während sie auf der anderen Seite auf Einnahmen aus den Unternehmenssteuern verzichten, um so Arbeitsplätze abzuwerben. Estland z. B. hat einen Null-Steuersatz für investierende Unternehmen. Rumänien führte 2008 mit der Verlagerung von Nokia aus Bochum bei niedrigen Unternehmenssteuern von nur 16 % und erheblichen staatlichen Subventionen zur Industrieansiedelung gerade vor, was das für Deutschland bedeutet. Deutschland zahlt einerseits über die EU an Rumänien Beitrittshilfen und verliert dann andererseits wichtige Arbeitsplätze.

Ich bin ziemlich überzeugt, ohne das hier belegen zu können, daß die Bundesregierung in der Regel immer unter den absoluten Freihändlern war und ist. Angeblich ist das für die deutschen Exportinteressen nötig. Aber niemand hat sich bisher die Karten gelegt, ob solche Gegenrechnungen mit den Exportinteressen immer aufgehen. Sie gehen sicher für die Exportunternehmen und deren Eigentümer auf, selten aber für die Arbeitnehmer, die regelmäßig zusätzlichem Druck auf Jobs und Löhne ausgesetzt werden.

Im Finanzbereich haben in der Vergangenheit alle Länder um das internationale Kapital gebuhlt. Hedgefonds und Private Equity Unternehmen bis zur Heuschreckenqualität wurde auch in Deutschland ein bequemer Steuerteppich ausgerollt. Deutsche Banken konnten an der Bankenaufsicht vorbei durch abgesonderte Ableger mit minderwertigen Hypotheken besicherte Schrottpapiere aufkaufen und müssen nun hohe Abschreibungen vornehmen und mit gewaltigen Liquiditätsspritzen der Europäischen Zentralbank und vom Steuerzahler (SachsenLB, WestLB, IKB) unterstützt werden. Insgesamt hielten 11 besonders exponierte Banken Mitte Juli 2007 245 Mrd Dollar an strukturierten Investmentvehikel, zu denen die Hypothekenpapiere gehören. Darunter befanden sich mit Dresdner, WestLB, HSH Nordbank und IKB allein vier deutsche, die mit 51,3 Mrd DM mehr als 1/5 des Volumens der 11 Banken vereinigten (Abb. 03686). Neoliberal haben die verantwortlichen Finanzminister, auch der deutsche, das so laufen lassen.

Für den Zustand der internationalen Finanzmärkte und insbesondere die Abstimmung der Währungspolitiken zeichnen zweimal jährlich beim Internationalen Währungsfonds stattfindende Finanzministertreffen verantwortlich. Notfalls gibt es auch noch die Staats- und Regierungschefs der sieben großen Industrieländer (G7).

Schließlich gibt es eine Vielzahl internationaler Behörden und Institutionen im Wirtschafts- und Finanzbereich, bei denen Deutschland im Aufsichtsrat direkt vertreten ist. Am operativsten sind der Internationale Währungsfonds, die Weltbank und die OECD, die

z. B. Vereinbarungen gegen Steuerflucht betreibt. Die bei weitem wichtigste Behörde ist natürlich der Mammutapparat der EU-Kommission mit 25.000 Mitarbeitern und einer riesigen in Brüssel residierenden Lobby von Industrieverbänden und anderen, die alle Einfluß auf die Politik nehmen wollen. Deutschland hat eine große Ständige Vertretung unter Leitung des Auswärtigen Amtes, an der viele Bundesministerien beteiligt sind. Ein Lenkungsausschuß der Ministerien in Berlin bereitet jede Sitzung der Ständigen Vertreter oder des Ministerrats vor.

Trotz all dieser starken Einflußmöglichkeiten wird die Globalisierung immer wieder als unumkehrbarer Prozeß quasi höherer Gewalt dargestellt. Nur gelegentlich wird der Schleier über dem angeblich Unvermeidbaren gelüftet, und zwar z.b. dann, wenn Brüssel die Interessen deutscher Großunternehmen einer neoliberalen Globalisierung opfern möchte. So wehrt sich das Bundeswirtschaftsministerium gegen EU-Pläne zur Zerschlagung der nationalen Stromkonzerne - und wirft Brüssel Willkür und Schlamperei vor oder stellt sich vor die deutsche Kfz-Industrie..

VI. Der Verbändestaat

Beim Bundestag sind mehr als 2.000 Verbände mit Lobby-Funktion registriert. Viele wollen die Globalisierung fördern und mit einigen arbeitet die Außenwirtschaftsabteilung des Bundeswirtschaftsministeriums eng zusammen, z.b. mit dem Bundesverband der Deutschen Industrie, dem Deutschen Industrie- und Handelstag, dem Bundesverband des Groß- und Außenhandels, dem Ostasiatischen Verein und anderen. Dagegen ist grundsätzlich nichts einzuwenden. Es gehört zu den Prinzipien der Demokratie, daß die Betroffenen gehört werden und sich die Regierung informiert. Bedenklich ist allerdings die Einseitigkeit solcher Kontakte. Alle diese Verbände plädieren für ständig weitergehende neoliberale Liberalisierung. Entweder verdienen sie am Import, wie die Handelsunternehmen, oder sie erwarten, daß bei einem noch liberaleren Importregime die eigenen Exporte profitieren. In den Industrieverbänden haben die großen Exportunternehmen bis zu den deutschen Multis Oberwasser.

Dagegen gibt es meines Wissens keine oder kaum Kontakte mit den Arbeitnehmervertretungen, sprich den Gewerkschaften, obwohl die neoliberale Globalisierung gerade auf Jobs und Löhne drückt. Man muß allerdings erneut erwähnen, daß sich die Gewerkschaften in Deutschland, anders als in USA oder Frankreich, bisher relativ wenig gegen die Globalisierung eingesetzt haben..

Die Lobby meldet sich manchmal ganz konkret in handelspolitischen Fragen. Hier ein einschlägiges Beispiel, bei dem es um den Anti-Dumpingzoll gegen Billigstschuhimporte aus China ging. Die chinesischen Schuhexporte in die EU sind dramatisch gestiegen, auch nach Deutschland (Abb. 08065). Daraufhin meldete sich öffentlich Anton F. Börner, Präsident des Bundesverband des Deutschen Groß- und Außenhandels (BGA): „Ich fordere die Bundesregierung auf, im Interesse des Handels und der Verbraucher klar und unmißverständlich die geplanten Strafzölle gegen Lederschuhe aus China abzulehnen. Die Zölle nützen niemandem, sondern schaden vielmehr den Importeuren und den Konsumenten. Denn Eines ist doch klar: der importierende Handel wird die zusätzlichen Kosten nicht alleine tragen können und die Zölle an seine Kunden weiterreichen. Im Endverkauf werden sich die Preise für Lederschuhe um schätzungsweise 10 Prozent verteuern. Dies würde insbesondere einkommensschwache Familien mit Kindern hart treffen. Die Bundesregierung muß jetzt eindeutig Farbe bekennen, ob ihr mehr am Schutz südeuropäischer Schuhhersteller oder der deutschen Importeure und Verbraucher gelegen ist." Man beachte die Reihenfolge, bei der die Importunternehmen vor den deutschen Verbrauchern rangieren.

Als bedenklich empfand ich auch, daß es immer wieder Kollegen im Ministerium gab, die sich nach ihrer Pensionierung der Lobby andienten und mit all ihrem Insiderwissen und ihren Kontakten dorthin überwechselten.

Fazit für Dummies:

Die Story mit der Ohnmacht ist ein Märchen. Glaubt es nicht! Haltet die Bundesregierung und die regierenden Parteien mitverantwortlich für alle Entscheidungen, die die neoliberale Globalisierung voranbringen.

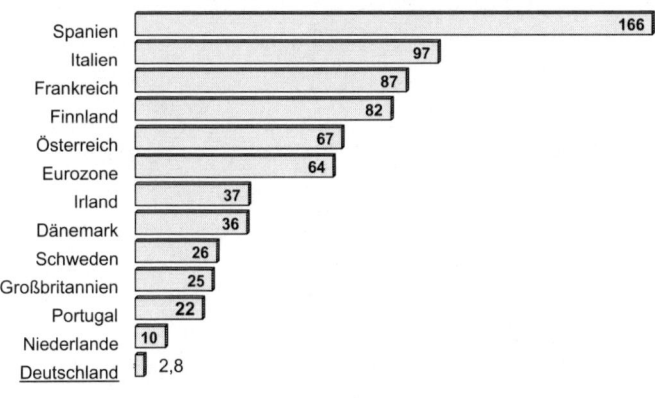

12974: Durch Streik verlorene Arbeitstage pro 1.000 Arbeitnehmer Durchschnitt 2000-2005

Spanien	166
Italien	97
Frankreich	87
Finnland	82
Österreich	67
Eurozone	64
Irland	37
Dänemark	36
Schweden	26
Großbritannien	25
Portugal	22
Niederlande	10
Deutschland	2,8

Quelle: Eurostat. © Jahnke - http://www.jjahnke.net

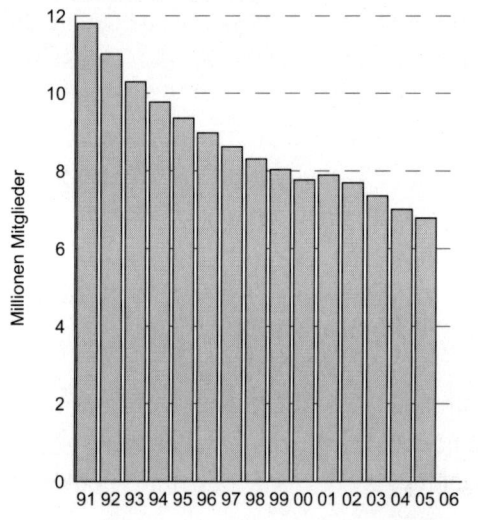

14036:
Deutscher
Gewerkschaftsbund
Mitgliederzahlen
1991 - 2006

Quelle: DGB. © Jahnke -
http://www.jjahnke.net

0207: Vertretung deutschen Personals in internationalen Organisation der Globalisierung

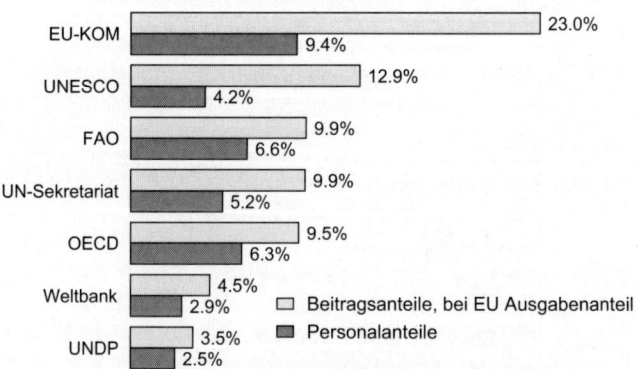

Personalanteile aus Analysen und Stellungnahmen (3/2003) des Deutschen Instituts für Entwicklungspolitik,
Beitragsanteile von den Organisationen, bei EU von WEB-Seite des Bundesfinanzministeriums.
Personalanteil EU-Kommission = BULLETIN STATISTIQUE, April 2005.

02002: Personalanteile in der Europäischen Kommission, ohne Belgien*)

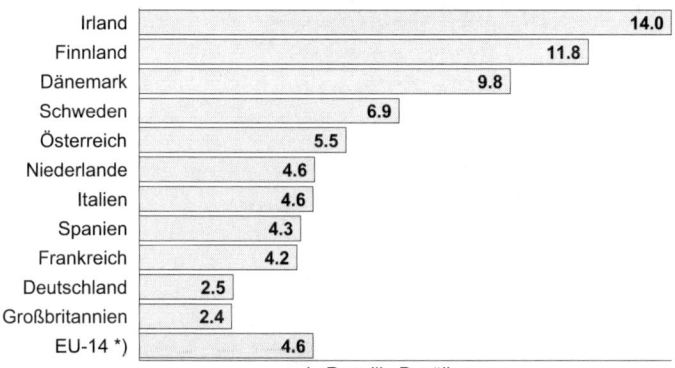

Irland	14.0
Finnland	11.8
Dänemark	9.8
Schweden	6.9
Österreich	5.5
Niederlande	4.6
Italien	4.6
Spanien	4.3
Frankreich	4.2
Deutschland	2.5
Großbritannien	2.4
EU-14 *)	4.6

in Promille Bevölkerung

Statistisches Bulletin der EU-Kommission, April 2005. *) Belgien wegen des normal hohen Anteils lokaler belgischer Mitarbeiter ausgeklammert.

02003: Personalanteile in der Europäischen Kommission, ohne Belgien*)

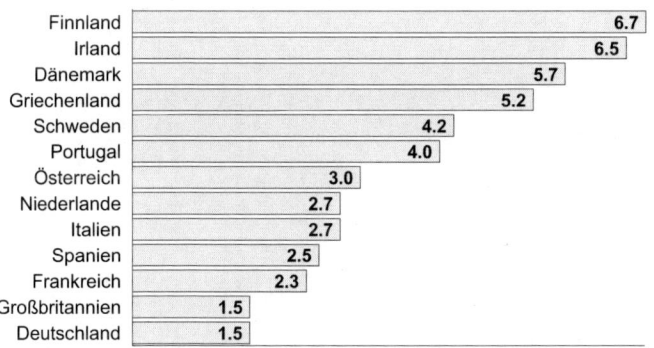

Finnland	6.7
Irland	6.5
Dänemark	5.7
Griechenland	5.2
Schweden	4.2
Portugal	4.0
Österreich	3.0
Niederlande	2.7
Italien	2.7
Spanien	2.5
Frankreich	2.3
Großbritannien	1.5
Deutschland	1.5

Obere Ränge (Kategorie A) in Promille der Bevölkerung des Landes

Statistisches Bulletin der EU-Kommission, April 2005. *) Belgien wegen des normal hohen Anteils lokaler belgischer Mitarbeiter ausgeklammert.

03686: Banken mit besonders grosser Exposition zu SIVs in Mrd $ (senior debt, ohne Investmentbanken)

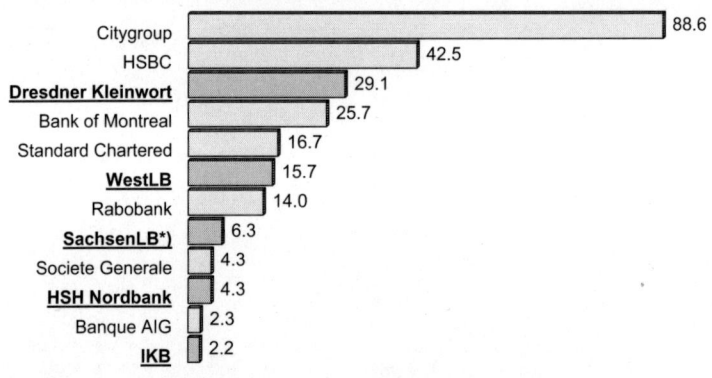

Citygroup	88.6
HSBC	42.5
Dresdner Kleinwort	29.1
Bank of Montreal	25.7
Standard Chartered	16.7
WestLB	15.7
Rabobank	14.0
SachsenLB*)	6.3
Societe Generale	4.3
HSH Nordbank	4.3
Banque AIG	2.3
IKB	2.2

Quelle: FT v. 14.11.07, *) Süddeutsche Zeitung 10.12.07.
© Jahnke - http://www.jjahnke.net

08065: Deutsche Schuhimporte aus China

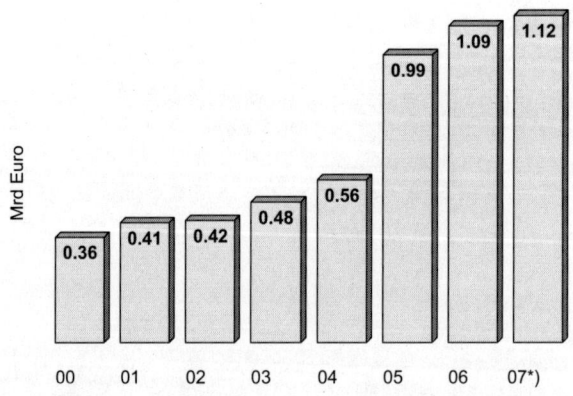

Mrd Euro

00	01	02	03	04	05	06	07*)
0.36	0.41	0.42	0.48	0.56	0.99	1.09	1.12

Quelle: Statistisches Bundesamt, *) Hochrechnung mit 11 Monaten.
© Jahnke - http://www.jjahnke.net/

Kapitel 15: Statt eines Nachwortes: Von Generation zu Generation gesprochen

Hier spricht ein Oldie, der versucht, wenigstens einen Teil seiner reichen beruflichen Erfahrung über seine Webseite, in anderen Medien und in drei Büchern weiterzugeben. Ich schreibe aus einer Generation, die die Studentrevolte von 1967 und 1968 mitdurchlebt hat. So war ich bei der Demonstration nach der Ermordung des Studenten Ohnesorg, lief zwischen den Barrikaden des Pariser Mai 1968 herum und besuchte Berkeley nach dem „greening of America". Als ich dann 1969 im Bundeswirtschaftsministerium anheuerte, schrieb der ergraute Ministerialdirigent weit über mir dem neuen Regierungsassessor Vorgänge noch mit der Bemerkung zu: „Zur geflissentlichen Kenntnisnahme".

Viel hat sich seitdem geändert, leider sehr viel nicht zum Besseren. Die Generation der heutigen Oldies (West) kam in der Regel aus einem kompletten Elternhaus (soweit nicht der Vater im Krieg gefallen war), hatte noch eine sichere Berufsperspektive, sichere Renten für den Lebensabend, sichere Finanzmärkte für das Gesparte und war überhaupt optimistisch. Für die sichere Energieversorgung der Welt stand vor Chernobyl noch ohne wahrgenommene Bedrohung die Nuklearenergie bereit. Es konnte ja nur aufwärts gehen. So jedenfalls dachten wir.

Auf der Habenseite können wir den Nachfolgegenerationen ein enorm verbessertes technologisches Niveau mit wesentlich höherer Produktivität weitergeben, das das Leben eigentlich leichter machen sollte. Doch hinterlassen wir Hypotheken, die schwer wiegen: eine immer schiefere Sozialstruktur mit wachsender Armut und stark reduzierter Chancengleichheit, ein vergleichsweise allenfalls mittelmäßiges Bildungssystem, Massenarbeitslosigkeit mit

263

immer unsicherer werdenden Berufskarrieren, eine nicht ausreichend integrierte Massenimmigration, einen gnadenlosen Globali-
sierungsdruck über die nicht mehr schützenden EU-Grenzen, eine
unsichere Rentensituation, einen stark verschuldeten Staat, eine
Gesellschaft im Zeichen von Gier und Geiz, durch Verknappung
wichtiger Rohstoffe steigende Preise und eine dramatisch negative
Umweltentwicklung. Selbst die Angst einflößende Bombe konnten wir trotz des unerwarteten Endes des Kalten Krieges nicht aus
der Menschheit verbannen. Mit der nuklearen Aufrüstung in der
Dritten Welt kann diese Gefahr nun noch weniger kontrolliert werden, als zu Zeiten des Nuklearmonopols zweier Blöcke.

Auch ist es uns Oldies nicht gelungen, die traditionellen, in
der Regel beschützenden Familienstrukturen einigermaßen zusam-
menzuhalten. Nach einer neuen Übersicht des Statistischen Bundesamts wächst beispielsweise in Deutschlands Hauptstadt bereits
fast die Hälfte aller Kinder in alternativen Familienformen auf, davon
ein Viertel im Alleinerzieher-Modell und das heißt in der Regel ohne
Vater (ein Fünftel für ganz Deutschland, Abb. 14012). Mehr als
die Hälfte aller Kinder in Deutschland unter 18 Jahren haben keine
Geschwister mehr, die ihnen bei der Sozialisierung helfen und in
Notlagen beispringen könnten (Abb. 14013). Noch kann man nicht
richtig ermessen, was diese sich nun überstürzende Familien-
entwicklung in einer immer unsicheren Welt eigentlich bedeutet.
Für wenige Kinder mag es eine Befreiung von antiquierten Familien-
zwängen sein, für die meisten etwas sehr viel Schlimmeres.

Eine weitere Hypothek, die wir den Jüngeren hinterlassen, ist
die zunehmende Einseitigkeit der Medien. Prof. Bernd Hamm zeichnet in seinem Essay „Medienmacht - wie und zu wessen Nutzen
unser Bewußtsein gemacht wird" die Entwicklung der Medien seit
den 70er Jahren nach und kommt zu dem Schluß, daß mit der

zunehmenden Privatisierung und Kommerzialisierung der Medien die Selbstaufklärungsmechanismen der Gesellschaft in steigenden Maßen versagen: „Die Herrschaft des Kapitals über die Medien, weltweit ebenso wie bei uns, wird sich weiter perfektionieren. Da es kaum mehr Alternativen gibt, wird es auch zunehmend schwierig, sich die Informationen zu beschaffen, die für eine eigene kritische Meinungsbildung unerläßlich sind. Die Bewußtseinsindustrie hat ihr Ziel erreicht: Unsere Wahrnehmung der Dinge, unsere Meinungsbildung folgt einem industriell organisierten Prozeß.

Das anarchische Element, der Ort des Widerstands ist heute das Internet. Doch da dort jeder und jede irgendeinen Quatsch als Nachricht einstellen kann, ist es mindestens ebenso schwierig wie in den konventionellen Medien, Relevantes von Irrelevantem, Aufhebenswertes von Belanglosem, Richtiges von Falschem zu unterscheiden. Wir haben also nicht nur das Problem des so genannten digital divide, also des sozial ungleich verteilten Zugangs zu diesem Medium, sondern auch die Schwierigkeit der Internetnutzer zu entscheiden, was sie aus dem Meer der Belanglosigkeiten für wahr halten sollen. Es gibt nur zwei Wege, dieses Dilemma zu überwinden: Entweder man verbringt unendlich viel Zeit mit der Nachrichtenanalyse - oder man verläßt sich auf ein gänzlich antiquiertes Prinzip des Informationsaustauschs: Vertrauen in die Quelle. Informieren ist zu einem eigenen Beruf geworden, zu einem Privileg, das sich nur wenige leisten können."

Dieses Buch versucht, einen kleinen Beitrag zur notwendigen Gegenöffentlichkeit zu leisten. Es wendet sich dabei vor allem an Leser aus den jüngeren Generationen. Wenn ich einen Rat aus langer persönlicher Erfahrung geben kann: Resigniert nicht! Denkt quer! Traut keiner Nachrichtenmeldung, keiner amtlichen Statistik, die ihr nicht selbst auf Konsistenz überprüfen konntet! Vertraut statt dessen Eurem gesunden Menschenverstand! Sucht alternative Informationsquellen, denen Ihr aus Erfahrung vertrauen könnt. Stemmt Euch wie Eure Altersgenossen in anderen alten Industrieländern mit ähnlichen Traditionen gegen die teilweise amoklaufende neoliberale Globalisierung! Es ist noch nicht zu spät, auch wenn manche Uhren schon nach Zwölf zeigen!

Fazit für Dummies

Wir Oldies haben sicher den technologischen Fortschritt gewaltig beschleunigt. Wir haben in unserer Generation erleben können, daß an einigen Stellen des Globus die Armut stark zurückgegangen ist, aber auch daß kleinere Teile der Bevölkerungen um den Globus herum in minimalen Zeiträumen unvorstellbar reich und mächtig geworden sind. Per Saldo hinterlassen wir wahrscheinlich erheblich mehr Probleme und Instabilitäten, als wir selbst vorgefunden haben. Nicht zuletzt geben wir die natürliche Umwelt in weit schlechterem Zustand weiter.

Es darf nicht sein, daß die nächsten Generationen genauso verfahren, wenn das Leben für die Mehrheit auf dem Planeten lebenswert sein soll. Wenn es eine Hoffnung gibt, dann die, daß die zerstörerische, neoliberale Form der Globalisierung an ihren eigenen Widersprüchen und ihrer Krisenhaftigkeit zerbricht, bevor es zu spät ist.

Wenn es eine andere Hoffnung gibt, dann die, daß Menschen lernen können, wenn auch oft sehr spät, und daß heute sehr viel mehr Länder um den Globus herum demokratische Strukturen haben, in denen aufgeklärte Wähler den Kurs mitbeeinflussen können.

14012: Entwicklung der Familien mit Kindern bis 18 Jahre

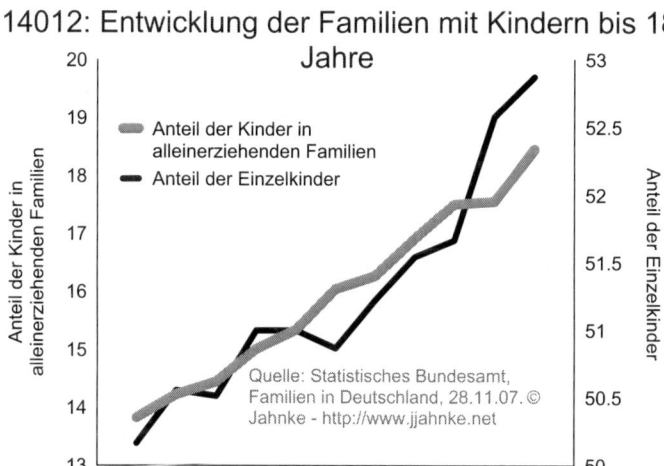

14013: Familien 2006
nach Zahl der Kinder unter 18 Jahren

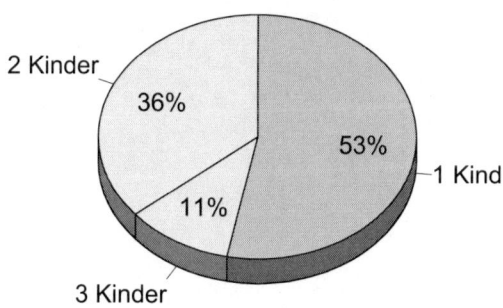

Quelle: Statistisches Bundesamt, Familien in Deutschland, 28.11.07.
© Jahnke - http://www.jjahnke.net